조세법의 쟁점 Ⅳ

조세법의 쟁점 Ⅳ

법무법인(유한) 태평양 조세그룹

景仁文化社

발 간 사

세상에서 절대 피할 수 없는 것이 죽음과 세금이라는 말이 있습니다. 그 만큼 세금은 우리 생활과 밀접한 관련이 있고, 떼려야 뗄 수도 없다는 것입니다. 그럼에도 세법은 복잡한 규정 체계나 생소한 용어, 잦은 법개정 등으로 인하여 납세자는 물론이고 법률전문가들조차도 쉽게 다가가기가 어렵고, 그 내용을 정확하게 파악하기도 쉽지 않은 것이 현실입니다.

특히 사회·경제 구조가 점점 복잡해지면서 종전에는 존재하지 않았던 거래 구조나 거래 대상 등이 자연스레 생겨남에 따라 새로운 과세문제들이 야기되면서 조세분야에서 많은 논쟁이 제기되기도 합니다. 최근 전세계적으로 문제가 되고 있는 암호화페에 대한 과세문제도 이러한 맥락에서 이해할 수 있겠습니다. 저희 법무법인(유한) 태평양 조세그룹은 이 같은 새로운 과세문제가 대두될 때마다 조세분야의 전문가들은 물론이고 관련이 있는 다른 분야의 전문가들과도 적극적으로 협업하여 납세자들에게 도움이 되는 해결책을 제시하고자 노력하고 있습니다.

또한 조세분야는 그 적용대상이 단지 국내거래에 한정되지 않는다는 점에서도 많은 주목을 받습니다. 국제거래에 대한 과세는 그 규모가 작지 아니할 뿐만 아니라 국가 간 과세권분쟁이나 과세형평성의 문제를 일으키기도 하므로 그 중요성이 더욱 커져가고 있습니다. 최근 언론에서 많이 보도되고 있고 전세계적으로도 주목을 받고 있는 소위 구글세, 디지털세 등의 문제도 우리 경제에 중대한 영향을 미칠 수 있는 이슈이기도 합니다.

무엇보다 경제수준이 높아지고 복지국가의 역할이 강조되어 가고 있는 요즘에 있어서 적법한 과세권의 행사 및 그 범위에 대한 체계적 이해와 이론적 뒷받침은 무엇보다 중요하다고 할 수 있습니다. 나아가 지방자치제도와 이에 따른 지방분권화가 자리를 잡아가고 지방세가 독립적으로 운영되기 시작하면서, 지방세의 과세체계와 쟁점, 불복절차 등에 관하여도 깊은 관심을 기울여야 할 때입니다.

이러한 상황에서 저희 법무법인(유한) 태평양 조세그룹은 조세법에 대한 체계적인 이해에 조금이나마 도움이 되고자 2015년부터 조세그룹의 각 전문가들이 외부학회 등에서 발표하거나 기고한 논문, 판례평석, 업무수행 과정에서 정리한 주요 이슈를 정리한 자료들을 모아 「조세법의 쟁점」이라는 제목의 책자를 발간하여 왔습니다. 올해에도 그 동안 조세그룹 각 전문가들의 연구성과를 모아서 「조세법의 쟁점Ⅳ」를 발간하게 되었습니다.

이번에 발간하는 「조세법의 쟁점Ⅳ」 역시 지난 호의 발간 이후 저희 조세그룹의 변호사, 회계사, 세무사 등 각 직역의 전문가들이 외부학회 등에서 발표하거나 기고한 논문 그리고 업무 수행 등의 과정에서 정리한 연구 결과 등을 모아 집대성한 것입니다. 조세법의 쟁점 시리즈에 그 동안 보내주신 성원에 보답하고, 조세법 분야에서 체계적이고 이론적인 연구를 통하여 고객이 만족하는 수준 높은 서비스를 제공하고자 하는 저희 노력의 자그마한 결실이라고 자부합니다. 모쪼록 이 책이 조세법을 다루는 실무가들의 업무수행에 참고가 되고, 앞으로 조세법 분야의 발전에도 작은 밑거름이 되기를 희망합니다.

마지막으로 이 책이 출간되기까지 바쁜 업무 속에서도 시간을 내어 논문을 집필해 주신 여러 필자들, 검토위원들 및 편집위원들, 물심양면으로 성원을 보내주신 법무법인(유한) 태평양의 가족들에게 감사의 마음을 표합니다. 무엇보다 그 동안 조세법의 쟁점 시리즈에도 아낌없이 성원을 보내주시고 우리 조세그룹을 믿고 사건을 의뢰해 주신 고객 여러분들에게 다시 한번 고개숙여 감사를 드리며, 이 책이 조세법의 이해 및 실무에 조금이나마 도움이 되기를 기원합니다.

2020. 2.

법무법인(유한) 태평양 조세그룹장 강 석 규

차 례

법인세법상 실질적 관리장소 규정의 문제점 _ 김용수 세무사

해외자회사 채권의 출자전환에 대한 세무처리 방법 _ 이은홍 회계사

해외금융계좌 신고 제도에 관한 몇 가지 쟁점 _ 백새봄 변호사

2017년 상속세 및 증여세법 판례 회고 _ 유철형 변호사

주식등변동상황명세서로 명의개서 여부를 판정하는 규정의 소급적용 여부에 관한 연구 _ 유철형 변호사

기업의 지방이전에 따른 조세특례 쟁점 정리 _ 정순찬 변호사

조세포탈죄에서 '적극적 은닉의도'의 자리매김 _ 조일영·장성두 변호사

조세범 처벌법 제10조 제3항 제1호의 '재화 또는 용역을 공급하지 아니하거나 공급받지 아니하고 세금계산서를 발급받은 행위를 한 자'의 해석 _ 박재영 변호사

국세기본법상 경정청구에 대한 거부처분의 처분청

- 서울고등법원 2018. 7. 25. 선고 2017누81566 판결에 관하여 -

강 성 대 변호사

Ⅰ. 문제의 제기

국세기본법 제45조의2 제1항은 경정청구의 상대방을 '관할 세무서장'으로 규정하고 있으므로, 납세자는 관할 세무서장에 대하여 과세표준 및 세액의 경정을 청구하게 된다. 이에 대하여 관할 세무서장이 납세자의 경정청구를 거부하는 통지를 하면, 납세자는 처분청인 관할 세무서장을 상대로 조세심판, 행정소송 등의 불복절차를 밟는 것이 원칙이다.

그런데 상속세 및 증여세법 제6조는 과세 관할을 피상속인 및 수증자의 주소지를 관할하는 세무서장을 원칙으로 하되, 국세청장이 특히 중요하다고 인정하는 것에 대해서는 관할 지방국세청장에게도 과세 관할이 있는 것으로 규정하고 있고, 제76조 제4항은 세무서장뿐만 아니라 지방국세청장을 포함한 '세무서장등'이 과세표준 및 세액을 결정·경정할 수 있다고 규정하고 있다. 이에 따라 실무상 납세자가 관할 세무서장에게 증여세 경정청구를 하였으나, 지방국세청장이 이에 대한 거부 통지를 하는 경우가 종종 발생하고 있다.

이 경우 지방국세청장이 한 거부 통지가 유효한 처분인지, 이에 대한 불복은 누구를 상대로 하여야 하는지 등이 문제되는데, 이하에서는 서울고등법원 2018. 7. 25. 선고 2017누81566 판결(이하 "이 사건 판결")[1]의 내용을 위주로 이 문제에 대하여 고찰해 보도록 하겠다.

Ⅱ. 사안의 개요

원고는 2012. 7. 31. 구 상속세 및 증여세법(2010. 1. 1. 법률 제9916호로 개정되기 전의 것, 이하 "구 상증세법") 제41조의3 제1항에 따른 상장이익이 발생하였음을 이유로 증여세를 신고·납부하였다. 서울지방국세청은 원고의 위 증여세 신고와 관련하여 세무조사를 실시한 후, 상장이익 계산의 오류가 있음을 이유로 역삼세무서장에게 과세자료를 통보하였고, 역삼세무서장은 2015. 7. 1. 원고에게 증여세를 추가로 결정·고지하였다.

이후 원고는 2015. 9. 14. 역삼세무서장에게 해당 상장이익이 상증세법 제41조의3 제1항의 과세요건을 충족하지 않음을 이유로 위와 같이 납부한 증여세의 환급을 구하는 경정청구를 하였는데, 역삼세무서장이 2015. 9. 15. 서울지방국세청장에게 이를 이송하여 서울지방국세청장은 2015. 11. 11. 원고에게 경정거부처분을 하였다.

원고는 그로부터 90일 이내인 2015. 11. 23. 조세심판원에 '역삼세무서장'을 처분청으로 기재하여 심판청구서를 제출하였는데, 서울지방국세청장이 자신의 명의로 심판청구서에 대한 답변서를 제출하면서 '처분청'을 '서울지방국세청장'으로 기재하고, '처분 또는 조사감사부서(관서)'에도 서울지방국세청 소속 담당자를 기재하였다.

---

1) 이 사건 판결은 피고가 상고하지 아니하여 확정되었다.

조세심판원은 2017. 1. 2. 결정문에 처분청을 '역삼세무서장'으로 기재하여 원고의 심판청구를 기각하였고, 이에 원고는 2016. 11. 16. 역삼세무서장을 피고로 하여 서울행정법원에 소를 제기하였으나 피고(역삼세무서장)가 당사자 표시가 잘못되었다고 지적하여 원고는 2017. 5. 16. 피고 경정을 신청하였다. 이에 따라 서울행정법원은 2017. 5. 17. 원고가 피고를 잘못 지정한 것이 분명하다는 이유로 행정소송법 제14조 제1항에 의하여 피고 '역삼세무서장'을 피고 '서울지방국세청장'으로 경정함을 허가하였다.

이후 서울행정법원은 피고 '서울지방국세청장'이 2015. 11. 11. 원고에 대하여 한 증여세경정거부처분이 위법하다는 이유로 이를 취소하였고(서울행정법원 2017. 10. 19. 선고 2016구합80588 판결), 피고는 이에 대하여 항소하였다.

항소심에서, 피고는 본안전항변으로 '원고는 피고가 아닌 역삼세무서장을 피청구인으로 하여 조세심판을 청구하였으므로 이 사건 소는 적법한 전심절차를 거치지 아니하여 부적법하다'고 주장하였다. 이에 대응하여 원고는 예비적으로 '피고 서울지방국세청장의 증여세경정거부처분이 무효임을 확인한다'는 청구취지를 추가하면서, '원고는 역삼세무서장에게 초과 납부한 증여세의 환급을 구하는 경정청구를 하였으므로 피고 명의로 한 이 사건 처분은 권한 없는 기관에 의한 것으로서 그 하자가 중대하고 명백하여 무효이다'라고 주장하였다.

아래에서는 항소심에서 문제가 된 두 쟁점, ① 이 사건 소는 적법한 전심절차를 거치지 않았으므로 각하되어야 하는지 여부와 ② 서울지방국세청장 명의로 한 거부처분은 당연무효인지 여부에 대하여 자세히 살펴본다.

Ⅲ. 전심절차를 거치지 않았으므로 각하되어야 하는지 여부(쟁점 1)

1. 관련 법리

국세기본법 제56조 제2항은 "제55조에 규정된 위법한 처분에 대한 행정소송은 행정소송법 제18조 제1항 본문, 제2항 및 제3항에도 불구하고 이 법에 따른 심사청구 또는 심판청구와 그에 대한 결정을 거치지 아니하면 제기할 수 없다."고 하여 조세행정소송에 관한 필요적 전치주의를 규정하고 있다.

다만, 대법원은 '조세행정에 있어서 2개 이상의 같은 목적의 행정처분이 단계적·발전적 과정에서 이루어진 것으로서 서로 내용상 관련이 있다든지, 세무소송 계속 중에 그 대상인 과세처분을 과세관청이 변경하였는데 위법사유가 공통된다든지, 동일한 행정처분에 의하여 수인이 동일한 의무를 부담하게 되는 경우에 선행처분에 대하여 또는 그 납세의무자들 중 1인이 적법한 전심절차를 거친 때와 같이, 국세청장과 국세심판원으로 하여금 기본적 사실관계와 법률문제에 대하여 다시 판단할 수 있는 기회를 부여하였을 뿐더러 납세의무자로 하여금 굳이 또 전심절차를 거치게 하는 것이 가혹하다고 보이는 등 정당한 사유가 있는 때에는 납세의무자가 전심절차를 거치지 아니하고도 과세처분의 취소를 청구하는 행정소송을 제기할 수 있다'고 하여, 정당한 사유가 있는 때에는 전심절차를 거치지 아니하고도 조세소송을 제기할 수 있다는 법리를 확립하고 있다(대법원 2009. 5. 28. 선고 2007두25817 판결 등).

2. 이 사건 판결

이 사건 판결은 피고의 본안 전 항변에 대하여, “원고는 2015. 9. 14. 역삼세무서장에게 초과 납부한 증여세의 환급을 구하는 경정청구를 하였는데 역삼세무서장이 2015. 9. 15. 피고에게 이를 이송하여 피고가 2015. 11. 11. 원고에게 이 사건 처분을 한 사실, 원고는 그로부터 90일 이내인 2015. 11. 23. 조세심판원에 ‘역삼세무서장’을 처분청으로 기재하여 심판청구서를 제출하였는데 피고가 피고 명의로 심판청구서에 대한 답변서를 제출하면서 ‘처분청’을 피고로 기재하고, ‘처분 또는 조사감사부서(관서)’에도 피고 소속 담당자를 기재한 사실, 조세심판원은 2017. 1. 2. 결정문에 처분청을 ‘역삼세무서장’으로 기재하여 원고의 심판청구를 기각하였고, 이에 원고는 2016. 11. 16. 역삼세무서장을 피고로 하여 제1심법원에 이 사건 소를 제기하였으나 피고가 당사자 표시가 잘못되었다고 지적하여 2017. 5. 16. 피고 경정을 신청한 사실을 인정할 수 있다. 이에 비추어 보면, 피고는 이 사건 전심절차를 수행함으로써 이 사건 처분의 기본적 사실관계와 법률문제에 대하여 검토할 수 있는 기회를 부여받았으므로 그 절차적 권리가 침해되었다고 볼 수 없고, 조세심판원 역시 피고가 처분청임을 인식하면서 이 사건 처분의 위법 여부를 실질적으로 판단하였다고 봄이 타당하다. 따라서 원고는 이 사건 처분에 관하여 적법한 전심절차를 거쳤다 할 것이므로 피고의 본안전항변은 이유 없다.”고 판시하였다.

3. 평가

이 사건에서는 경정 전 피고(역삼세무서장)가 아닌 경정 후 피고(서울지방국세청장)가 조세심판원의 심판절차를 수행하였으므로, 피고와 조세심판원이 증여세경정거부처분의 기본적 사실관계와 법률 문제에 대하여 판단할 수 있는 기회를 부여받았다고 볼 수 있었다는 점에서, 원고가 적법한 전심절차를 거쳤다고 본 이 사건 판결은 기본적으로 타당하다고 생각된다.

다만, 피고의 지정이 잘못된 경우 법원은 석명권을 행사하여 피고를 경정하게 하여 소송을 진행하여야 하고(대법원 2001. 11. 3. 선고 2000두7537 판결), 피고경정이 이루어지는 경우 새로운 피고에 대한 소송은 처음에 소를 제기한 때에 제기된 것으로 간주하므로(행정소송법 제14조 제4항), 원고는 전심절차를 다시 거칠 필요가 없다고 보아야 한다.

오히려 피고경정이 이루어진 경우 전심절차를 새로이 거쳐야 한다고 본다면, 법원이 석명권을 행사하여 행정소송법 제14조 제1항에 따라 피고를 경정하였음에도 소를 각하할 수밖에 없는 부당한 결과에 이르게 되는데, 이와 같은 해석은 행정소송법 제14조 제1항이 규정한 피고 경정 제도의 실효성을 몰각시키는 결과를 초래한다고 생각된다.

이와 같이, 피고 경정의 효과 및 제도의 취지에 비추어 새로운 피고에 대한 전심절차는 필요하지 않다고 볼 수 있고 이 사건에서도 원고가 이러한 주장을 하였으나, 이 사건 판결은 이러한 논리에 대해서는 판단을 하지 아니하였다는 점에서 아쉬움이 남는다.

Ⅳ. 서울지방국세청장의 증여세경정거부처분이 당연무효인지 여부(쟁점 2)

1. 쟁점의 배경

행정소송법 제38조 제1항은 취소소송의 제기에 있어 행정심판 재결을 거치지 아니한 경우 소를 제기할 수 없도록 규정한 행정소송법 제18조의 규정을 준용하지 않고 있으므로, 전치절차를 거치지 않고도 무효확인 소송을 제기할 수 있다(대법원 1995. 11. 28 선고 94누6475 판결 등). 이에 따라, 이 사건에서는 '원고가 피고가 아닌 역삼세무서장을 피청구인으로 하여 조세심판을 청구하였으므로 이 사건 소는 적법한 전심절차를 거치지 아니하여 부적법하다'는 피고의 주장에 대응하여, 원고는 '피고 서울지방국세청장의 증여세경정거부처분이 무효임을 확인한다'는 청구취지를 예비적으로 추가하였다.

그리고 권한 없는 기관에 의한 행정처분은 그 하자가 중대하고 명백하여 당연무효인바(대법원 1996. 6. 28. 선고 96누4374판결, 대법원 2004. 7. 22. 선고 2002두10704 판결 등), 결국 이 사건에서는 원고의 예비적 청구취지와 관련하여 원고가 역삼세무서장에 대하여 증여세경정청구를 하였음에도 서울지방국세청장이 증여세경정거부처분을 한 것이 권한 없는 기관에 의한 행정처분인지 여부가 문제되었다.

2. 원고의 주장

이 사건에서 원고는, 국세기본법 제45조의2 제1항은 "과세표준신고서를 법정신고기한까지 제출한 자는 다음 각 호의 어느 하나에 해당할 때에는 최초신고 및 수정신고한 국세의 과세표준 및 세액의 결정 또는 경정을 법정신고기한이 지난 후 5년 이내에 관할세무서장에게 청구할 수 있다."라고 규정하고, 같은 조 제3항은 "제1항과 제2항에 따라 결정 또는 경정의 청구를 받은 세무서장은 그 청구를 받은 날부터 2개월 이내에 과세표준 및 세액을 결정 또는 경정하거나 결정 또는 경정하여야 할 이유가 없다는 뜻을 그 청구를 한 자에게 통지하여야 한다."라고 규정하고 있으므로, 경정청구에 대한 거부처분을 할 수 있는 권한이 있는 자는 경정의 청구를 받은 세무서장이라고 주장하였다.

3. 피고의 주장

반면, 피고는 이 사건에서 서울지방국세청장이 경정거부처분을 할 수 있는 근거를 다음과 같이 제시하였다.

① 원고가 관할 세무서장인 역삼세무서장에게 증여세의 과세표준과 세액을 신고한 이후 서울지방국세청장이 구 상증세법 제76조, 구 상속세 및 증여세사무처리 규정 제24조, 제37조, 제38조에 따라 증여재산가액 적정여부를 조사하여 증여세를 결정하였다. 이후 원고는 역삼세무서장에게 증여세경정청구를 하였고, 경정청구서를 접수한 역삼세무서장은 당초 증여세 신고서에 대한 조사·결정을 서울지방국세청장이 하였으므로 경정청구서를 서울지방국세청으로 이송하였으며, 구 상증세법 제76조 제4항에 의한 경정의 권한이 있는 서울지방국세청장은 이에 대한 거부통지를 하게 된 것이다.

②「국세청과 그 소속기관 직제」 제23조는 "지방세무관서는 국세청장의 소관사무를 지역별로 분장하여 수행한다."라고 규정하

고 있고, 제25조 제2항은 “지방국세청장은 국세청장의 명을 받아 내국세에 관한 사무를 관장하고, 소속공무원을 지휘·감독한다.”라고 규정하고 있으며, 제34조 제3항은 “서장은 지방국세청장의 지휘·감독을 받아 내국세에 관한 사무를 관장하며, 소속공무원을 지휘·감독한다.”라고 규정하고 있다. 이에 따르면, 지방세무관서는 국세청장의 소관사무를 지역별로 분장하여 수행하고, 지방국세청장은 국세청장의 명을 받아 내국세에 관한 사무를 관장하는 것이므로, 지방세무관서가 수행하는 모든 사무는 지방국세청장이 국세청장의 명을 받아 수행하는 본래의 소관사무에 해당한다.

③ 국세기본법 제45조의 제3항의 형식적 문언에 의하면 경정거부처분 등을 통지하는 자가 세무서장으로 규정되어 있으나, 세무서장의 사무 자체는 애당초 국세청장 및 그 명을 받은 지방국세청장의 소관사무이므로, 위 규정은 지방국세청장이 본래의 소관사무를 직접 수행하는 것을 금지하는 것이라고 해석할 수 없다. 오히려 위 규정은 세무서장으로 하여금 상급관청인 지방국세청장의 사무에 속하는 경정거부처분을 내릴 수 있도록 그 권한을 확장하여 주는 것으로 보아야 한다.

4. 이 사건 판결

이 사건 판결은 “원고의 주위적 청구를 받아들이므로 예비적 청구에 관하여는 더 나아가 판단하지 아니한다.”고 판시하여, 피고 서울지방국세청장의 증여세경정거부처분이 무효인지 여부에 대해서는 판단을 하지 아니하였다.

5. 평가

이 사건에서의 피고의 주장에는 실무상 납세자가 관할 세무서장에게 증여세 경정청구를 하였으나, 지방국세청장이 이에 대한 거부통지를 하는 이유가 잘 나타나 있는데, 이를 요약하면 지방국세청장은 구 상증세법 제6조, 제76조 제4항에 따라 증여세 결정·경정의 권한이 있고,[2] 국세청과 그 소속기관 직제에 의하면 세무서장은 지방국세청장의 명을 받아 사무를 처리하는 기관에 불과하다는 것이다.

그렇다면, 결국 문제는 이러한 지방국세청장의 권한에는 세무서장에 대하여 한 경정청구에 대하여 거부처분할 권한이 포함되는지 여부라 할 것이다. 그러나 국세기본법 제45조의2 제3항은 세무서장만을 거부 통지의 주체로 규정하고 있고, 구 상증세법 제76조 제4항도 납세자가 경정청구를 한 경우에 대해서 규정하고 있지 않다는 점에 비추어 보면, 피고의 주장과 같이 해석할 문언상 근거는 없는 것으로 생각된다. 따라서 피고가 주장하는 권한은 구 상증세법 제76조 제4항에 근거하여 증여세 과세표준 및 세액을 경정할 수 있는 권한이지, 국세기본법 제45조의2에 따른 경정청구를 받아들여 과세표준 및 세액의 결정 또는 경정하거나 이를 거부할 수 있는 권한을 말하는 것은 아니라고 생각된다.

---

2) 피고는 구 상증세법 제6조를 직접 원용하지는 아니하였지만, 구 상증세법 제6조는 국세청장이 특히 중요하다고 인정하는 것에 대해서는 관할 지방국세청장에게도 과세 관할이 있는 것으로 규정하면서, 관할 세무서장과 지방국세청장을 포괄하는 개념으로 '세무서장등'이라고 규정하고 있고, 구 상증세법 제76조 제4항은 '세무서장등'이 증여세를 결정•경정하도록 규정하고 있다.

Ⅴ. 결론

이상에서 살펴본 바와 같이, 세무서장에 대하여 경정청구를 하였으나 지방국세청장이 이에 대한 거부처분을 한 경우, 비록 세무서장을 상대로 하여 전심절차를 거쳤으나 소송 단계에서 지방국세청장으로 피고 경정되었다고 하더라도 적법한 전심절차를 거쳤다고 생각된다. 다만, 지방국세청장의 거부처분은 권한 없는 행정청에 의한 것으로서 무효에 해당할 가능성이 있다고 생각된다.

한편, 대법원은 '행정처분의 취소 또는 무효확인을 구하는 행정소송은 다른 법률에 특별한 규정이 없는 한 그 처분을 행한 행정청을 피고로 하여야 하며, 행정처분을 행할 적법한 권한 있는 상급행정청으로 부터 내부위임을 받은 데 불과한 하급행정청이 권한 없이 행정처분을 한 경우에도 실제로 그 처분을 행한 하급행정청을 피고로 하여야 할 것이지 그 처분을 행할 적법한 권한 있는 상급행정청을 피고로 할 것은 아니'라는 법리를 확립하고 있는데(대법원 1994. 8. 12. 선고 94누2763 판결 등), 이 사건은 권한이 없는 하급행정청이 아니라 상급행정청이 행정처분을 한 경우라고 할 수 있다.

위와 같은 대법원 판례의 법리에 따르면, 비록 증여세경정청구가 세무서장에 대하여 이루어졌고, 이에 대한 거부처분을 할 권한도 세무서장에게만 있다고 하더라도, 그 불복대상은 형식상 거부통지를 한 지방국세청장의 거부처분이 되어야 할 것이다. 한편, 세무서장은 경정청구에 대한 아무런 통지를 하지 아니한 것이므로, 납세자는 국세기본법 제45조의2 제3항에 의하여 경정청구일부터 2개월이 경과한 이후에는 통지를 받지 못하였음을 이유로 하여 전심절차를 거치는 것이 가능하다. 결국 이 사건과 같이 납세자가 관할 세무서장에게 경정청구를 하였는데, 관할 세무서장은 아무런 통지를 하지 않고 관할 지방국세청장이 거부처분의 통지를 한 경우 납세자 입장에서는 ① 경정청구일부터 2개월이 경과하였음에도 통지를 하지 아니한 세무서장을 상대로 한 경정거부처분의 취소와 ② 거부통지를 한 지방국세청장의 거부처분의 취소를 병합하여 제기하는 것이 안전하다. 입법론으로는 실무를 반영하여 국세기본법 제45조의2를 개정하여 경정청구의 관할청에 지방국세청장을 추가할 필요가 있다.

조세조약상 실질과세의 원칙에 관한 연구

- 조세회피목적이 적용요건인지를 중심으로 -

유 철 형 변호사

Ⅰ. 문제의 제기

일반적으로 명의신탁 주식을 양도하였을 때 그 양도소득의 실질귀속자는 명의수탁자가 아니라 명의신탁자이고, 따라서 명의신탁자가 양도소득세 납세의무자가 된다. 이 경우 그 명의신탁에 조세회피목적이 있는지 여부에 따라 양도소득의 실질귀속자가 달라질 수 있는지 하는 문제가 있다. 예를 들면, 거주자 A가 일정 지분율이나 가액 이상의 대주주에게만 과세되는 상장주식 양도차익에 대한 양도소득세를 회피하기 위하여 B 명의로 주식을 취득한 경우와 부부간에 아무런 조세회피목적 없이 배우자 명의로 부동산을 취득한 경우 각각 명의신탁한 자산을 양도하였을 때, 양도소득의 실질귀속자, 즉, 양도차익에 대한 납세의무자가 전자의 경우에는 조세회피목적이 있다는 이유로 명의신탁자로, 후자의 경우에는 조세회피목적이 없다는 이유로 명의수탁자로 될 수 있는가 하는 것이다.

국세기본법 제14조 제1항의 귀속에 관한 실질과세의 원칙에 따르면 위에서 본 두 사례에서 양도소득의 실질귀속자를 조세회피목적이 있는 경우에는 명의신탁자로, 조세회피목적이 없는 경우에는 명의수탁자로 볼 수 없고, 두 사례 모두에서 양도소득세 납세의무자는 양도차익이 실질적으로 귀속되는 명의신탁자가 된다. 그런데, 대법원은 국제거래와 관련한 조세의 납세의무자인 실질귀속자를 판단함에 있어서 국내거래와 달리 판단하고 있다. 즉, 대법원 2012. 1. 19. 선고 2008두8499 전원합의체 판결은 '실질과세의 원칙 중 구 국세기본법 제14조 제1항이 규정하고 있는 실질귀속자 과세의 원칙은 지방세에 관한 법률관계에도 준용되는 것이므로, 과점주주의 간주취득세에 관한 구 지방세법 제105조 제6항을 적용함에 있어서도, 당해 주식이나 지분의 귀속 명의자는 이를 지배·관리할 능력이 없고 명의자에 대한 지배권 등을 통하여 실질적으로 이를 지배·관리하는 자가 따로 있으며, 그와 같은 명의와 실질의 괴리가 위 규정의 적용을 회피할 목적에서 비롯된 경우에는, 당해 주식이나 지분은 실질적으로 이를 지배·관리하는 자에게 귀속된 것으로 보아 그를 납세의무자로 삼아야 할 것'이라고 하여 조세회피목적을 실질귀속자 과세원칙의 적용요건으로 보고 있고, 그 이후의 대법원 판결들은 가장 최근에 선고된 대법원 2017. 12. 28 선고 2017두59253 판결에 이르기까지 거의 예외 없이 동일한 문구를 사용하면서 위 판결과 동일한 취지로 판시하고 있다.[1)2)] 명의와 실질이 다른 경우에도 다시 조세

1) 위 쟁점에 관해 판단한 대법원 판결로서 공간된 판결로는 대법원 2012. 4. 26. 선고 2010두11948 판결, 대법원 2012. 4. 26. 선고 2010두15179 판결, 대법원 2012. 10. 25. 선고 2010두25466 판결, 대법원 2013. 4. 11. 선고 2011두3159 판결, 대법원 2013. 7. 11. 선고 2010두20966 판결, 대법원 2013. 7. 11. 선고 2011두4411 판결, 대법원 2013. 7. 11. 선고 2011두7311 판결, 대법원 2013. 9. 26. 선고 2011두12917 판결, 대법원 2013. 10. 24. 선고 2011두22747 판결, 대법원 2012. 4. 26. 선고 2010두11948 판결, 대법원 2014. 6. 26. 선고 2012두11836 판결, 대법원 2014. 7. 10. 선고 2012두16466 판결, 대법원 2015. 3. 26. 선고 2013두7711 판결, 대법원 2015. 7. 23. 선고 2013두21373 판결, 대법원 2016. 7. 14. 선고 2015두2451 판결, 대법원 2016. 11. 9. 선고 2013두23317 판결, 대법원 2016. 12. 15. 선고 2015두2611 판결, 대법원 2017. 7. 11. 선고 2015두55134, 55141 판결, 대법원 2017. 12. 28. 선고 2017

회피목적이 있느냐 여부에 따라 실질과세 원칙의 적용 여부를 달리 하고 있는 것이다. 이로 인하여 실무상 조세조약 적용에 있어서 실질귀속자의 판단이 문제되는 소송에 있어서는 원고와 피고간에 명의와 실질의 괴리 외에 조세회피목적이 있는지 여부가 큰 쟁점이 되어 진행되고 있다. 이런 유형의 소송을 다수 수행하던 어느 순간 필자는 국제거래와 관련한 이러한 대법원 판례에 의문이 들었고, 호기심을 더 이상 미루지 못하고 이 글을 통하여 우문을 던져본다.

이 글에서는 실질과세 원칙의 전반적인 쟁점을 다루고자 하는 것이 아니라, 위와 같이 국내거래와 달리 국제거래와 관련한 조세에 있어서 실질귀속자를 조세회피목적의 존부에 따라 판단하고 있는 대법원 판례가 타당한지 여부, 즉, 국제거래와 관련해서는 명의와 실질의 괴리 외에 조세회피목적이 인정되어야 국세기본법 제14조 제1항의 귀속에 관한 실질과세의 원칙을 적용할 수 있는지를 주된 쟁점으로 하여 논의 대상을 제한하고자 한다. 이를 위해 Ⅱ.항에서는 논의의 전제로서 먼저 조세조약에 실질과세의 원칙이 적용되는지를 검토하고, Ⅲ.항에서는 조세조약에 실질과세의 원칙이 적용된다고 하는 경우 조세조약상 '수익적 소유자'와 실질과세의 원칙에서의 '실질귀속자'의 관계를 살펴본 다음, Ⅳ.항에서 국내세법상 실질과세의 원칙의 내용, 관련 대법원 판결, 조세회피목적이 귀속에 관한 실

두59253 판결 등이 있다.

2) 대법원 2012. 1. 19. 선고 2008두8499 전원합의체 판결이 국제거래에 관한 것인지에 대해 의문을 제기할 수도 있으나, 이 판결은 최상위 투자자인 네덜란드 소재 외국법인이 역시 네덜란드 소재 외국법인인 자회사(도관회사)를 통하여 국내법인의 주식을 취득한 거래에서 국내법인의 과점주주를 주주명부상 주주인 도관회사로 볼 것인지, 아니면 최상위 투자자인 외국법인으로 볼 것인지가 문제된 사안이다. 이 사안은 외국투자자가 다단계로 국내법인의 주식을 취득한 거래로서 과점주주 해당 여부를 판단하는 전제가 되는 투자구조는 국제거래에 해당한다고 할 것이다.

질과세 원칙의 조세조약 적용요건인지를 검토한 후 V.항에서 논의 내용을 마무리한다.

II. 실질과세 원칙의 조세조약 적용 여부

각국이 체결한 조세조약 중 실질과세의 원칙을 규정하고 있는 조세조약은 없다. 그러나 조세조약에서 규정하고 있지 않은 사항은 국내법을 적용하므로, 이하에서는 조세조약의 다른 규정을 적용함에 있어서 국내세법에 규정된 실질과세의 원칙이 조세조약에 적용되는지 여부에 관한 외국의 사례와 OECD의 입장, 그리고 국내에서의 논의를 살펴본다.

1. 외국의 사례

가. Aiken 판결[3)]

미국 회사인 원고와 에쿠아도르 회사를 자회사로 둔 바하마 모회사는 자회사인 원고에게 자금을 대여하였다. 그 후 에쿠아도르 자회사가 온두라스 손자회사를 설립한 다음 바하마 모회사는 원고에 대한 대여금 채권을 온두라스 손자회사에게 양도하였다. 당시 미국과 바하마 간에는 조세조약이 없어서 미국 국내세법에 따라 원고가 바하마 모회사에게 지급하는 이자소득에 대한 소득세를 원천징수할 수 있었으나, 미국-온두라스 조세조약에서는 미국 거주자가 온두라스 거주자에게 지급하는 이자소득에 대한 소득세를 원천징수할 수 없었다. 미국 국세청은 온두라스 손자회사가 도관에 불과하므로 조

3) 56 T.C. 925(1971).

세조약을 적용할 수 없다는 이유로 원고에게 이자소득에 대한 원천징수처분을 하였다.

미국법원은, 바하마 모회사가 이자소득에 대한 완전한 지배권과 통제권을 갖고 있고, 온두라스 자회사는 그러한 지배권과 통제권을 갖고 있지 아니한 도관에 불과하므로 온두라스 자회사가 원고로부터 이자를 받았다고 볼 수 없어서 미국-온두라스 조세조약을 적용할 수 없고, 결국 위 이자는 바하마 모회사가 원고로부터 받은 것이므로 미국에서 국내세법에 따라 과세할 수 있다고 판시하였다.

미국-온두라스 조세조약에 명문의 규정이 없음에도 미국의 국내법상 실질우위의 원칙(substance over form doctrine)을 적용할 수 있다고 본 대표적인 판결이다. 위 판결 이후 1993년 미국세법 제7701조 (1)항에 도관규정(Regulations relating to conduit arrangements)이 신설되었다.

나. Prevost Car 판결[4)]

스웨덴 법인인 Volvo(51%)와 영국법인인 Henly's(49%)는 네덜란드 법인인 Prevost Holding B.V.(이하 'PHBV'라 함)를 설립하였고, PHBV는 캐나다 법인인 원고 Prevost의 지분을 100% 보유하고 있다. 스웨덴 법인과 영국법인 주주간 계약에는 PHBV가 얻는 이익의 80%를 주주들에게 배당하기로 되어 있다. 원고가 PHBV에게 배당금을 지급하면서 캐나다-네덜란드 조세조약을 적용하여 5%의 원천징수를 하자, 캐나다 국세청은 위 배당소득의 수익적 소유자가 PHBV가 아니라 그의 주주인 Volvo와 Henly's라는 이유로 각각 캐나다-스웨덴 조세조약의 12%와 캐나다-영국 조세조약의 15%의 세율을 적용하여 과세하였다.

4) Prevost Car Inc. v. The Queen, 2009 FCA 57(2009).

이에 대해 캐나다 1심 법원은 배당의 수익적 소유자를 '자신을 위해 배당을 수취하고 그 수취한 배당의 위험과 통제를 떠맡은 자'[5] 라고 정의하고, PHBV와 같은 법인은 보유한 자금 사용에 대한 재량을 전혀 갖지 못하는 경우가 아닌 한 그 법인격을 부인할 수 없다는 점, PHBV가 주주들에게 배당을 하기 위해서는 이사회 결의와 주주총회 승인을 얻어야 하는 등 80% 배당을 약정한 주주간 계약에 따를 의무가 없다는 점 등을 근거로 PHBV가 단순한 도관이라고 볼 수 없다고 판단하였고, 항소심은 1심 판결을 유지하였다.

다. Vodafone 판결[6]

홍콩의 허치슨그룹 → 케이만군도 1차 자회사(HTIL) 설립 → 케이만군도 2차 자회사(CGP) 설립 → 모리셔스국 3차 자회사 설립 → 인도 통신회사(HEL)에 투자하는 방식으로 운영하던 중 HTIL이 보유하던 CGP의 주식을 네덜란드 법인인 Vodafone에 양도하면서 큰 양도차익을 남겼다. 인도 국세청은 CGP와 모리셔스국 자회사가 도관에 불과하므로 CGP 주식의 양도는 그 실질에 있어서 인도회사인 HEL의 주식을 양도한 것이라는 이유로 위 양도차익을 인도 원천소득으로 보아 양수인인 Vodafone에게 원천징수의무 불이행에 따른 과세예고통지를 하였다.

이 사건에서 인도 대법원은 '예측가능성과 법적 안정성은 조세제도의 기본 토대를 형성하며, 이러한 원칙은 납세자(외국 투자자 포함)가 가장 효과적인 방법으로 합리적인 경제적 선택을 하는데 있어서 결정적이다. LOB와 투시원칙(법인격 부인 등)과 같은 법 원칙들은 정책의 문제인데, 오늘날 정부는 이와 같은 불확정 개념으로부터

---

5) "the person who receives the dividends for his or her own use and enjoyment and assumes the risk and control of the dividend he or she received."

6) Vodafone v. Union of India & Anr. SLP (C) No. 26529 of 2010, 2012. 1. 20.

비롯되는 견해의 대립을 피하기 위해서 이 원칙들을 조약 또는 법률에 포함시켜야 한다. 투자자들은 미리 그 과세여부를 알아야 할 뿐만 아니라, 이는 과세당국이 세법을 집행하는 데 있어서도 도움을 준다. 이 사건의 사실관계에 따르면, 허치슨 그룹의 위 투자구조는 1994년 이후부터 존재해 왔으며, 동 그룹은 HEL을 통한 인도 내 사업을 통해 2003년부터 2011년도까지 20,242 크로레(한화 약 4.6조원) 상당의 세금을 납부하였다.'[7]고 판시하였다. 인도 대법원은 조세조약에 명문의 규정이 없는 이상 실질과세의 원칙에 따른 과세를 할 수 없다고 판단한 것이다.

2. OECD의 입장

OECD 모델 조세조약은 아래에서 보는 바와 같이 명목회사에 대한 남용방지규정을 점차 강화해 온 것으로 평가되고 있다.[8]

즉, OECD 모델 조세조약 1977년 주석서에서는 납세자가 국가간 조세제도의 차이를 이용할 가능성이 있으므로 국가들은 이에 대응하기 위해 국내세법이나 조세조약을 개정할 필요가 있다고 지적하였다. 1977년 모델 조세조약에 수익적 소유자의 개념을 도입하였으나 이를 적극적으로 규정하지 않고 대리인이나 명의인을 수익적 소유자에서 배제하는 방식으로 소극적으로 규정하였다.[9] 또한 1986년 OECD '조세조약과 도관회사의 이용'이라는 보고서에서는 도관회사도 수익적 소유자에서 배제될 수 있다고 하였는데, OECD 모델 조세

---

7) 김석환, "조세조약상 수익적 소유자와 국내세법상 실질귀속자와의 관계", 『조세학술논집』 제29권 제1호(한국국제조세협회, 2013), 208면.

8) 강석규, "간주취득세와 실질과세의 원칙", 『대법원판례해설』 제92호(법원도서관, 2012년), 39-40면.

9) 1977년 OECD 모델 조세조약 제10조에 대한 주석 제12문단.

조약 제10조에 대한 주석 제12항은 수취인이 소득을 전달해야 할 계약상 또는 법률상 의무가 있는지 여부를 도관회사의 판단기준으로 제시하고 있다. 1987년 OECD 보고서에서는 조세회피 방지장치가 조세조약에 없는 경우에는 당사국 간의 약속인 조세조약의 혜택이 적용된다고 하였고,[10] 1992년 주석서에서는 국내세법상 일반적 조세회피부인규정과 피지배외국법인세제는 조세조약의 정신에 부합한다고 하였다. 그 후인 1998년 OECD 보고서에서는 국내세법상의 조세회피방지규정의 적용가능성에 대해 주석서가 명확히 할 필요가 있다고 하였고,[11] 2003년 주석서에서는 실질우위원칙, 경제적 실질 또는 일반적 조세회피방지규정은 그것이 세법의 적용대상이 되는 사실관계의 판단에 관한 국내세법의 한 부분이 되어 있는 한 조세조약에 규정할 사항이 아니며, 조세조약과 충돌하지 않는다고 하였다.[12]

결국 OECD는 국내법상 실질과세의 원칙과 조세조약의 관계에 있어서 조세조약 남용행위를 방지하기 위하여 실질과세 원칙의 적용을 긍정하는 입장이라고 본다.[13]

3. 국내에서의 논의

국내세법에 규정된 실질과세의 원칙이 조세조약에도 적용되는지 여부에 대한 국내에서의 논의는 아래와 같이 나누어 볼 수 있다.

---

10) OECD, OECD Report on International Tax Avoidance and Evasion, 1987.
11) OECD, Report on Harmful Tax Competition, 1998.
12) OECD 모델 조세조약 제1조에 대한 주석 22 및 22.1 문단.
13) 이재호, 『국내법에 의한 조세조약의 배제에 관한 연구』, 서울대 박사학위 논문(2007), 180-196면.

가. 적용부정설

이 견해는, '조약은 국내법에 우선하는 특별법적 지위에 있는 것이고, 당사국간의 약속이므로 일방적으로 실질과세의 원칙과 같은 국내세법의 일반조항을 조약에 적용하는 것은 국제법 위반으로서 옳지 않다'고 본다.[14)]

나. 적용긍정설

이 견해는, '조세조약의 적용에서는 소득의 귀속자를 결정하는 것이 핵심적인 사항이고, 조세조약 적용의 전단계로서 사실관계 판단에 관하여 원천지국가의 국내세법을 적용하여야 한다. 따라서 국내세법상 실질과세의 원칙이 조세조약에도 적용된다. 여기에서 실질과세의 원칙은 경제적 실질에 가까운 개념이고, 경제적 실질이라는 개념은 불확정한 개념이며, 조세조약의 남용 방지라는 목적이 중요하므로 실질과세의 원칙 적용에는 목적론적 해석이 필요하다'는 입장이다.[15)]

또한 실질과세의 원칙은 헌법상 기본이념인 평등의 원칙을 조세법률관계에 구현하기 위한 실천적 원리이므로 거주자와 비거주자에게 동일하게 적용되어야 하고, 조세조약은 국내세법을 적용한 결과 과세요건을 갖춘 경우 그 과세권을 제한하는 작용을 하는 것이므로 명문의 규정이 없는 한 국내세법상 실질과세의 원칙은 당연히 조세조약에 적용된다고 한다.[16)]

실질과세의 원칙을 조약적용에 내재한 원칙으로 보고 국내세법상 실질과세의 원칙이 조세조약에도 적용된다는 국내외 판결들을

---

14) 이태로, "Treaty Shopping", 『조세법연구』 제1집(한국세법학회, 1995), 29-34면.
15) 오윤, 『조세조약상 소득의 귀속에 관한 연구』, 국민대 박사학위논문(2006), 153-207면, 245-246면.
16) 김석환, 앞의 논문, 200-201면.

근거로 동일한 입장을 취한 견해도 있다. 이 견해는 원천징수의무자의 조세조약 적용절차에 관한 법인세법 제98조의6이 실질귀속자의 판정기준을 정한 것이 아니라 그 판정은 실질과세라는 일반적 원칙에 따라야 한다고 본다.17)

다. 결어

대법원 2012. 1. 19. 선고 2008두8499 전원합의체 판결이 국제거래에 실질과세 원칙의 적용을 긍정한 이래 국내세법상 실질과세의 원칙이 조세조약에 적용되는지 여부에 관하여 국내에서 부정적인 입장을 밝힌 경우는 찾아보기 어렵다. 실질과세의 원칙은 헌법상 평등원칙을 조세법에 구현한 것이라는 점에서 그 적용에 있어서 거주자와 비거주자 사이에 차이가 있을 수 없고, 소득의 실질귀속자를 납세의무자로 하는 것이 응능부담의 원칙과 자기책임의 원칙에도 부합한다는 점에서 적용긍정설이 타당하다.18)

4. 대법원의 입장

국내세법상 실질과세의 원칙이 조세조약에 적용되는지 여부를 최초로 명시적으로 밝힌 판결은 대법원 2012. 4. 26. 선고 2010두11948 판결과 같은 날 선고된 대법원 2012. 4 26. 선고 2010두15179 판결이다. 그러나 위 2개의 판결들 이전에 서울행정법원 2009. 2. 16. 선고 2007구합37650 판결에서 국내세법상 실질과세의 원칙이 조세조약에 적용되는지 여부가 쟁점이 되었고, 서울행정법원은 명시적

---

17) 이창희, “조세조약과 실질과세”, 『사법』 제25호(사법발전재단, 2013), 5-20면.

18) 실질과세의 원칙에서 ‘실질’의 의미에 관한 법적 실질설과 경제적 실질설의 내용, 그 법적 성격에 대한 상세한 논의에 대해서는 오윤, 앞의 논문, 367-371면 참조.

으로 이를 긍정하였으며, 위 사건의 항소심인 서울고등법원 2010. 2. 12. 선고 2009누8016 판결도 동일한 입장을 취했다. 그런데, 위 사건의 상고심인 대법원 2012. 1. 27. 선고 2010두5950 판결은 위 쟁점에 대한 명시적인 판단을 하지 아니한 채 국내세법상 실질과세의 원칙을 조세조약에 적용하여 양도소득의 실질귀속자로 판단된 단체가 법인세법상 외국법인인지 여부만을 심리·판단하였다. 위 2010두5950 판결은 실질귀속자의 판단에 있어서 국내세법상 실질과세의 원칙이 조세조약에 적용된다는 것을 전제로 판단한 것이므로, 대법원은 이미 위 2010두5950 판결에서 국내세법상 실질과세의 원칙이 조세조약에 적용된다는 입장을 취했던 것으로 보인다.

그런데 실질과세 원칙의 조세조약에의 적용을 처음 명시적으로 판단한 위 2010두11948 판결과 2010두15179 판결에 관한 대법원 판례해설이 없어서 대법원에서 위 쟁점에 관해 어떤 논의가 있었는지 알 수 없다는 점은 아쉽다. 대법원은 위 2개의 판결 이후 일관되게 동일한 입장을 취해 오고 있다.[19]

5. 결어

국내세법상 실질과세의 원칙이 조세조약에 적용되는지 여부에 대하여 일부 이를 부정하는 취지의 외국 판결도 있으나, 국세기본법상 실질과세의 원칙은 조세평등주의의 헌법상 원리가 조세법에 반영된 것이고, 조세부담의 공평과 응능부담의 원칙을 구현하기 위한 것으로서 거주자와 비거주자 모두에게 공평하게 적용된다고 봄이 타당하다. 또한 이러한 해석이 OECD의 기본 입장과도 일치한다. 이런 점에서 국내세법상 실질과세의 원칙이 조세조약에도 적용된다는

---

19) 앞의 주석 1)의 판결들.

대법원 판례는 타당하다.

III. 수익적 소유자와 실질귀속자의 관계

1. 수익적 소유자의 연혁과 의미

우리나라가 외국과 체결한 조세조약은 한·미 조세조약,[20] 한·네덜란드 조세조약[21] 등 일부를 제외하고 대부분의 조세조약에서 배당, 이자, 사용료 소득 조항에 그 소득의 귀속자로 '수익적 소유자'(beneficial owner)를 규정하고, 이들에 대해서는 원천지국에서 일반세율보다 낮은 제한세율을 적용하는 것으로 규정하고 있다. 수익적 소유자 규정은 배당, 이자, 사용료 소득과 같은 수동적 소득(passive income)의 경우 소득 귀속자의 거주지를 쉽게 옮길 수 있고, 이를 통해 세부담이 낮은 조세조약 규정을 둔 국가로 거주지를 이동함으로써 조세를 회피하는 행위를 방지하려는 취지에서 도입된 것으로 이해되고 있다.[22]

수익적 소유자의 개념은 영국의 신탁법 이론에서 나온 개념으로 알려져 있다. 영국은 제3국 거주자가 명의인이나 대리인을 내세워 조세조약의 혜택을 받는 것이 문제라고 생각하여 1966년 영·미 조세조약에 위 용어를 도입하였고, 1977년 OECD 모델 조세조약에도 도입되었다. 그러나 수익적 소유자가 어떤 의미인지에 대해서는 아무

---

20) 한·미 조세조약 제12조(배당), 제13조(이자), 제14조(사용료)에서는 '수익적 소유자' 대신 '거주자'로 규정하고 있다.

21) 한·네덜란드 조세조약 제10조(배당), 제11조(이자), 제12조(사용료)에서 '거주자'로 규정하고 있다.

22) 김석환, 앞의 논문, 179-180면.

런 규정을 두지 않아 논란이 지속되어 왔고, 각국 법원의 해석에 의존할 수밖에 없었다.[23)]

OECD 모델 조세조약에서는 1977년 주석에서 "조세협약 제10조(배당) 제2항에 따라, 원천지국에서의 과세권의 제한은 수익자와 지급자 사이에 대리인(agent) 또는 명의인(nominee)과 같은 중간매개자(intermediary)를 끼워 넣는 경우 그 수익적 소유자가 타방 체약국의 거주자가 아니라면 적용될 수 없다."[24)]라고 하여 수익적 소유자의 의미를 정의하지 않고 대리인이나 명의인을 제외하는 방식으로 규정하였다. 그 후인 1986년 OECD 도관회사 보고서에서 대리인과 명의인 외에 도관회사(conduit)도 수익적 소유자에서 배제될 수 있다고 하였고, 2003년 개정 주석에서는 수익적 소유자 개념이 조약편승(treaty shopping)과 같은 조세회피문제의 대책으로 도입되었다는 점을 밝히고 도관회사도 수익적 소유자에서 배제된다고 하였다. 2003년 OECD 주석은 '조약혜택의 배제'(LOB, Limitation on Benefit) 규정을 도입하고 체약국간의 합의로 조세조약에 규정할 수 있다고 하였다.[25)] LOB조항은 미국이 주장하고 있는 개념으로 미국이 체결한 대부분의 조세조약에는 위 조항이 들어가 있다. LOB 조항에 대해서는 도관회사 판정을 둘러싼 다툼을 피할 수 있다는 긍정적인 평가도 있으나,[26)] 위 조항은 조약망이 좁은 미국이 자국의 이익을 관철하기 위해 내세운 조항으로서 우리나라와 같이 넓은 조약망을 가진 나라는 따를 필요가 없고 EU법과의 충돌문제로 향후 사라질 것이라는 평가도 있다.[27)]

23) 김석환, 앞의 논문, 179-180면.
24) 1977년 OECD 모델 조세조약 제10조에 대한 주석 제12문단.
25) 김석환, 앞의 논문, 181-184면.
26) 김진웅, "국제거래와 조세조약상 수익적 소유자의 취급방안", 『조세실무연구』 제1권(2005), 114면.
27) 이창희, 앞의 논문, 29-45면.

OECD 모델 조세조약이나 각국이 체결한 조세조약 어디에도 수익적 소유자의 개념을 정의한 규정이 없고, 그 의미에 대한 국내외 학자들의 견해도 다양하다. Klaus Vogel 교수는 '자본 또는 기타 자산들이 사용되거나 타인들의 사용에 제공될지 여부, 이들 자산들로부터 얻은 수익이 어떻게 사용될 것인지 여부, 또는 앞의 두 가지 모두를 자유롭게 결정하는 자'를 수익적 소유자라고 하고, Van Weeghel 교수는 배당의 수익적 소유자를 '배당표와 수령한 배당금을 자유롭게 이용할 수 있는 자'라고 한다.[28] 이창희 교수는 수익적 소유자라는 개념은 조약편승 대책이라는 도구개념으로서 실질과세 원칙에 따른 실질귀속자와 동일한 의미이므로 우리나라의 조약해석론에서는 전혀 불필요한 개념이라고 하였고,[29] 오윤 교수는 수익적 소유자란 '수령한 경제적 이득의 법률적 귀속에 불구하고 실질적으로 그것을 지배, 관리 또는 처분을 하고 그에 따른 부담을 지는 자'라고 정의하고 있다.[30]

2. 수익적 소유자와 실질귀속자의 관계

가. 학자들의 견해

수익적 소유자와 실질과세 원칙에 따른 실질귀속자를 별개의 개념으로 이해하는 국내 학자는 찾아보기 어렵고, 학자들 대부분이 양자를 동일한 의미로 해석하고 있다. 이재호 교수는 소득세법과 법인세법에 도입된 원천징수절차 특례규정[31]에서의 실질귀속자는 조세

---

28) 김석환, 앞의 논문, 184-185면에서 재인용.

29) 이창희, 앞의 논문, 20-29면.

30) 오윤, "Beneficial Ownership 개념과 실질과세원칙의 관계", 『조세법연구』 제16-1집(한국세법학회, 2010), 356-367면.

31) 소득세법 제156조의2, 제156조의6, 법인세법 제98조의4, 제98조의6.

조약상 수익적 소유자와 같다고 하고 있고,[32] 이창희 교수도 수익적 소유자와 실질귀속자를 동일한 의미로 해석하고 있다.[33] 김석환 교수는 국내법상 실질과세의 원칙이 조세조약의 해석에 적용된다고 하는 경우 조세조약상 수익적 소유자와 실질과세 원칙에 따른 실질귀속자는 동일한 의미라고 하고 있고,[34] 오윤 교수는 소득귀속에 있어서 실질과세 원칙의 내용은 수익적 소유자의 개념과 동일하다고 하고 있다.[35]

나. 대법원의 입장

대법원은 아래에서 보는 바와 같이 우리나라가 체결한 조세조약의 배당소득 조항에서의 '수익적 소유자'를 실질과세 원칙의 적용에 따른 실질귀속자와 동일한 의미로 일관되게 해석해 오고 있다.[36]

대법원 2012. 10. 25. 선고 2010두25466 판결은 영국령 케이만군도의 유한 파트너십(limited partnership)인 甲이 케이만군도 법인 乙을, 乙은 룩셈부르크 법인 丙을, 丙은 벨지움국 법인 丁을 각 100% 출자하여 설립하고, 丁은 다른 투자자들과 합작으로 내국법인 戊를 설립하여 다른 내국법인 己의 사업부분을 인수한 후, 戊가 丁에게 배당금을 지급하면서 丁이 벨지움국 법인이라는 이유로 '대한민국과 벨지움국 간의 소득에 관한 조세의 이중과세회피 및 탈세방지를 위한 협약'이 정한 제한세율을 적용하여 법인세를 원천징수하여 납부하자, 피고가 甲을 배당소득의 실질귀속자로 보아 국내세법상 배당소득 원천징수세율을 적용하여 원천징수의무자 戊에게 법인세부과처

32) 이재호, 『국내세법과 조세조약』 제1판(경인문화사, 2007), 275면.
33) 앞의 각주 27) 참조.
34) 김석환, 앞의 논문, 199-206면.
35) 오윤, 앞의 박사학위논문, 204-207면.
36) 대법원 2013. 4. 11. 선고 2011두3159 판결, 대법원 2015. 5. 28 선고 2013두7704 판결, 대법원 2016. 7. 14 선고 2015두2451 판결 등.

분을 한 사안에서, '제반 사정에 비추어 丙, 丁등은 명목상의 회사일 뿐 위 배당소득의 실질적 귀속자 또는 수익적 소유자는 甲이어서 위 소득에 대하여는 위 조세조약이 적용될 수 없다'는 취지로 판시하였다.

또한 대법원 2015. 3. 26. 선고 2013두7711 판결은 독일의 유한합자회사인 甲이 독일의 유한회사인 乙을 설립하여 발행주식 전부를 보유하고, 乙회사는 우리나라의 유한회사인 丙을 설립하여 발행주식 전부를 보유하는데, 丙회사가 우리나라의 부동산을 매수한 후 임대수익과 양도차익 등으로 발생한 소득금액을 배당금으로 지급하면서 '대한민국과 독일연방공화국 간의 소득과 자본에 대한 조세의 이중과세회피와 탈세방지를 위한 협정'(이하 '한·독 조세조약'이라 함) 제10조 제2항 (가)목에 따른 5%의 제한세율을 적용하여 원천징수한 법인세를 납부하였으나, 과세관청은 위 배당소득의 실질귀속자를 甲회사로 보아 구 법인세법(2008. 12. 26. 법률 제9267호로 개정되기 전의 것) 제98조 제1항 제3호에 따른 25%의 세율을 적용하여 丙회사에 법인세 징수처분을 한 사안에서, '乙회사의 설립경위와 목적, 乙회사의 인적·물적 조직과 사업활동 내역, 甲회사와 乙회사의 소득에 대한 지배·관리 정도 등에 비추어, 乙회사는 丙회사의 발행주식이나 배당소득을 지배·관리할 능력이 없고, 甲회사가 乙회사에 대한 지배권 등을 통하여 실질적으로 이를 지배·관리하였으며, 우리나라의 법인세법상 '외국법인'에 해당하는 甲회사가 직접 배당소득을 얻는 경우에는 한·독 조세조약에 따른 5%의 제한세율이 적용되지 아니하여 그와 같은 명의와 실질의 괴리가 오로지 조세를 회피할 목적에서 비롯된 것으로 볼 수 있으므로, 위 배당소득의 실질귀속자는 乙회사가 아니라 甲회사라고 보아야 한다'고 판시하였다.

3. 결어

수익적 소유자의 연혁에서 본 바와 같이 각국이 체결한 조세조약이나 OECD 모델 조세조약에도 수익적 소유자의 개념에 대한 정의 규정이 없어서 각국의 법원이 각자 이를 해석하고 있다. 수익적 소유자라는 개념은 조약편승에 대한 대책으로 나온 개념으로서 조세회피행위를 방지하고자 한다는 점에서 실질과세의 원칙과 그 취지가 동일하다. 한편, 국내세법상 실질과세의 원칙이 조세조약에도 적용된다는 것이 OECD의 입장이고, 다수 학자들도 동일한 견해이며, 대법원은 일관되게 조세조약에 국내세법상 실질과세의 원칙이 적용된다는 입장이다. 우리나라가 체결한 대부분의 조세조약은 배당, 이자, 사용료 소득 조항에 '수익적 소유자'를 규정하고 있는데, 실질과세의 원칙이 조세조약에 적용된다고 보는 이상 조세조약에서의 수익적 소유자는 실질귀속자와 동일한 의미로 해석되고, 이 점에서는 수익적 소유자라는 개념을 별도로 사용할 필요가 없다.

Ⅳ. 조세회피목적이 실질과세 원칙의 조세조약 적용요건인지 여부

1. 국내세법상 귀속에 관한 실질과세 원칙의 적용요건

가. 관련 규정

국세기본법 제14조 제1항,[37] 법인세법 제4조 제1항,[38] 국제조세

37) ① 과세의 대상이 되는 소득, 수익, 재산, 행위 또는 거래의 귀속이 명의(名義)일 뿐이고 사실상 귀속되는 자가 따로 있을 때에는 사실상 귀속되는 자를 납세의무자로 하여 세법을 적용한다.

조정에 관한 법률 제2조의2 제1항,[39] 지방세기본법 제17조 제1항[40]에서 귀속에 관한 실질과세의 원칙을 규정하고 있는데, 일부 문구에 차이가 있을 뿐 그 내용은 거의 동일하다. 대체로 '과세의 대상이 되는 소득, 수익, 재산, 행위 또는 거래의 귀속 명의자와 사실상 귀속되는 자가 따로 있을 때에는 납세의무자를 사실상 귀속되는 자로 하여 세법을 적용한다.'고 규정하고 있다.

나. 실질과세 원칙의 적용요건

(1) 관련규정상 적용요건

국내세법상 실질과세 원칙의 가장 기본이 되는 국세기본법 제14조 제1항은 귀속에 관한 실질로서 과세대상이 되는 소득이나 수익 등의 귀속 명의와 사실상 귀속되는 자가 다른 경우 사실상 귀속되는 자를 납세의무자로 하여 세법을 적용하도록 되어 있다. 또한 같은 조 제2항은 과세표준에 관한 규정의 적용에 있어서 행위 또는 거래 등의 명칭이나 형식에 관계없이 실질 내용에 따라 적용하도록 규정하고 있고, 같은 조 제3항은 부당하게 세법의 혜택을 받기 위한 것으로 인정되는 우회거래나 다단계 거래는 경제적 실질 내용에 따라 거래를 재구성하여 세법을 적용하도록 규정하고 있다. 이와 같이 국세기본법 제14조 제1항과 제2항은 명의와 실질, 또는 형식과 실질이

38) ① 자산(資産)이나 사업에서 생기는 수입의 전부 또는 일부가 법률상 귀속되는 법인과 사실상 귀속되는 법인이 서로 다른 경우에는 그 수입이 사실상 귀속되는 법인에 대하여 이 법을 적용한다.

39) ① 국제거래에서 과세의 대상이 되는 소득, 수익, 재산, 행위 또는 거래의 귀속에 관하여 사실상 귀속되는 자가 명의자와 다른 경우에는 사실상 귀속되는 자를 납세의무자로 하여 조세조약을 적용한다.

40) ① 과세의 대상이 되는 소득·수익·재산·행위 또는 거래가 서류상 귀속되는 자는 명의(名義)만 있을 뿐 사실상 귀속되는 자가 따로 있을 때에는 사실상 귀속되는 자를 납세의무자로 하여 이 법 또는 지방세관계법을 적용한다.

다르면 실질에 따라 세법을 적용한다는 것이고, 실질과세 원칙의 적용에 있어서 그 외의 다른 요건을 규정하고 있지 않다. 그리고 같은 조 제3항은 우회거래나 다단계 거래가 부당하게 세법의 혜택을 받기 위한 것으로 인정되는 경우를 그 요건으로 하고 있다.

(2) 국내세법상 귀속에 관한 실질과세 원칙의 적용요건에 관한 판례의 입장

국내거래에 대한 소득, 수익, 재산 등의 귀속에 관한 실질과세의 원칙 적용시 대법원은 그 적용요건을 아래와 같이 판단하고 있다.

명의신탁 부동산의 양도소득세 납세의무자와 관련하여 대법원 1997. 10. 10 선고 96누6387 판결은 '부동산을 제3자에게 명의신탁한 경우 명의신탁자가 부동산을 양도하여 그 양도로 인한 소득이 명의신탁자에게 귀속되었다면, 국세기본법 제14조 제1항 및 구 소득세법(1994. 12. 22. 법률 제4804호로 전문 개정되기 전의 것) 제7조 제1항 등에서 규정하고 있는 실질과세의 원칙상 당해 양도소득세의 납세의무자는 양도의 주체인 명의신탁자'라고 판시하였고, 대법원 2014. 9. 4 선고 2012두10710 판결은, '명의신탁된 재산의 법형식적인 소유명의는 수탁자에게 있으나 실질적인 소유권은 신탁자에게 있으므로, 명의신탁자가 자신의 의사에 의해 명의신탁재산을 양도하는 경우에는 그가 양도소득을 사실상 지배, 관리, 처분할 수 있는 지위에 있다고 할 것이어서 양도소득의 납세의무자는 명의신탁자'라고 판시하였다.[41]

또한 대법원 2014. 5. 16 선고 2011두9935 판결은, 甲이 乙주식회사와 독립채산제 판매약정을 체결한 다음 乙회사의 영업소에서 乙회사의 영업이사 직함을 사용하여 乙회사가 생산한 정제유를 乙회

---

41) 대법원 1991. 3. 27 선고 88누10329 판결, 대법원 1993. 9. 24 선고 93누517 판결, 대법원 1999. 11. 26 선고 98두7084 판결 등도 동일한 취지.

사 명의로 판매하였고, 乙회사는 위 영업소의 매입·매출을 합산하여 법인세 및 부가가치세를 신고·납부하였는데, 과세관청이 위 영업소의 영업을 乙회사의 사업으로 보아 乙회사에 부가가치세 등 부과처분을 한 사안에서, '소득이나 수익, 재산, 행위 또는 거래 등의 과세대상에 관하여 귀속 명의와 달리 실질적으로 지배·관리하는 자가 따로 있는 경우에는 형식이나 외관을 이유로 귀속 명의자를 납세의무자로 삼을 것이 아니라, 실질과세의 원칙에 따라 실질적으로 당해 과세대상을 지배·관리하는 자를 납세의무자로 삼아야 할 것'이라고 한 뒤, '甲이 乙회사로부터 정제유를 공급받아 그의 책임과 계산 아래 독립하여 이를 판매하였으므로 위 영업소의 거래와 그로 인한 소득은 실질적으로 甲에게 귀속되는 것이고, 따라서 위 처분은 실질과세의 원칙에 위배되어 위법하다'고 판단하였다.

대법원 2015. 9. 10 선고 2010두1385 판결은, '국세기본법 제14조에서 규정하는 실질과세의 원칙은, 납세의무자가 소득이나 수익, 재산, 거래 등의 과세요건사실에 관하여 실질과 괴리되는 비합리적인 형식이나 외관을 취한 경우 그 형식이나 외관에 불구하고 그 뒤에 숨어 있는 실질에 따라 과세요건이 되는 소득이나 수익, 재산, 거래 등의 발생, 귀속과 내용 등을 파악하여 과세하여야 한다는 국세부과의 원칙을 말하는 것'이라고 전제한 후, '따라서 납세의무자인 양도인과 최종 양수인 사이에 중간 거래가 개입되었으나 그것이 가장행위에 의한 형식상의 양도거래에 불과하고 실제로는 양도인과 최종 양수인 사이에 하나의 양도거래가 있을 뿐이라면, 실질과세의 원칙상 그 양도거래로 인한 효과는 모두 납세의무자인 양도인에게 귀속된다고 보아야 한다.'고 판시하였다.

위와 같이 국내세법상 실질과세 원칙의 적용과 관련하여 대법원은 국세기본법 제14조 제1항의 문언에 충실하게 과세의 대상이 되는 소득 등의 귀속 명의(名義)와 사실상 귀속되는 자가 다른 경우에는 사실상 귀속되는 자를 납세의무자로 보고 있고, 실질과세 원칙의 적용에 있어서 명의와 실질의 괴리 외에 조세회피목적과 같은 다른 요건을 요구하고 있지 않다.[42][43]

2. 조세조약 해석에서 귀속에 관한 실질과세 원칙의 적용요건에 관한 판례의 법리

가. 실질귀속자 판단에 관한 대법원 판결들

(1) 대법원 2012. 1. 19 선고 2008두8499 전원합의체 판결

대법원은 모회사 甲 외국법인이 100% 지분을 소유하고 있는 자회사들인 乙 외국법인과 丙 외국법인이 丁 내국법인의 지분 50%씩을 취득하고, 乙 회사가 75% 지분을 소유하고 있는 戊 내국법인의 나머지 지분 25%를 丙 회사가 취득하자, 과세관청이 甲 회사가 丁 및 戊 회사의 과점주주라고 보고 甲 회사에 대하여 구 지방세법 제105조 제6항에 따라 취득세 등 부과처분을 한 사안에서, '실질과세의 원칙 중 구 국세기본법 제14조 제1항이 규정하고 있는 실질귀속자 과세의 원칙은 소득이나 수익, 재산, 거래 등의 과세대상에 관하여 그 귀속 명의와 달리 실질적으로 귀속되는 자가 따로 있는 경우

42) 대법원 2014. 9. 4 선고 2012두10710 판결 등, 오윤, 앞의 논문, 359면, 375면.
43) 이와 달리 국내거래의 경우에도 조세회피목적을 적용요건으로 요구한다고 해석하는 견해가 있고(이태로·한만수, 『조세법강의』, 신정13판(박영사, 2018), 41면), 대법원 2017. 1. 25. 선고 2015두3270 판결과 대법원 2017. 2. 15. 선고 2015두46963 판결 등을 이러한 입장의 판결로 제시하기도 한다. 그러나 이 판결들은 모두 우회 거래 또는 다단계 거래를 규정한 구 상속세 및 증여세법(2013. 1. 1. 법률 제11609호로 개정되기 전의 것) 제2조 제4항(국세기본법 제14조 제3항과 동일한 내용)의 적용에 관한 사례들이어서 위 판결들을 근거로 대법원이 국내거래에 대해서도 조세회피목적을 귀속에 관한 실질과세의 원칙을 규정한 국세기본법 제14조 제1항의 적용요건으로 요구하고 있다고 보기는 어렵다.

에는 형식이나 외관을 이유로 그 귀속 명의자를 납세의무자로 삼을 것이 아니라 실질적으로 귀속되는 자를 납세의무자로 삼겠다는 것이고, 이러한 원칙은 구 지방세법 제82조에 의하여 지방세에 관한 법률관계에도 준용된다. 따라서 구 지방세법 제105조 제6항을 적용함에 있어서도, 당해 주식이나 지분의 귀속 명의자는 이를 지배·관리할 능력이 없고 그 명의자에 대한 지배권 등을 통하여 실질적으로 이를 지배·관리하는 자가 따로 있으며, 그와 같은 명의와 실질의 괴리가 위 규정의 적용을 회피할 목적에서 비롯된 경우에는, 당해 주식이나 지분은 실질적으로 이를 지배·관리하는 자에게 귀속된 것으로 보아 그를 납세의무자로 삼아야 할 것이다'라고 판시하였다.[44]

대법원은 위 전원합의체 판결을 통하여 국제거래에 귀속에 관한 실질과세의 원칙을 적용하기 위해서는 명의와 실질의 괴리 외에 조세회피목적이 있어야 한다는 점을 처음으로 밝혔다.

(2) 대법원 2012. 4. 26 선고 2010두11948 판결

위 2008두8499 전원합의체 판결에 이어서 대법원은 영국의 유한파트너십(limited partnership)인 甲 등이 벨기에 법인 乙 등을 통해 국내 부동산에 투자하여 양도소득이 발생하였는데 과세관청이 甲 등을 양도소득의 귀속자로 보아 구 법인세법(2008. 12. 26. 법률 제9267호로 개정되기 전의 것) 제93조 제7호 등에 따라 법인세 부과처분을 한 사안에서, '구 국세기본법(2007. 12. 31. 법률 제8830호로 개정되기 전의 것) 제14조 제1항에서 규정하는 실질과세의 원칙은 소득이

44) 강석규, 앞의 논문, 54-55면에서는 위 2008두8499 전원합의체 판결이 도관회사를 이용한 조세회피행위에 대하여 실질과세의 원칙을 적용함으로써 과세형평의 제고와 조세정의 실현에 기여함과 동시에 실질과세 원칙의 적용요건을 엄격하게 해석함으로써 확대적용에 따라 발생할 수 있는 과세권의 남용을 사전에 차단하였다는 평가를 하고 있다.

나 수익, 재산, 거래 등의 과세대상에 관하여 그 귀속 명의와 달리 실질적으로 귀속되는 자가 따로 있는 경우에는 형식이나 외관을 이유로 그 귀속 명의자를 납세의무자로 삼을 것이 아니라 실질적으로 귀속되는 자를 납세의무자로 삼겠다는 것이므로, 재산의 귀속 명의자는 이를 지배·관리할 능력이 없고, 그 명의자에 대한 지배권 등을 통하여 실질적으로 이를 지배·관리하는 자가 따로 있으며, 그와 같은 명의와 실질의 괴리가 조세를 회피할 목적에서 비롯된 경우에는, 그 재산에 관한 소득은 그 재산을 실질적으로 지배·관리하는 자에게 귀속된 것으로 보아 그를 납세의무자로 삼아야 할 것'이라고 판시함으로써 위 2008두8499 전원합의체 판결과 동일한 입장을 취하였다.

(3) 그 이후의 대법원 판결들

위 (1)항과 (2)항의 대법원 판결이 선고된 이후 최근까지 국제거래에 있어서 귀속에 관한 실질과세 원칙의 적용이 쟁점이 되어 아래와 같은 판결들이 선고되었다.

위 쟁점에 관하여 판단한 판결로서 공간된 판결로는 대법원 2012. 4 26. 선고 2010두15179 판결, 대법원 2012. 10. 25. 선고 2010두25466 판결, 대법원 2013. 4. 11. 선고 2011두3159 판결, 대법원 2013. 7. 11. 선고 2010두20966 판결, 대법원 2013. 7. 11. 선고 2011두4411 판결, 대법원 2013. 7. 11. 선고 2011두7311 판결, 대법원 2013. 9. 26. 선고 2011두12917 판결, 대법원 2013. 10. 24. 선고 2011두22747 판결, 대법원 2012. 4. 26. 선고 2010두11948 판결, 대법원 2014. 6. 26. 선고 2012두11836 판결, 대법원 2014. 7. 10. 선고 2012두16466 판결, 대법원 2015. 3. 26. 선고 2013두7711 판결, 대법원 2015. 7. 23. 선고 2013두21373 판결, 대법원 2016. 7. 14. 선고 2015두2451 판결, 대법원

2016. 11. 9. 선고 2013두23317 판결, 대법원 2016. 12. 15. 선고 2015두2611 판결, 대법원 2017. 7. 11. 선고 2015두55134, 55141 판결, 대법원 2017. 12. 28. 선고 2017두59253 판결 등이 있는데, 이들 판결들은 모두 국제거래에 있어서 귀속에 관한 실질과세 원칙의 적용시 '국세기본법 제14조 제1항에서 규정하는 실질과세의 원칙의 적용에 있어서 재산의 귀속 명의자는 이를 지배·관리할 능력이 없고, 그 명의자에 대한 지배권 등을 통하여 실질적으로 이를 지배·관리하는 자가 따로 있으며, 그와 같은 명의와 실질의 괴리가 조세를 회피할 목적에서 비롯된 경우에는, 그 재산에 관한 소득은 그 재산을 실질적으로 지배·관리하는 자에게 귀속된 것으로 보아 그를 납세의무자로 삼아야 한다.'라고 하여 그 적용요건에 있어서 일관되게 동일한 입장을 취하고 있다.

나. 조세조약에서 실질귀속자 판단에 관한 대법원 판례의 법리

(1) 위 가.항에서 본 바와 같이 대법원 2012. 1. 19 선고 2008두8499 전원합의체 판결이 국제거래에 있어서 국세기본법 제14조 제1항의 귀속에 관한 실질과세 원칙의 적용요건을 '① 명의와 실질의 괴리(도관), ② 그러한 명의와 실질의 괴리가 조세회피목적에서 비롯된 경우'라고 밝힌 이래 현재까지 대법원은 조세회피목적이 국제거래에 대한 실질과세 원칙의 적용요건이라는 일관된 입장을 취하고 있다.[45][46]

---

45) 안경봉, "국외투자기구의 주식양도차익에 대한 실질과세원칙의 적용", 『법학논고』 제47집(경북대학교 법학연구원, 2014), 81면에서는 대법원이 실질주의에 관한 일반원칙을 조약에 적용함에 있어서 도관회사의 설립과 같은 객관적인 형식보다는 조세회피목적이라는 주관적 목적에 강조점을 두어 판단하고 있는 것으로 보고 있다., 이재호, "조세조약상 수익적 소유자의 판정기준", 『조세판례백선2』(한국세법학회, 2015), 781면., 장재형, "사모국외투자기구 소득에 대한 최근 판결과 법인세법 규정의 비교연구", 『세무학연구』 제33권 제3호(한국세무학회, 2016), 314면.

(2) 조세회피목적의 의미

(가) 귀속에 관한 실질과세의 원칙 적용시 문제

국내세법상 귀속에 관한 실질과세의 원칙을 조세조약에 적용하는 요건 중 '① 명의와 실질의 괴리', 즉, 재산의 귀속 명의자는 이를 지배·관리할 능력이 없고, 그 명의자에 대한 지배권 등을 통하여 실질적으로 이를 지배·관리하는 자가 따로 있다는 점은 국내거래에 대한 실질과세의 원칙 적용요건과 동일하다. 그런데, '② 그러한 명의와 실질의 괴리가 조세회피목적에서 비롯된 경우'라는 요건 중 조세회피목적의 의미는 아래에서 보는 바와 같이 국내거래와 국제거래에 있어서 차이가 있다.

(나) 국내거래의 경우[47]

국내거래에서 조세회피목적을 과세요건으로 규정하고 있는 상속세 및 증여세법 제45조의2(명의신탁재산의 증여의제)와 관련한 대법

---

46) 하태흥, "동일한 납세의무자가 지배·관리하는 양도인과 양수인 간의 양도거래와 실질과세원칙의 적용 범위", 『대법원판례해설 제106호(법원도서관, 2016), 62면에서는 조세조약 적용시 실질귀속자의 판단과 관련하여 '판례는 소득의 실질귀속자 판단기준으로, ① 소득을 발생시키는 재산 또는 소득을 실질적으로 지배·관리하는 사정, ② 조세회피가 아닌 뚜렷한 사업목적의 존재를 개념 징표로 하고, 당해 재산의 취득경위와 목적, 그 관리와 처분과정, 취득자금의 출처, 귀속명의자의 능력과 그에 대한 지배관계 등을 종합적으로 고려하고 있다'고 하고 있다. ; 정광진, "법인세법상 외국법인에 해당하는 미국의 단체가 미국에서 납세의무를 부담하지 않는 경우 미국의 거주자로서 한·미 조세조약을 적용받을 수 있는 범위", 대법원판례해설 제100호(법원도서관, 2014), 141면도 동일한 취지.

47) 여기에서의 국내거래는 일반적인 국내거래가 아니라 국내거래 중 명의신탁재산의 증여의제에 관한 상속세 및 증여세법 제45조의2 제1항 제1호가 적용되는 국내거래로 그 범위를 한정하였다. 명의신탁 증여의제 규정이 조세회피목적을 과세요건으로 명문화하고 있어서 이와 관련된 판례를 중심으로 조세회피목적의 의미를 검토한 것이다.

원 판례는 조세회피목적을 다음과 같이 해석하고 있다.

대법원은, '명의신탁을 한 목적이 조세를 회피하기 위한 유일한 또는 가장 주된 목적일 것을 요구하는 것이 아니고, 다른 목적과 아울러 조세회피의 의도도 있었다고 인정된다면 조세회피 목적이 없었다고 할 수 없다.'는 취지로 판시하였고,[48] 이러한 입장에서, '조세회피의 목적이 있었는지 여부는 주식을 명의신탁할 당시를 기준으로 판단할 것이지 그 후 실제로 위와 같은 조세를 포탈하였는지 여부로 판단할 것은 아닌 이상, 그 후 소외 회사가 영업부진으로 1996년을 제외하고 계속 결손이 나서 실제 주주에게 배당을 실시하지 아니하였다고 하여 위 주식의 명의신탁 당시 조세회피의 목적이 없었다고 할 수도 없으므로 증여세부과처분은 적법하다'고 판시[49] 함으로써 실제 회피된 조세가 없더라도 회피가능성이 있다면 조세회피목적이 있는 것으로 판단하였다.

위와 같이 대법원은 조세회피목적이 없었다는 점에 대한 엄격한 증명을 요구하여 막연히 장래 조세회피가능성이 있다는 이유만으로도 조세회피목적이 있다고 함으로써 조세회피목적이 추정되는 범위를 아주 폭넓게 인정하여 왔다. 그 결과 2000년대 중반까지 명의신탁 증여의제로 과세된 사례에서 조세회피목적이 없다고 인정된 대법원 판례를 찾아보기 어렵다.

그러던 중 대법원 2006. 5. 12. 선고 2004두7733 판결은 '명의신탁이 조세회피 목적이 아닌 다른 이유에서 이루어졌음이 인정되고 그 명의신탁에 부수하여 사소한 조세경감이 생기는 것에 불과하다면 그와 같은 명의신탁에 조세회피목적이 있었다고 볼 수 없다.'고 함

---

48) 대법원 1998. 6. 26. 선고 97누1532 판결, 대법원 1998. 7. 14. 선고 97누348 판결, 대법원 2004. 12. 23. 선고 2003두13649 판결, 대법원 2005. 1. 27. 선고 2003두4300 판결 등.

49) 대법원 2005. 1. 27. 선고 2003두4300 판결.

으로써 조세회피가능성이 있다는 막연한 사정만으로 조세회피목적을 인정하기 어렵다는 취지로 판시하였고, 이후 동일한 취지의 판결이 몇 차례 이어졌다.[50]

그러나 대법원은 대법원 2006. 9. 22. 선고 2004두11220 판결 이후 다시 명의수탁자에게 조세회피목적이 없었다는 점에 대한 엄격한 증명을 요구하였고, 2006년 이후 최근까지 선고된 명의신탁 증여의제 관련 대법원 판결들을 보면, 대법원의 주류적인 판례는 실제 회피된 조세가 없는 경우에도 회피가능성이 있다는 이유로 조세회피목적을 인정하는 입장으로 보이며,[51] 일부 명의수탁자의 조세회피목적에 대한 입증책임을 완화한 판결들이 있다.[52]

(다) 국제거래의 경우

대법원 2012. 1. 19 선고 2008두8499 전원합의체 판결의 경우 모회사 甲 외국법인이 100% 지분을 소유하고 있는 자회사들인 乙 외국법인과 丙 외국법인이 丁 내국법인의 지분 50%씩을 취득하고, 乙 외국법인이 75% 지분을 소유하고 있는 戊 내국법인의 나머지 지분 25%를 丙 외국법인이 취득한 사안으로서, 모회사인 甲 외국법인이 직접 내국법인인 丁 및 戊 회사의 지분을 취득하였다면 甲 외국법인은 구 지방세법 제105조 제6항에 따라 간주취득세를 부담하게 된다. 그런데 甲 외국법인이 직접 내국법인인 丁 및 戊의 지분을 취득하지 않고 자회사인 乙 외국법인과 丙 외국법인을 통하여 내국법인인 丁

50) 대법원 2006. 5. 25. 선고 2004두13936 판결, 대법원 2006. 6. 9. 선고 2005두14714 판결.

51) 대법원 2013. 10. 17. 선고 2013두9779 판결; 대법원 2017. 2. 21. 선고 2011두10232 판결 등.

52) 명의신탁 증여의제규정 적용시 조세회피목적의 입증책임에 관한 대법원 2008. 11. 27. 선고 2007두24302 판결, 대법원 2014. 5. 16. 선고 2014두786 판결, 대법원 2017. 12. 13. 선고 2017두39419 판결 등 참조.

및 戊의 지분을 과점주주 지분율 미만으로 취득함으로써 간주취득세 상당의 조세를 회피한 결과가 되었다.

대법원은 국제거래의 경우 이와 같이 거래의 중간에 명의자를 개입시킴으로써 실질귀속자가 직접 거래를 하였을 경우 부담하였을 조세를 실제로 면하거나 줄인 경우 조세회피목적이 있다고 인정하고 있다. 위 가.항에서 본 실질귀속자 판단에 관한 대법원 판결들은 모두 이와 같은 입장이다. 즉, 조세회피목적을 회피가능성이 아니라 실제 회피된 조세가 있는 경우로 한정하고 있다.

(라) 위에서 본 바와 같이 대법원은 국내거래와 국제거래에 있어서 조세회피목적의 의미와 범위를 다르게 해석하고 있다. 국내거래인 명의신탁 증여의제에서의 조세회피목적은 납세의무자의 입증책임을 완화한 일부 판결도 있으나, 대체로 실제 회피된 조세가 없더라도 회피가능성이 있으면 조세회피목적이 있다고 인정하고 있는데 반하여, 국제거래와 관련한 실질과세 원칙의 조세조약에의 적용에 있어서는 회피가능성이 아니라 실제 회피된 조세가 있는 경우에 한하여 조세회피목적이 있는 것으로 인정하고 있다.

다. 결어

위에서 본 바와 같이 대법원은 국제거래에 있어서 국세기본법 제14조 제1항의 귀속에 관한 실질과세 원칙의 적용요건을 '① 명의와 실질의 괴리, ② 그러한 명의와 실질의 괴리가 조세회피목적에서 비롯된 경우'라고 하고 있고, 여기에서 '조세회피목적'은 명의신탁 증여의제에서의 조세회피목적과 달리 실제 회피된 조세가 있는 경우에 인정하고 있다.

3. 현행 판례의 문제점

국내세법상 귀속에 관한 실질과세의 원칙을 조세조약에 적용함에 있어서 그 적용요건으로 명의와 실질의 괴리 외에 조세회피목적을 요구하는 현행 판례는 아래와 같은 문제가 있다.

가. 조세법률주의에 반함

귀속에 관한 실질과세의 원칙을 규정한 국세기본법 제14조 제1항, 법인세법 제4조 제1항, 국제조세조정에 관한 법률 제2조의2 제1항, 지방세기본법 제17조 제1항은 '명의'와 '사실상 귀속되는 자'가 다른 경우만을 그 적용요건으로 규정하고 있고, 그 외에 다른 요건을 규정하고 있지 않다. 즉, 국내세법상 실질귀속의 원칙은 조세회피목적을 적용요건으로 하고 있지 않다.[53] 그럼에도 불구하고 대법원 판례는 일관되게 실질과세의 원칙이 조세조약에도 적용된다고 하면서 그 경우 명의와 실질의 괴리뿐만 아니라 그러한 명의와 실질의 괴리가 조세회피목적에서 비롯된 경우일 것을 적용요건으로 판시하고 있다.

조세법률주의 원칙은 과세요건 등 국민의 납세의무에 관한 사항을 국민의 대표기관인 국회가 제정한 법률로써 규정하여야 하고, 그 법률을 집행하는 경우에도 이를 엄격하게 해석·적용하여야 하며, 행정편의적인 확장해석이나 유추적용을 허용하지 아니함을 뜻한다.[54] 그리고 조세법률주의의 파생원칙인 조세법규 엄격해석의 원칙상 과세요건이거나 비과세요건 또는 조세감면요건을 막론하고 조세법규의 해석은 특별한 사정이 없는 한 법문대로 해석할 것이고, 합리적

---

53) 오윤, 앞의 박사논문, 171면.
54) 대법원 2017. 4. 20 선고 2015두45700 전원합의체 판결 등.

이유 없이 확장해석하거나 유추해석하는 것은 허용되지 않는다는 것이 대법원의 확립된 입장이다.[55]

위와 같은 관련규정과 법리에도 불구하고 귀속에 관한 실질과세의 원칙을 규정한 국세기본법 제14조 제1항 등과 달리 귀속에 관한 실질과세의 원칙을 조세조약에 적용하는 경우 그 적용요건으로 조세회피목적을 추가한 현행 판례는 조세법률주의에 반하는 것이다.[56]

국제거래 사건에서 판례가 국세기본법 제14조 제1항의 법문에 없는 조세회피목적이라는 요건을 추가한 이유에 대해, '국제조세 사건에 적용되는 실질과세의 원칙은 중립적으로 실질만을 찾아 과세하는 것이 아니라 일반적 조세회피방지를 위한 수단으로 작용하는 것이므로 그 취지와 목적에 맞추어 실질과세의 원칙이 무한히 확장 적용되지 않도록 조세회피가 문제되는 국면에 한정하여 적용하여야 하고, 나머지 국면에 대해서는 납세자가 선택한 법률관계를 존중하여야 한다'는 설명이 있다.[57] 그러나 귀속에 관한 실질과세의 원칙을 조세조약에 적용함에 있어서 명의와 실질이 다름에도 불구하고 아무런 법적 근거 없이 조세회피목적이라는 주관적 요건을 추가한 것은 실질과세의 원칙의 적용범위에 대한 예측가능성과 법적 안정성을 해치고, 과세관청의 자의적인 과세를 초래할 수 있는 것으로서 조세법률주의하에서 허용되기 어렵다.

나. 국내세법 해석과 조세조약 해석시 불일치 발생

위 1. 나. (2)항에서 본 바와 같이 귀속에 관한 실질과세의 원칙을

---

55) 대법원 2002. 1. 25 선고 2000두10489 판결, 대법원 2002. 7. 26 선고 2001두5521 판결, 대법원 2004. 5. 27 2002두6781 판결 등.

56) 이재호, 앞의 논문, 78면에서도 조세회피목적이라는 요건은 국세기본법 제14조 제1항의 문언상 근거가 없다고 하고 있다.

57) 하태흥, 앞의 논문, 68-69면.

국내거래에 적용하는 경우 판례는 일관되게 명의와 실질의 괴리만을 그 적용요건으로 하고 있고, 학자들의 견해도 이와 동일하다. 그런데, 대법원은 국제거래에 귀속에 관한 실질과세의 원칙을 적용함에 있어서는 국내거래와 달리 명의와 실질의 괴리 외에 조세회피목적의 존재를 그 적용요건으로 추가하고 있다. 이로 인하여 동일하게 귀속에 관한 실질과세의 원칙을 적용하는 것임에도 불구하고 대상거래가 국내거래이냐 국제거래이냐에 따라 해석에 불일치가 발생하고 있다. 즉, 국내거래의 경우 명의와 실질이 다르면 국내세법의 적용에 있어서는 실질에 따라 세법을 적용·해석하고 있으나, 조세조약의 해석에 관한 현재의 판례에 따르면 명의와 실질이 다른 거래임에도 국제거래에서는 조세회피목적이 인정되는지 여부에 따라 조세회피목적이 인정되는 경우에 한하여 실질귀속자를 납세의무자로 하고, 조세회피목적이 인정되지 않으면 명의와 실질의 괴리에도 불구하고 실질귀속자에게 납세의무를 부담시킬 수 없다는 결론이 된다.

귀속에 관한 실질과세의 원칙을 적용함에 있어서는 그 대상인 거래가 국내거래이든 국제거래이든 그 적용요건이 동일하여야 법적 안정성과 예측가능성을 보장함에도 불구하고 현행 판례는 국내거래와 국제거래에 있어서 적용요건을 달리함으로써 거래대상에 따라 실질과세 원칙의 해석 및 적용이 불일치하는 문제가 있다.

다. OECD 입장과의 불일치

위 II.의 2.항에서 본 바와 같이 OECD는 국내세법상 실질과세 원칙의 조세조약 적용에 대하여 부정적인 입장을 취하다가 최근에 와서는 실질우위원칙, 경제적 실질 또는 일반적 조세회피방지규정이 조세조약과 충돌되지 않는다고 함으로써 긍정적인 입장을 취하고 있다. OECD는 위와 같이 긍정적인 입장을 취하면서 그 적용에 있어서 특별한 제한을 두고 있지 않다. 또한 투자자들의 거주지국에서 납세의무가 없는 유한 파트너십은 원천지국에서도 도관으로 취급하고 투자자들을 실질귀속자로 보아 조세조약을 적용한다는 것이 OECD의 입장이다.[58] 조세회피목적을 조세조약에 대한 실질과세 원칙의 적용요건으로 삼지 않으면 명의와 실질이 다른 경우 실질귀속자, 즉, 투자자를 납세의무자로 삼게 되어 OECD의 입장과 일치하게 된다. 그러나 판례와 같이 국제거래에 대하여 국내거래와 달리 귀속에 관한 실질과세 원칙의 적용시 명의와 실질의 괴리 외에 추가로 조세회피목적을 그 적용요건으로 하여 사안에 따라 유한 파트너십을 실질귀속자로 판단하는 것은 OECD의 입장과도 맞지 않는다.[59]

4. 결어

위와 같이 국내세법상 귀속에 관한 실질과세 원칙의 조세조약 적용시 명의와 실질의 괴리 외에 조세회피목적을 추가로 요구하는 현재의 대법원 판례는 조세법률주의에 반하고, 실질과세의 원칙을 적용함에 있어서 국내세법의 해석과 조세조약의 해석시 불일치가 발생하며, OECD의 입장과도 어긋난다. 이러한 점에서 귀속에 관한 실질과세 원칙의 조세조약 적용에 있어서도 국내세법의 해석에 있어서와 마찬가지로 명의와 실질이 다르면 조세회피목적의 존부와 관계없이 실질과세의 원칙을 적용하여 사실상 귀속자(실질귀속자)를 납세의무자로 하는 것이 타당하다.[60]

---

58) OECD 모델 조세조약 제1조에 대한 주석 5.

59) 안경봉, 앞의 논문, 101-103면.

60) 장재형, 앞의 논문, 323-324면. 조세조약은 수익적 소유자에게 과세하라는 규정을 두고 있고, 수익적 소유자를 찾는 것에 있어 중간에 개재된 투자목적회사 또는 투자기구가 조세회피를 목적으로 하였는지 여부를 따지는 것은 불필요한 절차이며, 조세회피를 의도하였거나 그러지 아니하였거나

V. 결론

국내세법에 규정된 실질과세의 원칙이 조세조약에도 적용된다는 것이 각국 다수 법원과 대부분 학자들의 견해이고, OECD와 우리 대법원 판례의 입장이다. 필자는 이러한 판례의 입장에 동의하지만, 대법원이 실질귀속에 관한 국세기본법 제14조 제1항을 조세조약에 적용함에 있어서 국내거래와 국제거래를 구분하여 후자의 경우 명의와 실질의 괴리 외에 추가로 조세회피목적을 그 적용요건으로 요구하는 점에 의문을 갖고 이 글을 쓰게 되었다.

대법원 2012. 1. 19. 선고 2008두8499 전원합의체 판결은 국제거래에 귀속에 관한 실질과세 원칙을 적용하는 경우 명의와 실질의 괴리 외에 조세회피목적이 적용요건이라는 점을 처음으로 밝혔고, 그 이후 선고된 동일 쟁점에 관한 대법원 판결들은 2018. 6. 현재까지도 일관되게 위 2008두8499 전원합의체 판결을 인용하여 동일한 입장을 취하고 있다. 앞에서 본 바와 같이 귀속에 관한 실질과세의 원칙을 조세조약에 적용하게 되면 조세조약상의 수익적 소유자와 실질과세 원칙에서의 실질귀속자는 동일한 의미로 해석하게 된다. 여기에서 실질귀속자를 판단함에 있어서 국내거래와 국제거래를 구분하여 그 적용요건을 달리할 것인지의 문제가 있다.

그러나 귀속에 관한 실질과세 원칙의 조세조약 적용시 명의와 실질의 괴리 외에 조세회피목적을 추가로 요구하는 현행 판례는 조세법률주의에 반하는 것이고, 국내거래에 적용되는 국내세법의 해석과 국제거래에 적용되는 조세조약의 해석에 있어서 불일치의 문제를 야기하고 있으며, OECD의 입장과도 어긋난다. 국내거래이든 국

그 소득을 실질적으로 향유하는 자에게 적정하게 과세된다면 그것으로 조세조약이 의도하고 있는 목적은 달성된 것이므로 조세회피 여부를 요건으로 하지 않는 것이 더 합리적인 결과를 가져올 수 있다고 하고 있다.

제거래이든 귀속에 관한 실질과세의 원칙을 적용함에 있어서는 실질과세의 원칙이 조세평등주의에 기초하고 있다는 점에서 정책적인 목적으로 특별한 규정을 두지 않는 한 그 적용요건은 동일하다고 보는 것이 타당하다. 조세회피의 방지는 실질과세의 원칙을 적용한 결과로 나오는 것이지, 조세회피의 방지를 목적으로 실질과세의 원칙을 적용하는 것은 아니다.

필자는 실질과세 원칙의 조세조약 적용과 관련한 다수의 소송을 수행하는 과정에서 국내거래와 달리 국제거래와 관련한 조세조약의 적용에 있어서 명의와 실질의 괴리 외에 조세회피목적을 귀속에 관한 실질과세 원칙의 적용요건으로 요구하고 있는 현행 대법원 판례가 타당한지에 대해 의문을 갖게 되었고, 이에 관한 논의를 위하여 우문을 던진 것이다. 앞으로 이에 관한 논의가 활발해지고 보다 합리적인 해석이나 입법이 마련되기를 기대해 본다.

참고문헌

강석규, “간주취득세와 실질과세의 원칙”, 『대법원 판례해설』 제92호(법원도서관, 2012)

김석환, “조세조약상 수익적 소유자와 국내세법상 실질귀속자와의 관계”, 『조세학술논집』 제29권 제1호(한국국제조세협회, 2013)

김진웅, “국제거래와 조세조약상 수익적 소유자의 취급방안”, 『조세실무연구』 제1권(2005)

안경봉, “국외투자기구의 주식양도차익에 대한 실질과세원칙의 적용”, 『법학논고』 제47집(경북대학교 법학연구원, 2014)

오윤, 『조세조약상 소득의 귀속에 관한 연구』, 국민대 박사학위논문(2006), “Beneficial Ownership 개념과 실질과세원칙의 관계”, 『조세법연구』 제16-1집(한국세법학회, 2010)

이재호, 『국내법에 의한 조세조약의 배제에 관한 연구』, 서울대 박사학위논문(2007), 『국내세법과 조세조약』 제1판(경인문화사, 2007), “조세조약상 수익적 소유자의 판정기준”, 『조세판례백선2』(한국세법학회, 2015)

이창희, “조세조약과 실질과세”, 『사법』 제25호(사법발전재단, 2013)

이태로, “Treaty Shopping”, 『조세법연구』 제1집(한국세법학회, 1995)

이태로·한만수, 『조세법강의』, 박영사(2018)

장재형, “사모국외투자기구 소득에 대한 최근 판결과 법인세법 규정의 비교연구”, 『세무학연구』 제33권 제3호(한국세무학회, 2016)

정광진, “법인세법상 외국법인에 해당하는 미국의 단체가 미국에서 납세의무를 부담하지 않는 경우 미국의 거주자로서 한·미 조세조약을 적용받을 수 있는 범위”, 『대법원판례해설』 제100호(법원도서관, 2014)

하태흥, “동일한 납세의무자가 지배·관리하는 양도인과 양수인 간의 양도거래와 실질과세원칙의 적용 범위”, 『대법원판례해설』 제106호(법원도서관, 2016)

법인세법상 실질적 관리장소 규정의 문제점

김 용 수 세무사

Ⅰ. 서론

2005. 12. 31. 법률 제7838호로 개정되기 이전의 구 법인세법 제1조 제1호는 "내국법인이라 함은 국내에 본점 또는 주사무소를 둔 법인을 말한다"고 규정하여, 본점 또는 주사무소의 소재지가 국내인지 아니면 국외인지와 같은 단일한 법적·형식적 기준을 내국법인과 외국법인의 구별기준으로 삼아 왔다.

그 후 2005. 12. 31. 법률 제7838호로 개정된 법인세법(이하 '구 법인세법'이라고 한다)은 ① 조세피난처 등에 명목회사(Paper Company)를 두고 실질적으로는 국내에서 대부분의 업무를 수행하는 외국법인의 경우 국외원천소득에 대하여 과세하지 못하는 문제점 및 ② 이중거주자인 법인의 경우 실질적 관리장소의 소재지로 거주지를 판정하는 조세조약과 상충되는 문제점을 해결하기 위하여, 외국에 본점을 둔 법인이라고 하더라도 국내에서 실제로 관리가 이루어지는 경우에는 내국법인으로 간주하도록 하는 법률 규정을 새롭게 도입하였다.[1)]

1) 김용수, "실질적 관리장소에 따른 내국법인 판정에 관한 소고", 『조세법의 쟁점 Ⅱ』, 125~152면에서 실질적 관리장소의 개념의 유래 및 입법경위, 입법취지, 판례 등에 나타난 실질적 관리장소에 대한 판단기준 등을 보다 상세히 살펴볼 수 있다.

구체적으로, 구 법인세법 제1조 제1호는 OECD 모델조세조약 제4조 제3항의 용어를 차용하여, '내국법인'의 정의를 "국내에 본점이나 주사무소 또는 사업의 실질적 관리장소를 둔 법인을 말한다"라고 규정함으로써, 국내에 본점 또는 주사무소를 둔 법인은 물론 국내에 사업의 실질적 관리장소를 둔 법인을 내국법인으로 추가하여, 내국법인을 판정함에 있어 본점소재지주의(형식적 기준)와 관리지배지주의(실질적 기준)를 절충하는 방안을 도입하였다.

그런데 종래의 본점소재지주의는 그 판단기준이 명확하였으나, 새로 도입된 '실질적 관리장소'의 경우 법인세법상 그 정의규정을 두고 있지 아니하고, 그 의미나 판단기준에 관한 규정이 전혀 없는 상태여서 불명확하고 막연할 뿐 아니라 이에 대한 판단 시 어떠한 요소들을 고려하여야 하는지 여부에 관하여도 구체적으로 정립된 것이 전혀 없어서 해당 규정의 신설 이후 10년 이상이 지난 지금까지도 '실질적 관리장소'의 의미 및 판단기준에 관하여 끊임없이 논란이 일고 있고 입법적 보완이 필요하다는 지적을 받고 있는 실정이다.[2)]

이와 같은 연유로, 과세 실무상으로도 외국에서 설립된 법인에게 '실질적 관리장소' 규정을 근거로 내국법인으로 보아 법인세를 부과한 사례는 많지 않고, 드물게 부과된 경우에도 법인세 부과가 위법하다는 취지의 판결이 선고되었으며(대법원 2016. 1. 14. 선고 2014두8896 판결), 기획재정부도 '다수의 내국법인이 공동으로 해외에

---

2) 양승경·박훈, "법인세법상 실질적 관리장소의 개정방안에 대한 소고", 『조세학술논집』, 제31집 제2호(한국국제조세협회, 2015), 45면; 임승순, 『조세법』, 2016년도판(박영사, 2016), 575면; 이창희, "조세조약상 이중거주자", 『서울대학교 법학』, 제51권 제1호(서울대학교 법학연구소, 2010), 223면; 오윤 외 2, "거주자 및 고정사업장 규정 개선방안 연구", 『한양대학교 법학연구소』, (한양대학교 법학연구소, 2014), 148면; 이재호, "법인세법상 실질적 관리장소의 기본개념 및 판단요소", 『조세학술논집』, 제13권(한국국제조세협회, 2016), 275면

SPC(Special Purpose Company, 특수목적법인)를 설립하고 국내에서 위 SPC를 통해 주주로서의 권리를 행사하고 배당금을 수령한 경우에 위 SPC를 내국법인으로 보아 법인세를 부과할 수 없다'고 유권해석 하였고(기획재정부 국제조세제도과-404호, 2016. 10. 28.), 이를 토대로 조세심판원도 실질적 관리장소의 판단시 조세회피 목적이 존재해야 함을 지적하면서 법인세법 제1조 제1호의 적용을 엄격하게 제한하여 판단하는 등(조심2016구2552, 2017. 6. 22.), 위 규정을 과세근거로 삼아 종국까지 과세가 유지된 사례는 거의 찾아보기 어렵다.

그러나 아직까지도 실질적 관리장소 규정을 과세근거로 삼아 법인세 등이 과세되어 여전히 다툼이 진행되고 있는 사례가 다수 있는데, 구체적으로는 서울고등법원 2017. 2. 7. 선고 2014누3381 판결(일명 '선박왕' 사례)과 관련된 상고심 사건(대법원 2017두237호)이 진행되고 있고[3], 해외자원개발 목적으로 외국에 설립한 SPC 중 하나가 유일하게 내국법인으로 판정되어 법인세가 과세된 사례로서 최근에 하급심 판결(서울행정법원 2018. 11. 29. 선고 2017구합80783 판결[4])이 있었으며, 국내에 등록되어 있는 외국법인의 지점이 외국에 소재하는 본점의 업무까지 실질적으로 관리하였다는 이유로 그 외

3) 현재 구 법인세법 제1조 제1호 등에 관한 헌법소원심판청구(사건번호 2017헌바159)도 진행 중이다.

4) 비록 동 판결에서는 외국에 설립한 SPC에 대하여 실질적 관리장소 규정을 과세근거로 삼아 해당 SPC를 내국법인으로 판정하기는 하였으나, 해당 SPC에 투자한 주주가 그 SPC로부터 지급받는 배당금 등의 수입은 해당 SPC를 통하여 투자한 투자사로부터 지급받는 것임을 전제로 관련 세법을 적용하여야 한다고 하면서 이 과정에서 조세부담을 회피하였다거나 조세부담이 경감된 것으로 보이지 않는다는 이유로 경제적 합리성을 결한 비정상적인 행위가 아니라고 판시하였다. 최근 항소심 판결(서울고등법원 2019. 12. 20. 선고 2019누30739 판결)이 선고되었는데 1심 판결을 유지하였고, 현재 상고심 계속 중이다

국법인을 내국법인으로 판정하여 부가가치세 가산세 등을 과세한 사례[5]로서 현재 조세심판원에 계류 중인 사건 등이 있다.

이와 같이 실질적 관리장소 규정상 그 의미나 판단기준이 제대로 규정되거나 정립되지 아니한 상태에서 과세관청은 여전히 계속하여 과세처분을 시도하고 있는바, 이하에서는 구 법인세법 제1조 제1호, 제3호의 '사업의 실질적 관리장소' 규정(이하 '본건 규정'이라고 한다)의 문제점에 관하여 검토해 보고자 한다.

Ⅱ. 실질적 관리장소 규정의 문제점과 위법성

1. 문제의 소재

외국에 본점을 두고 주로 국외에서 활동을 하는 법인이 법인세법상 내국법인에 해당할 경우 과세소득의 범위가 현저히 늘어나 납세자의 재산권에 영향을 미치고 그 밖에도 다른 국내세법상의 납세의무 및 납세협력의무를 부담하게 되므로 이와 같은 내국법인을 판단하는 기준인 본건 규정의 의미는 매우 일의적이고 명확하여야 한다. 그런데 본건 규정에서 내국법인의 판단기준으로 도입한 '실질적 관리장소'란 개념은 이미 그 개념 자체의 불안정성으로 인하여 많은 한계에 노출되어 있다. 그럼에도 불구하고 본건 규정은 위 '실질적 관리장소'의 정의 및 판정요건 등에 관하여 아무런 규정도 두

5) 동 사례에서는 외국법인이 국내에 지점(고정사업장)을 등록하고 그 외국법인의 소득의 대부분을 국내 지점에 귀속된 것으로 보아 이미 법인세를 신고·납부하였음에도 불구하고, 굳이 그 외국법인을 내국법인으로 판정하여 국내에서 부가가치세법상 신고의무(거래전부가 영세율 대상이어서 납부의무는 없음)까지 했어야 한다는 이유로 부가가치세 가산세를 부과처분한 것이다.

지 않고 있으며, 이로 인하여 본건 규정의 입법 이후부터 지금까지 학계 및 실무에서는 본건 규정의 위헌성 및 입법적인 보완의 필요성을 계속적으로 지적하고 있다. 최근 발표된 논문에서도, 본건 규정에서 '국내에 사업의 실질적 관리장소를 둔 (외국)법인'을 내국법인으로 정의한 것은 입법오류이고 국제적인 용례에도 부합하지 않으며, 본건 규정과 다른 세법과의 관계가 명확하지 않아 과세실무상 많은 문제점들이 발생하고 있어 입법적인 개선이 반드시 필요하다는 점을 지적한 바 있다.[6)]

이하에서는 이와 같은 본건 규정의 문제점을 보다 구체적으로 검토해 보고자 한다.

2. 납세자의 법적안정성 및 예측가능성 침해

헌법 제38조, 제59조가 채택하고 있는 조세법률주의는 과세요건 법정주의와 과세요건 명확주의를 그 핵심적 내용으로 하고 있는바, 과세요건 명확주의는 과세요건을 법률로 규정하였다고 하더라도 그 규정내용이 지나치게 추상적이고 불명확하면 이에 대한 과세관청의 자의적 해석과 집행을 초래할 염려가 있으므로 그 규정내용이 명확하고 일의적이어야 한다는 것을 말하며, 이는 납세의무를 성립시키는 과세요건을 국회가 제정한 법률로 명확하게 규정함으로써 국민의 재산권을 보장함과 동시에 국민의 경제생활에 있어서의 법적안정성과 예측가능성을 보장하기 위한 것이다(헌법재판소 1999. 3. 25. 선고 98헌가11 결정 등).

따라서 과세요건의 규정내용이 지나치게 추상적이고 불명확하여 과세관청의 자의적인 해석과 집행을 초래할 염려가 있다면, 헌법이

---

6) 김청식, "실질적 관리장소 세제의 실무적용상 문제점과 개선방안", 『조세학술논집』, 제33집 제2호(한국국제조세협회, 2017), 39면

선언하고 있는 조세법률주의 원칙에 위반되어 위헌이다(헌법재판소 1992. 12. 24. 선고 90헌바21 결정, 대법원 1996. 12. 6. 선고 96누3913 판결).

'관리'의 사전적 의미는 '사람을 통제하고 지휘하며 감독함'[7]이고 '실질적'이라는 용어는 '형식적'이라는 용어에 대비하여 사용되므로 '실질적 관리장소'의 의미는 관리가 형식적이 아닌 실제적으로 이루어지는 관리장소를 뜻하는 것으로 막연히 파악할 수 있을 뿐이다. 그리고 위 '관리'라는 개념도 지나치게 추상적이고 '장소'라는 개념 또한 매우 넓은 개념이어서 위와 같은 사전적인 의미만으로는 그 내포와 외연을 명백히 한정하기 어렵다.[8]

법인세법상 내국법인에 해당하면 과세대상 소득의 범위가 외국법인에 비하여 현저히 확대되고, 순소득에 대하여 국내에서 신고납부의무를 이행하여야 하는 등 내국법인에 해당 여부는 납세자의 재산권에 중대한 영향을 미치고 세법상 의무의 범위에도 큰 차이를 가져온다는 측면에서도, 내국법인과 외국법인의 구분기준이 되는 본건 규정('실질적 관리장소')의 내용은 명확하고 일의적이어야 한다.

그런데 앞서 본 사전적 의미만으로는 무엇을 기준으로 법인의 '실질적 관리장소'를 판단한다는 것인지, 관리의 주체를 누구로 보아야 하는지, 어떠한 행위를 관리행위로 보아야 하는지 여부를 구체적으로 예측하기 매우 어렵다. 나아가 '실질적 관리장소'라는 말은 일반적으로 흔히 사용되는 용어도 아니어서 위 개념에 관한 사회통념이나 경험칙이 형성되어 있다고 볼 수도 없다.

이와 같이, '실질적 관리장소' 개념이 포함하고 있는 불확정성 및

7) 국립국어원 표준국어대사전

8) 이재호, 위의 글, 188면에서도 법률에 '실질적 관리장소'라는 용어만 들어와 있어 이 기준을 구체적인 사안에 적용하는데 해석상 어려움이 생긴다고 서술하고 있다.

모호성은 위 개념에 관한 통일적이고 일의적인 해석을 어렵게 하여 과세관청의 자의적인 해석과 법집행을 초래하고 납세자의 법적안정성 및 예측가능성을 현저히 침해한다고 생각된다.[9][10]

3. 판단기준의 불명확성 및 OECD 모델조세조약상 '실질적 관리장소' 개념과의 기능 및 취지의 차이점

앞서 본 바와 같이, 본건 규정은 해외 조세피난처 등에 서류상 회사를 설립해 두고 실질적으로는 국내에서 대부분의 업무를 수행함으로써 국외원천소득에 대한 조세를 회피하는 것을 방지하기 위하여 도입되었다. 그러나 이와 같은 입법연혁 및 입법목적을 감안하여 보더라도, 본건 규정이 적용되는 경우는 '해외에 본점 또는 주사무소를 두고 있으나 조세를 회피하기 위하여 국내에 실질적 관리장소를 두고 있는 경우'라는 추상적인 기준만 제시될 수 있을 뿐, 정작 '실질적 관리장소'의 개념은 무엇이고 그 인정범위는 어디까지인지, 관리행위의 구체적인 내용은 무엇인지에 대해서는 구체적인 기준을 제시하여 주지 못하고 있다.

또한 OECD 모델조세조약에서 '실질적 관리장소'라는 용어를 사용하고 있기는 하나, OECD 모델조세조약은 '실질적 관리장소'에 관하여 별도의 정의규정을 두고 있지는 않고, '실질적 관리장소'의 개념에 대한 해석도 각국의 내국세법상의 정의에 맡겨져 있을 뿐이다(OECD 모델조세조약 제3조 제2항).[11]

---

9) 양승경·박훈, 위의 글, 69면도 같은 취지

10) 이와 같은 이유로, 현재 헌법재판소에서 본건 규정의 위헌 여부에 대한 심리가 진행 중이다(헌법재판소 2017헌바159호).

11) OECD 모델조세조약 제3조 제2항은 조약을 적용함에 있어서 조약에 정의되어 있지 않은 용어는 문맥에 따라 달리 해석되지 아니하는 한 조약이 적용되는 조세에 관한 체약국 법에 따른 의미를 가지며, 그 의미는 그 국

한편 OECD 모델조세조약의 주석서에서 '실질적 관리장소'의 개념을 설명하고 있기는 하지만, 위 OECD 모델조세조약 주석서는 법원(法源)이 아니어서 국내세법 해석의 전거가 될 수 없을 뿐 아니라, 본건 규정이 과세요건 명확주의의 요건을 충족하는지 여부를 판단함에 있어서도 직접적으로 고려될 수 없다.

나아가 OECD 모델조세조약에서의 '실질적 관리장소' 개념은 이중거주 법인의 거주지를 판정하고 과세권을 배분하는 기능을 하는 것으로서 국가 간의 이중과세를 방지하기 위한 취지일 뿐 조세회피 행위에 대응하고자 하는 것이 아닌바, 본건 규정과는 그 기능이나 취지를 명백히 달리한다.

이와 같이, 본건 규정의 입법목적을 살펴보더라도 '실질적 관리장소'의 의미 및 판단기준을 합리적이고 객관적으로 도출해내거나 예측하기 어렵고, OECD 모델조세조약의 내용도 그 기능과 취지를 달리하여 참고하기 어려운 이상, '실질적 관리장소'의 개념을 명확하고 일의적으로 해석하기 어려우므로 법인에 대한 납세의무의 부과여부 및 납세의무의 범위 자체가 불분명하게 되어, 본건 규정은 헌법상 조세법률주의 및 과세요건 명확주의에 위배될 우려가 크다고 생각된다.

4. 과세관청의 자의적인 과세권 행사 우려

본건 규정은 '실질적 관리장소'가 국내에 있기만 하면 그 밖의 다른 요건의 충족여부에 대한 검토 없이 바로 내국법인으로 분류되어 전세계소득에 대한 납세의무를 부담하도록 규정되어 있다.

가의 다른 법률상 용어에 주어진 의미에 우선하는 그 국가의 적용세법상 의미라고 규정하고 있어 OECD 모델조세조약상 '실질적 관리장소'의 개념에 대한 해석도 원칙적으로 각국의 내국세법상의 의미에 따라야 한다.

그런데 '실질적 관리장소'의 범위가 불분명하므로, 과세관청의 입장에서는 외국에서 설립된 법인의 국외원천소득에 대한 과세권 확대를 이유로, '실질적 관리장소'의 의미를 자의적으로 해석하여 당초 입법목적인 조세회피를 방지하기 위한 경우뿐 아니라, 조세회피목적 없이 외국에서 법인을 설립하고 실제로 사업을 수행하는 법인의 경우에도 국내에 일부 사업기반이 있거나 사업활동이 수행되기만 하면 내국법인으로 보아 전세계소득에 대한 법인세를 부과하는 등 자의적인 과세권을 행사할 우려가 매우 크다.

앞서 본 바와 같이, 본건 규정은 '실질적 관리장소'를 내국법인의 판단기준으로 규정하고 있고, 이와 같은 입법례는 국제적으로도 매우 이례적임에도 불구하고 법인세법에서는 위 실질적 관리장소의 개념에 관하여 아무런 정의규정을 두고 있지 않다. 또한 실질적 관리장소의 판정요건은 물론이고 어떠한 기간을 대상으로 언제, 어떻게 실질적 관리장소를 판정하여야 하는지 여부에 관하여도 아무런 규정을 두고 있지 않은바, 이와 같은 상황에서 외국법에 따라 설립되어 외국에 본점을 둔 법인이 스스로 실질적 관리장소의 국내소재 여부를 판정할 것으로 기대하는 것은 거의 불가능에 가깝다.[12)]

뿐만 아니라, 이와 같은 본건 규정의 불명확성 및 구체적인 판단기준의 미비는 과세관청의 자의적인 과세권 행사를 사실상 묵인하는 결과를 초래한다. 실제로 과세관청은 내국법인이 해외자원개발사업을 영위하면서 외국인에 대한 규제 회피, 금융회사의 투자 유치 등의 이유로 외국에 설립되어 관련 법령에 따라 신고·수리까지 받

12) 양승경·박훈, 위의 글, 47-48면, 72-73면에서도 법인세법 제1조 제1호, 제2호에 나타난 실질적 관리장소라는 개념과 관련하여 의사결정권자의 문제, 장소의 문제 그리고 사업수행 여부 및 조세회피 의도의 보완적 적용문제 등 판정기준에 대하여 적어도 법인세법 시행령에서 구체적으로 제시하여야 한다고 주장하고 있다.

은 해외 특수목적법인(SPC)들에게 법인세법상 '실질적 관리장소' 규정을 적용하여 내국법인으로 간주한 후 법인세를 과세하였다가, 조세심판원에서 위 경우에는 실질적 관리장소의 기준을 적용하여 외국에 설립된 법인을 내국법인으로 간주할 수 없다고 판단하자[조심 2016구2552·2553, 2016서2554~2559(병합), 2017. 6. 22.], 유사 사건에 대해서는 법인세 부과계획을 일부 취소하는 등 본건 규정을 자의적으로 적용한 바 있다.[13)]

나아가, 법인세법은 실질적 관리장소의 판단기준에 대하여는 아무런 규정을 두지 않은 채, 납세의무자에게 실질적 관리장소 소재지를 납세지로 한 사업자등록 및 법인설립신고의무(실질적 관리장소를 두게 된 날로부터 2개월 이내)까지 부과하고 있다(법인세법 제9조 제1항, 제109조). 그리고 실질적 관리장소를 국내에 둔 외국법인은 법인세법상 내국법인이 되므로, 과세소득의 계산을 위해서는 내국법인에게 적용되는 각 사업연도 소득 및 과세표준에 관한 규정(법인세법 제13조)을 적용하여야 한다. 그런데 내국법인의 각 사업연도 소득은 국내 기업회계기준에 따라 작성된 재무제표의 당기순이익을 기준으로 세무조정을 하여 산정되는데, 외국법인은 그 본점이 소재한 국가의 회계기준에 맞추어 재무제표를 작성하였을 것이므로, 우리 법인세법에 따른 정확한 각 사업연도의 소득을 산정하는 것 또한 불가능하다.

이와 같은 본건 규정의 모호성 및 관련 규정의 미비로 인하여, 실질적 관리장소가 국내로 인정되는 경우에는 대부분 과세관청이 직

13) 이재호, 위의 글, 188면에서도 '장소적 고정성이 그 존재기반인 실질적 관리장소 기준이 통신 및 기술혁명 등으로 인하여 그 적용상 한계를 노정하고 있는 상황임에도, 과세관청의 입장에서는 외국에서 설립된 법인의 국외원천소득에 대한 과세권 확대를 이유로 실질적 관리장소 기준을 적극적인 과세권 행사의 근거로 삼을 것으로 예상된다'고 설명하고 있다.

권으로 사업자등록번호를 부여하고 임의로 과세표준을 산정하게 되는 등 자의적인 과세권 행사가 초래될 우려가 높다.

5. 과세요건 명확주의 위배

입법기술적으로 보다 확정적인 문구를 선택하거나 그 의미를 보충할 것을 기대할 수 있는 상황에서 그와 같이 하지 않은 경우에는 과세요건 명확주의에 반하여 위헌이라는 것이 헌법재판소 및 대법원의 확립된 입장이다(헌법재판소 2001. 8. 30. 선고 99헌바90 전원재판부 결정, 대법원 2014. 11. 27. 선고 2013두16876 판결 등).

본건 규정의 경우 '실질적 관리장소'의 정의규정을 두거나 관련 법령의 용어를 차용하여 그 대략적인 의미를 파악할 수 있도록 하고 세부적인 판단기준을 하위법령에 위임하는 형태로 그 의미를 명확히 하는 것이 충분히 가능하였다. 그럼에도 불구하고, '실질적 관리장소'에 관하여는 법인세법상 아무런 정의규정이 없음은 물론 위 '관리장소'의 개념을 설명하는 다른 보충규정도 없을 뿐 아니라 '실질적 관리장소'를 판단하는 구체적인 내용이나 기준을 하위법령에 위임하여 규정하고 있지도 않다.

이러한 점에서 본건 규정은 과세요건 명확주의에도 위배될 가능성이 높다고 생각된다.

6. 부가가치세법의 적용에 있어서의 불합리성

한편, 본건 규정이 '실질적 관리장소'를 내국법인의 판단기준으로 규정함에 따라, 과세관청은 본건 규정을 근거로 외국법인이 국외에서 행한 거래에 대하여까지 과세권을 확장할 가능성도 다분히 있다.

즉, 부가가치세법상 사업장은 사업자가 사업을 하기 위하여 거래의 전부 또는 일부를 실행하는 고정된 장소로, 이러한 사업장이 소재하는 국가가 소비지국으로서 부가가치세 과세관할권을 행사하여야 할 뿐 실질적 관리장소는 경영상의 지시가 있는 곳일 뿐이므로 실질적 관리장소가 국내에 소재한다고 하여 해당 외국법인의 모든 거래를 국내거래로 볼 수는 없다. 그런데 부가가치세법상 납세의무자인 사업자에는 법인을 포함하고 있고 실질적 관리장소가 국내에 소재하는 외국법인은 곧 내국법인으로 간주되기 때문에, 과세관청은 위 외국법인이 부가가치세법상 사업자에 해당한다는 이유로 외국법인이 국외에서 행한 거래를 포함하여 그 모든 거래에 대해 부가가치세를 부과하는 등 자의적으로 과세권을 행사할 우려가 있다.[14)]

이른바 '선박왕' 사례에서도 과세관청은 해당 법인이 외국에서 설립되었고 위 법인의 수많은 거래들이 국외에서 행하여 졌음에도 불구하고, 위 법인의 실질적 관리장소가 국내에 소재한다는 이유로 위 법인이 행한 모든 거래에 대하여 자의적으로 부가가치세 신고·납부의무를 부여하고, 대부분의 거래가 영세율 적용대상으로서 납부할 부가가치세가 없음에도 막대한 규모의 미등록 가산세와 영세율 신고불성실가산세를 부과하였다.

이와 같은 과세관청의 자의적인 과세권 행사는 납세자의 법적안정성을 현저히 침해할 뿐 아니라, 소비지국 과세원칙을 천명하고 있는 부가가치세법의 기본 논리에도 배치될 우려가 높다.

7. 대법원 2016. 1. 14. 선고 2014두8896 판결에 의한 실질적 관리장소 판단기준

2005. 12. 31. 법인세법 개정 시 본건 규정이 신설된 이후, '실질적

---

14) 김청식, 위의 글, 71-72면

관리장소'와 관련하여 최초로 선고된 대법원 2016. 1. 14. 선고 2014두8896 판결은 '실질적 관리장소'를 법인의 사업 수행에 필요한 중요한 관리 및 상업적 결정이 실제로 이루어지는 장소라고 정의하면서, '실질적 관리장소가 어디인지는 이사회 또는 그에 상당하는 의사결정기관의 회의가 통상 개최되는 장소, 최고경영자 및 다른 중요임원들이 통상 업무를 수행하는 장소, 고위 관리자의 일상적 관리가 수행되는 장소, 회계서류가 일상적으로 기록·보관되는 장소 등의 제반 사정을 종합적으로 고려하여 구체적 사안에 따라 개별적으로 판단'하여야 한다고 판시한 바 있다.

그러나 위 대법원 2014두8896 판결이 정의한 '법인의 사업 수행에 필요한 중요한 관리 및 상업적 결정이 실제로 이루어지는 장소'라는 개념은 '관리장소'라는 본건 규정의 해석으로부터 쉽게 도출된다거나 예측가능하다고 보기 어려울 뿐 아니라, 위 대법원 판결이 제시한 기준을 통하여 보더라도 여전히 그 내용이 구체화, 명확화되었다고 보기 어렵다.

뿐만 아니라, '실질적 관리장소'로 인정되기 위해서는 위 대법원 2014두8896 판결이 들고 있는 판단요소들을 모두 충족하여야 하는지, 혹은 그 중 일부만 충족하여도 충분한지 여부도 불분명하는 등 '실질적 관리장소'의 해석과 관련하여서는 아직도 확립된 기준이 존재하지 않아 여전히 납세자의 법적안정성을 현저히 침해하고 있다.

또한, 위 대법원 2014두8896 판결에서는 위 판결에서 제시한 요건을 모두 충족하더라도 법인의 실질적 관리장소는 그 결정, 관리행위의 특성에 비추어 어느 정도의 시간적, 장소적 지속성을 갖출 것이 요구된다고 보아, 국내에서 그와 같은 중요한 관리 및 상업적 결정이 지속적으로 이루어진 것으로 볼 수 없는 경우에는 내국법인으로 볼 수 없다고 판단하였는바, 이러한 점에 비추어 보더라도 '실질적 관리장소'의 개념이 내국법인과 외국법인을 구분하는 판단기준으로 삼기에는 너무나 모호하고 불확정성을 내포하고 있는 개념이고, 위 대법원 2014두8896 판결에 의하더라도 여전히 판단기준이 불명확함을 알 수 있다.

8. OECD모델조세조약상 실질적 관리장소 기준 자체의 문제점

'실질적 관리장소'는 이중거주자인 법인의 이중과세를 조정하기 위하여 도입된 개념으로서, 법인의 거주지 판단을 위한 요소로서는 매우 불완전한 기준이다. '실질적 관리장소'의 기준을 최초로 도입한 OECD 모델조세조약 제4조 제3항 및 OECD 모델조세조약 주석서에 따르면, '실질적 관리장소' 기준은 당초 법인이 이중거주자의 지위에 놓이게 되어 이중과세문제가 발생할 경우 이를 조정하기 위하여 도입된 기준으로서(주석 22문단), 특히 그 산업의 특성상 여러 국가에서 사업을 수행할 수밖에 없는 해운업·운수업 등에서 이중과세를 방지하기 위하여 도입된 기준이다(주석 23문단). 그리고 위 주석서에서도, '실질적 관리장소'의 개념만으로는 양 체약국간 법인의 거주지 판단을 위한 요소로서 불완전한 측면이 있으므로 양 체약국의 권한 있는 당국이 만나서 문제되는 법인의 형식적, 실질적 제반 요소를 고려하여 상호합의를 통해 거주지국을 결정할 수 있다고 규정하고 있다(2008 OECD 모델조세조약 주석서 24.1문단).

즉, '실질적 관리장소'는 그 자체로 법인의 이중거주지인 양국간의 비교를 통하여 상대적으로 결정되는 것을 전제로 하고 있으며, 이를 도입한 OECD 모델조세조약조차도 법인의 거주지 결정에 있어서 그 개념이 불명확하고 불완전한 측면이 있음을 인정하고 있는 개념이다.[15)]

---

15) 오윤 외 2, 위의 글, 124면도 'OECD 모델조세조약 주석서 24.1문단은 결국 현행모델 조세조약 제4조 제3항에서 거주지국 판단기준으로 제시된 실질

이에 다국적 기업의 실질적 관리장소를 정확히 파악하기 어렵고, 실질적 관리장소의 의미를 확대하여 해석할 경우 기업의 국외진출 및 국외투자에 많은 제약을 가져올 수 있으므로, 오늘날 많은 국가들은 외국법인에 대한 자국에서의 과세는 가급적 '고정사업장'의 개념을 빌려 과세하고 있다. 즉, 외국의 주요 국가들은 내국법인이라고 하더라도 국내원천소득에 대하여만 과세하고 국외에서 벌어들인 국외원천소득에 대해서는 법인세를 면제하는 제도를 도입하고 외국법인의 외관을 가지고 있는 법인에 대해서까지 굳이 불명확한 기준을 적용하여 내국법인으로 보는 대신에 외국법인이 국내에 고정사업장을 두고 있는 경우 고정사업장에 귀속하는 국내원천소득을 과세하는데 주력하고 있는 것이다.[16]

이와 같이, 그 개념과 의미가 추상적이고 불명확한 '실질적 관리장소'는 가급적 제한적으로 엄격하게 적용하되, 외국에 본점을 둔 외국법인에 대한 국내에서의 과세는 가급적 '고정사업장'의 개념을 활용하여 과세하는 것이 타당하다.[17]

9. 본건 규정의 입법취지를 고려한 제한해석의 필요성

앞서 본 바와 같이, 내국법인으로 보는 '실질적 관리장소'의 기준을 입법한 취지는 태생이 내국법인임에도, 조세피난처 등에 서류상 회사(Paper Company)를 두고 실질적으로 국내에서 모든 의사결정을 수행함으로써 사실상 내국법인과 동일하게 활동하면서도 국내 법인세 과세를 회피하는 것을 방지하기 위함이다.

적 관리장소 개념이 오늘날 양 체약국간 법인의 거주지 판단을 위한 요소로서 불완전한 측면이 있음을 시사한다'고 설명하고 있다.

16) 오윤 외 2, 위의 글, 153면

17) 오윤 외 2, 위의 글, 150면

또한 '실질적 관리장소'의 개념 자체가 매우 추상적이고 불명확하여 과세관청의 자의적인 해석과 집행을 초래할 염려가 있으므로, 납세자의 예측가능성이나 법적안정성을 보장하기 위하여 '실질적 관리장소' 규정을 입법취지에 부합하는 경우에 한하여 제한적으로만 적용할 필요가 있다. 대법원 2012. 1. 19. 선고 2008두8499 전원합의체 판결도 기본적으로 납세의무자가 선택한 거래형식을 존중하되 납세의무자가 부당하게 조세부담을 회피하고자 하는 경우에 한하여 실질과세원칙을 적용할 수 있도록 판시한 것으로 이해된다.[18]

이와 같은 본건 규정의 입법취지 및 실질과세원칙의 적용에 관한 위 대법원 2008두8499 전원합의체 판결 내용에 비추어 보면, '실질적 관리장소'의 기준은 (i) 실제로 형식과 실질의 괴리가 없는지를 따져보고, (ii) 실제로 이와 같은 형식과 실질의 괴리가 오로지 조세회피목적에서 비롯된 것인지 여부를 고려하여, '태생이 내국법인이나 납세의무를 회피하기 위하여 고의적으로 외국에 서류상의 본점(Paper Company)을 설치하고, 실제 관리나 통제는 모두 한국에서 수행하는 등 외국법인으로 위장한 경우'에 한하여 제한적으로 적용하는 것이 타당하다고 생각된다.[19]

III. 결 론

지금까지 살펴본 바와 같이 실질적 관리장소 규정이 신설된 지 10년 이상이 지난 현재까지도 법인세법은 '실질적 관리장소'의 정의 및 판정요건 등에 관하여 아무런 규정도 두고 있지 아니하여 학계

18) 송동진·전병욱, "실질과세원칙과 거래의 재구성-국세기본법 第14조의 해석론을 중심으로", 『조세법연구』, XIX-1(한국세법학회, 2013), 80~83면
19) 양승경·박훈, 위의 글, 89면

및 실무에서는 이에 대한 위헌성 및 입법적인 보완의 필요성을 계속적으로 지적하고 있다. 그리고 이로 인하여 과세관청이나 납세자 모두에게 혼란만 가중시키고 있고 그 결과 납세자의 법적안정성과 예측가능성만 심각하게 침해되고 있는 실정이다.

이러한 상황하에서는 본건 규정을 가급적 제한적으로 해석하여 본건 규정의 자의적인 적용 등으로 인한 문제점을 최소화할 필요가 있다. 따라서 본건 규정은 애초부터 납세의무를 회피하기 위하여 고의적으로 외국에 서류상의 본점(Paper Company)을 설치하고, 실제 관리나 통제는 모두 한국에서 수행하는 등의 방법으로 외국법인으로 위장한 경우에만 제한적으로 적용하는 것이 타당하다고 본다.

참고문헌

양승경·박훈, “법인세법상 실질적 관리장소의 개정방안에 대한 소고”, 『조세학술논집』, 제31집 제2호(한국국제조세협회, 2015)

이창희, “조세조약상 이중거주자”, 『서울대학교 법학』, 제51권 제1호(서울대학교 법학연구소, 2010)

오윤 외 2, “거주자 및 고정사업장 규정 개선방안 연구”, 『한양대학교 법학연구소』(한양대학교 법학연구소, 2014)

이재호, “법인세법상 실질적 관리장소의 기본개념 및 판단요소”, 『조세학술논집』, 제13권(한국국제조세협회, 2016)

김청식, “실질적 관리장소 세제의 실무적용상 문제점과 개선방안”, 『조세학술논문집』제33집 제2호(한국국제조세협회, 2017)

송동진·전병욱, “실질과세원칙과 거래의 재구성-국세기본법 제14조의 해석론을 중심으로”, 『조세법연구』, XIX-1(한국세법학회, 2013)

임승순, 『조세법』, 2016년도판(박영사, 2016)

해외자회사 채권의 출자전환에 대한 세무처리 방법

이 은 홍 회계사

Ⅰ. 서론

해외자회사가 재무적으로 어려움을 겪을 때 해외자회사로부터 회수해야 할 대여금이나 매출채권 등의 채권을 출자전환하는 방안이 자주 고려된다. 출자전환(debt-equity swap)이란 채권자가 보유하는 채권을 채무자인 법인에 출자하여 채권자는 주주의 지위를 갖게 되고, 채무자인 법인은 채무를 자본화하는 거래를 말한다.

해외자회사의 입장에서는 부채가 감소하면서 동시에 자본은 증가하므로 부채비율을 낮추거나 자본잠식에서 벗어날 수 있는 효과가 발생한다. 그러나 모회사인 내국법인은 해외자회사에 대한 채권을 포기하면서 당해 채권가치에 미달하는 해외자회사의 주식을 취득한다면 손해를 보게 된다.

모회사인 내국법인이 출자전환으로 입은 손해를 법인세 과세소득을 산정할 때에 어떻게 처리해야 하는지가 문제되는데, 이 경우 해외자회사가 외국법인이기 때문에 국제조세조정에 관한 법률(이하 "국조법")을 우선하여 적용해야 하는지, 법인세법상 부당행위계산부인 규정을 적용해야 하는지, 아니면 그 외 법인세법상 대손금이나 기부금 규정을 적용해야 하는지, 그리고 각각의 경우에 소득처분 및 원천징수는 어떻게 해야 하는지 등 여러 가지로 생각해볼 문제가 많다.

이하에서 해외자회사에 대한 채권의 출자전환에 대한 구체적인 세무처리 방법을 검토하고자 한다.

Ⅱ. 부당행위계산이 적용되는 국제거래의 범위

1. 관련 법령 검토

가. 국조법의 제개정 연혁

1988년 이전에는 국제거래에 대해서도 법인세법상 부당행위계산부인 규정을 적용하였다. 그런데 법인세법상 부당행위계산부인 규정 적용 시 그 기준이 되는 '시가'가 불분명한 경우에는 감정가액, 상속세 및 증여세법상 평가액을 적용해야 하는바, 이러한 보충적인 평가액은 국제적인 이전가격 준거인 정상가격(Arm's length price)과 괴리가 있어 납세의무자나 해외 과세당국으로부터 비판을 받는 경우가 잦았다.

이에 따라 1989년부터 국제적 이전가격에 관한 특별규정을 법인세법 시행령에 따로 규정하여 정상가격 산정방법 등 국제거래에 대한 이전가격세제를 도입하였는데, 1995년 OECD 재정위원회에서 「다국적기업과 조세행정을 위한 이전가격지침(Transfer Pricing Guidelines for Multinational Enterprises and Tax Administrations)」을 발표하자 우리나라 법률의 미비로 운용의 혼선이 초래되어 1995년 12월 6일 국조법을 제정하고 OECD 이전가격지침의 주요 내용을 국조법에 반영하였다.

제정된 국조법은 국외특수관계인 간의 국제거래에 대해 국제적으로 일반화되어 통용되고 있는 기준을 적용하기 위하여 국조법을 다른 법률에 우선 적용하도록 하고, 이와 아울러 법인세법 등에서 관련 규정을 모두 삭제하였다.

다만 국조법에서 정한 이전가격세제와 법인세법에서 정한 부당행위계산부인 규정 간 적용 범위에 있어 논란의 소지가 있자, 2002. 12. 18. 법률 제6779호로 개정된 국조법은 제3조 제2항을 신설하여 이전가격세제의 적용이 어려운 일정한 '자산의 증여 등' 아래 5가지 항목에 대하여는 법인세법에 따른 부당행위계산부인 규정을 적용하도록 하였다.[1]

구 국조법 시행령 제3조의 2【부당행위계산부인의 적용범위】[2]
1. 자산의 증여나 채무면제가 있는 경우
2. 업무와 관련없는 비용의 지출이 있는 경우
3. 수익이 없는 자산의 매입 또는 현물출자를 받았거나 당해 자산에 대한 비용을 부담한 경우
4. 출연금을 대신 부담한 경우
5. 그 밖의 자본거래로서 법인세법시행령 제88조 제1항 제8호 각목의 1에 해당하는 경우

2006년 국조법 시행령 개정시 법인세법상 부당행위계산부인 규정이 적용되는 증여는 무상증여만이 해당됨을 명확히 하고, 업무와 관련 없는 비용의 지출은 법인세법상 당연 손금불산입 사항이므로 부당행위계산의부인 규정 적용대상에서 삭제하였다.[3]

2007년 법인세법에서는 시행령 개정(2007. 2. 28.)시 변칙적인 자본거래에 대해서도 포괄적으로 부당행위계산부인을 적용하기 위해

---

1) 국세청, 2003년 개정세법 해설, 277면.
2) 2002. 12. 30. 대통령령 제17832호로 개정된 것
3) 국세청, 2007년 개정세법 해설, 252면.

제88조 제1항 제8호의2를 신설하여 증·감자, 합병, 분할, 신종사채에 의한 주식전환 등 법인의 자본을 증가시키거나 감소시키는 그 밖의 자본거래를 통한 이익의 분여를 부당행위계산 부인 대상에 추가하였다.

2008년 국조법 시행령 개정시 위 2007년 법인세법 시행령 개정시 도입된 부당행위계산부인 규정상 포괄주의를 국조법에도 반영하기 위해 국조법 시행령 제3조의2에 법인세법 시행령 제88조 제1항 제8호의2를 추가하였다. 이로 인해 현행 국조법 시행령 제3조의2에서 법인세법상 부당행위계산부인 규정 적용대상이 되는 '자산의 증여 등'으로 규정하고 있는 유형은 아래와 같다.

> 국조법 시행령 제3조의 2【부당행위계산부인의 적용범위】
> 1. 자산을 무상으로 이전(현저히 저렴한 대가를 받고 이전하는 경우는 제외한다)하거나 채무를 면제하는 경우
> 2. 수익이 없는 자산을 매입하였거나 현물출자를 받았거나 그 자산에 대한 비용을 부담한 경우
> 3. 출연금을 대신 부담한 경우
> 4. 그 밖의 자본거래로서 「법인세법 시행령」 제88조 제1항 제8호 각 목의 어느 하나 또는 같은 항 제8호의 2에 해당하는 경우

나. 이전가격 과세제도의 의의

이전가격(transfer price) 과세제도란 기업이 국외특수관계인과의 거래에서제품 등을 판매하는 경우 등에 있어 정상가격보다 낮은 대가를 받거나, 국외특수관계인으로부터 제품 등을 구매하는 경우 등에 있어 정상가격보다 높은 대가를 지급하여 과세소득을 해외에 이전시키는 경우, 과세당국이 당해 국제거래에 있어 당해 기업의 조

세회피 여부를 불문하고 그 조작된 가격인 이전가격을 부인하고 정상가격을 기준으로 과세소득을 재계산하여 조세를 부과하는 제도이다.

이전가격 과세제도의 취지는 다국적기업 간의 국제거래시 그 거래가격(이전가격)의 조작을 통해 세율이 낮은 나라에 많은 소득을 귀속시키고 세율이 높은 나라에 적은 소득을 귀속하게 함으로써 다국적기업 전체의 세부담을 감소시키는 부당한 행위를 방지하기 위함이다.

이와 같이 이전가격세제는 기본적으로 다국적기업의 가격정책에 대한 각국 과세당국의 규제제도로서 다국적기업이 기업 내부간의 거래가격을 조작하여 조세를 회피하는 행위를 규제하기 위한 제도이다. 따라서 개념상 거래가격이 없는 자산의 증여나 채무의 면제 등에 적용하기 어려운 점이 있다.

다. 부당행위계산부인의 대상인 '이익분여'와 국조법상 '자산의 증여 등'의 차이

부당행위계산부인 규정이 적용되는 거래의 범위는 국조법상 이전가격세제가 적용되는 거래의 범위보다 광범위하다. 이는 국조법의 이전가격세제는 국외특수관계자와의 거래를 통해 수수하는 대가가 정상가격과 다른 경우에 정상가격을 기준으로 과세소득을 조정하는 것인바, 자산의 증여나 채무면제 등은 국제거래라 하더라도 대가의 수수를 수반하는 거래가 아니므로 이전가격세제를 적용하기가 곤란하기 때문이다.

국조법의 '자산의 증여 등'에 대한 제·개정취지 및 이전가격세제의 개념에 비추어 볼 때, 결국 국제거래 중 대가를 수반하는 거래에 대해서는 이전가격세제를 적용하여 과세소득을 조정하되, 이전가격세제를 적용하기 어려운 자산의 증여 등에 대해서는 부당행위계산부인 규정을 통해 과세소득을 조정해야 하는 것으로 이해된다. 이와 같은 견지에서 법인세법상 부당행위계산부인의 유형 별로 국조법상 '자산의 증여 등'에 해당하는지 여부를 살펴보면 아래 표와 같다.

이익분여 (법인세법 시행령 제88조 제1항)	자산의 증여 등 (국조법 시행령 제3조의2)
1. 자산을 시가보다 높은 가액으로 매입 또는 현물출자받았거나 그 자산을 과대상각한 경우	(X) 대가가 수반되므로 정상가격을 기준으로 이전가격세제 적용
2. 무수익 자산을 매입 또는 현물출자받았거나 그 자산에 대한 비용을 부담한 경우	(O, 제2호) 무수익자산의 매입은 실질이 증여에 해당하므로 부당행위계산부인 적용
3. 자산을 무상 또는 시가보다 낮은 가액으로 양도 또는 현물출자한 경우	(△, 제1호) 자산을 무상으로 양도하는 경우만 해당. 시가보다 낮은 가액으로 양도 또는 현물출자한 경우는 대가가 수반되므로 이전가격세제 적용
4. 불량자산을 차환하거나 불량채권을 양수한 경우	(O, 제1호) 불량자산 및 불량채권의 매입은 실질이 증여에 해당
5. 출연금을 대신 부담한 경우	(O, 제3호) 실질이 증여에 해당
6. 금전, 그 밖의 자산 또는 용역을 무상 또는 시가보다 낮은 이율·요율이나 임대료로 대부하거나 제공한 경우	(X) 용역의 무상공급은 '자산의 증여 등'에서 제외(국조법 집행기준 3-3-1), 대가 수반되는 거래는 이전가격세제 적용 가능
7. 금전, 그 밖의 자산 또는 용역을 시가보다 높은 이율·요율이나 임차료로 차용하거나 제공받은 경우 7의 2. 기획재정부령으로 정하는 파생상	(△, 제1호) 대가 수반되는 거래는 정상가격을 기준으로 이전가격세제 적용 가능, 파생상품 권리 미행사의 경우 최근

품에 근거한 권리를 행사하지 아니하거나 그 행사기간을 조정하는 등의 방법으로 이익을 분여하는 경우	대법원에서 제1호의 자산의 무상이전으로 보아 부당행위계산부인 대상으로 판단 (대법원 2015. 11. 26. 선고 2014두335 판결)
8. 다음 각 목의 어느 하나에 해당하는 자본거래로 인하여 주주 등인 법인이 특수관계인인 다른 주주 등에게 이익을 분여한 경우 (중략) 8의 2. 제8호 외의 경우로서 증자·감자, 합병(분할합병을 포함한다)·분할, 「상속세 및 증여세법」 제40조 제1항에 따른 전환사채 등에 의한 주식의 전환·인수·교환 등 법인의 자본(출자액을 포함한다)을 증가시키거나 감소시키는 거래를 통하여 법인의 이익을 분여하였다고 인정되는 경우	(O) 국외특수관계인과 직접 대가를 수수하는 거래가 아니므로 이전가격세제 적용 어려움.
9. 그 밖에 제1호 내지 제7호, 제7호의 2, 제8호 및 제8호의 2에 준하는 행위 또는 계산 및 그 외에 법인의 이익을 분여하였다고 인정되는 경우	(△)

국조법상 이전가격세제와 법인세법상 부당행위계산부인 규정 간의 적용범위를 명확히 구분하기 위해서는 위 표와 같이 국외특수관계인에게 이익을 분여하는 국제거래 중에 대가가 수반되는 거래에 대해서는 국조법상 이전가격세제를 적용하고 그 실질상 무상으로 이익이 이전되는 경우에 한해 부당행위계산부인 규정을 적용하는 것이 합리적이라고 생각된다.

2. 최근 대법원 판례(대법원 2015. 11. 26. 선고 2014두335 판결)

가. 사실관계

원고는 해외모회사 PGC가 100% 지분을 보유한 내국법인으로서, PGC와 함께 싱가포르 법인 MPL의 주식을 취득할 수 있는 콜옵션을 보유하고 있었는데, 원고와 PGC는 일본법인인 MPT에 그들 보유의 MPL주식(원고 26%, PGC 13%)을 1주당 미화 4.2110달러(이하 '달러'라 한다)에 양도하면서, 2005. 5. 10. MPT와 사이에 MPT가 MPL주식을 2007. 6. 30.까지 일본 주식시장에 상장하지 못할 경우에는 원고와 PGC가 MPL주식의 1% 내지 35%를 MPT가 취득한 가격의 70%에 매수할 수 있는 콜 옵션을 부여받기로 하는 등의 주주 간 약정을 체결하였다.

MPT는 위 약정에서 정한 기한 내에 MPL주식을 일본 주식시장에 상장하지 못하였다. 그런데 원고는 2007. 9. 14. 콜 옵션을 행사하지 아니하였고(이하 '이 사건 콜 옵션 포기'라 한다), 한편 PGC는 단독으로 콜 옵션을 행사하여 MPT로부터 MPL주식 35%를 1주당 미화 2.7944달러에, 10%를 시가인 1주당 5.5342달러에 매수하였다.

피고 역삼세무서장은 ① 원고가 저가로 MPL 주식을 취득할 수 있는 콜 옵션을 포기하고 특수관계회사인 PGC가 모든 콜 옵션을 행사하게 하여 콜 옵션 행사로 얻을 수 있는 콜 옵션 행사가격과 시가의 차액 상당을 무상으로 이전하고, ② MPL 주식을 PGC에 저가로 양도하여 시가와의 차액 상당의 이익을 분여함으로써, 각각 부당행위계산부인 규정에 따라 익금산입액이 발생하였다고 보아, 2010. 7. 1. 원고에게 2007및 2008사업연도 각 법인세를 부과하였다.

나. 쟁점

이 사건의 쟁점은 PGC가 파생상품에 근거한 권리를 행사하지 않는 방법으로 국외특수관계자에게 이익을 분여한 행위에 대해 국조법 적용을 배제하고 법인세법상 부당행위계산부인 규정을 적용할 수 있는지 여부이다.

다. 판결 요지

특수관계가 있는 사람들 사이의 국제거래에 대하여 국조법에서 정한 이전가격세제의 적용이 어렵고 그 거래의 실질이 내국법인의 국외 특수관계자에 대한 이익의 무상이전에 해당하는 경우에는 구 국조법 시행령 제3조의2 각 호에 포함되는 것으로 해석하여야 할 것이다. 따라서 내국법인이 국외 특수관계자와 함께 파생상품에 근거한 권리를 보유하다가 그 보유비율에 상응하는 권리를 행사하지 아니한 채 국외 특수관계자로 하여금 권리의 전부를 행사할 수 있게 하는 방법으로 국외 특수관계자에게 이익을 분여하는 행위는 구 국조법 시행령 제3조의2 제1호에서 정한 '자산의 무상이전'에 준하는 것으로서 법인세법 제52조 제1항, 법인세법 시행령 제88조 제1항 제7호의2에 따른 부당행위계산부인의 대상이 된다.

라. 판결 평석

국조법 제3조 제2항은 특수관계가 있는 자 사이의 국제거래에 대해서는 원칙적으로 법인세법 제52조가 적용되지 않는다고 하면서 예외적으로 법인세법 제52조가 적용될 수 있는 경우를 대통령령에 위임하였고, 같은 법 시행령 제3조의2는 예외적으로 국제거래 중 법인세법 제52조가 적용될 수 있는 다섯 가지 경우를 규정하고 있다.

대상 판결은 위 시행령 제3조의2에 명시적으로 규정되어 있지 않더라도 국조법 제3조 제2항과 위 시행령 제3조의2의 취지는 특수관계가 있는 자 사이의 국제거래에 대하여 국조법에서 정한 이전가격세제의 적용이 어렵고 그 거래의 실질이 내국법인의 국외특수관계자에 대한 이익의 무상이전에 해당하는 경우에는 국조법 시행령 제3조의2 각 호에 포함되는 것으로 해석하여야 한다고 함으로써 결과적으로 그 적용범위를 확장하였다.

이와 같이 대상 판결은 특수관계가 있는 자 간의 국제거래에 대해 법인세법 제52조의 부당행위계산 부인이 적용될 수 있는 경우를 국조법 시행령 제3조의2 각 호에 규정된 경우로 한정하지 아니하고, 그 거래의 실질이 위 시행령 제3조의2에 규정한 행위에 준하는 것으로 볼 수 있는 경우에도 법인세법상 부당행위계산부인 규정을 적용할 수 있다고 판시한 최초의 판결이라는 점에서 의미가 있다.

3. 국세청 유권해석(서면2팀-301, 2006. 2. 6.)

국세청은 비상장 내국법인이 100% 출자한 미국법인(해외 자회사)의 채권을 출자로 전환함에 있어, 해외자회사의 경영악화 및 결손누적 등으로 인해 내국법인이 출자전환으로 취득한 주식의 가치가 거의 없는 경우 등 미국법인과의 출자 전환거래(주식발행)가 사실상 국조법 시행령 제3조의 2의 규정에 의한 "자산의 증여 등"에 해당하는 거래인 경우에는 부당행위계산부인의 규정이 적용되는 것으로 해석하고 있다.

즉, 출자전환으로 취득한 해외자회사의 주식의 가치가 거의 없다면 실질적으로 증여에 해당하는 것으로 보아야 한다는 입장으로 이해된다.

4. 해외자회사 채권 출자전환시 '자산의 증여 등'에 대한 판단기준

위 국조법 시행령 제3조의2의 제·개정연혁, 법인세법상 부당행위계산부인 규정과의 관계, 대법원 판례 및 국세청 유권해석을 종합적으로 고려해 보면, 해외자회사에 대한 채권의 출자전환이 '채무의 면제에 준하는 경우(사실상 채무면제에 해당하는 경우)'에 해당하면 국조법이 적용되지 않고 법인세법상 부당행위계산부인이 적용될 수 있다고 생각된다.

따라서 국내모회사가 출자전환으로 취득하는 해외자회사의 주식가치가 거의 없다면 채무의 면제에 준하는 것으로 볼 가능성이 높을 것이다. 반면, 해외자회사의 주식이 어느 정도 상당한 가치가 있다면 법인세법상 부당행위계산부인이 아닌 국조법 적용 대상으로 보는 것이 타당하다고 생각된다.

즉, 단순히 채권과 출자전환으로 취득하는 주식의 가액이 차이가 있다고 하여, 그 차액 상당액에 대하여 부당행위계산부인을 적용할 수는 없다. 이와 같이 해석하지 않는다면, 결국 자산을 시가보다 낮은 가액으로 양도한 경우에도 국조법이 아닌 부당행위계산부인이 적용되는 것이 되므로, 국조법 시행령 제3조의 2의 문언("현저히 저렴한 대가를 받고 이전하는 경우를 제외")에 반하는 해석이 되기 때문이다.

결론적으로 해외자회사 주식의 가치에 비추어 국조법상 이전가격세제가 적용되어야 하는지 법인세법상 부당행위계산부인 규정이 적용되어야 하는지를 판단하는 것이 타당하다고 생각된다.

Ⅲ. 세무처리방법

1. 국조법 적용시 세무처리 방법

국조법 제4조 제1항은 과세당국은 거래 당사자의 어느 한 쪽이 국외특수관계인인 국제거래에서 그 거래가격이 정상가격보다 낮거나 높은 경우에는 정상가격을 기준으로 거주자의 과세표준 및 세액을 결정하거나 경정할 수 있다고 규정하고 있다.

따라서 국조법이 적용되는 경우 과세관청은 국내모회사가 출자전환으로 교부받는 해외자회사의 주식을 국조법상 정상가격으로 조정하게 될 것이다. 즉, 출자전환으로 교부받은 주식의 세법상 취득가액이 국조법상 정상가격이 된다.

여기서 정상가격이란 거주자, 내국법인 또는 국내사업장이 국외특수관계인이 아닌 자와의 통상적인 거래에서 적용되거나 적용될 것으로 판단되는 가격을 말하며, 국조법 제5조 제1항 각 호에서 규정하고 있는 방법 즉, 비교가능 제3자 가격방법, 재판매가격방법, 원가가산방법, 이익분할방법, 거래순이익률방법 및 동 5개의 방법으로 정상가격을 산출할 수 없는 경우 거래의 실질 및 관행에 비추어 합리적이라고 인정되는 방법 (국조법 제5조 및 동법 시행령 제4조)으로 산출하는데, 다른 합리적인 가액이 없는 경우에는 상증세법상 보충적 평가액도 정상가격으로 볼 수 있다.[4)]

국내모회사가 해외자회사 주식의 취득가액을 출자전환하는 채권의 장부가액으로 계상하고 채권을 감액하는 회계처리를 하는 경우, 국내모회사는 해당 가액 중 해외자회사가 교부하는 주식의 정상가격을 초과하는 금액을 세무상 감액(손금산입 및 △유보처분)하고 동

---

4) 서울고등법원 2013. 5. 8. 선고 2012누28195 판결, 조세심판원 2014. 12. 29. 자 2013전1528 결정, 서면2팀-1613, 2007. 9. 4.

금액을 해외자회사에 대한 출자의 증가(즉, 손금불산입 및 유보처분)로 처리해야 할 것으로 생각된다(국조법 제9조 및 동법 시행령 제15조, 16조 참조).

국조법상 소득처분에는 '배당'과 '출자의 증가'만 있으므로, 이와 같이 국조법이 적용되는 경우에는 '기타소득' 처분에 따른 원천징수 문제는 발생하지 않게 된다. '기타소득'으로 처분되는 경우에는 해외자회사가 국내에서 기타소득을 얻은 것으로 보아 법인세법상 22%(지방소득세 포함)의 세율을 적용하여 국내모회사에게 추가적으로 원천징수의무가 발생하게 된다.

회계처리	세무조정(50 가정 시)
차) 주식 100 대) 대여금 100	〈손금〉 정상가격과 장부가 차이 50 (유보) 〈익금〉 자회사 출자증가 50 (유보)

2. 법인세법상 부당행위계산부인 규정 적용시 세무처리 방법

앞서 살펴본 바와 같이, 국내모회사가 출자전환으로 취득하는 해외자회사 주식의 가치(세법상 시가)가 거의 없는 경우에는 실질적인 채무면제에 해당하는 것으로 보아 법인세법상 부당행위계산부인의 규정이 적용될 가능성이 높다고 생각된다. 다만, 부당행위계산부인 규정의 법리상 해외자회사 주식의 가치가 거의 없는 경우에도 무조건 법인세법상 부당행위계산부인의 규정이 적용되는 것은 아니고, 부자연스럽고 불합리한 행위계산을 함으로 인하여 경제적 합리성을 무시하였다고 인정되는 경우에 한하여 적용되어야 할 것이다.

국내모회사가 출자전환으로 교부받는 해외자회사 주식의 법인세법상 취득가액은 취득 당시의 시가로서, 법인세법상 시가란 건전한 사회 통념 및 상거래 관행과 특수관계인이 아닌 자 간의 정상적인 거래에서 적용되거나 적용될 것으로 판단되는 가격을 말하며, 해당 거래와 유사한 상황에서 해당 법인이 특수관계인 외의 불특정다수인과 계속적으로 거래한 가격 또는 특수관계인이 아닌 제3자간에 일반적으로 거래된 가격이 있는 경우에는 그 가격("매매사례가액")에 따르며, 매매사례가액이 없어 시가가 불분명한 경우에는 상증세법을 준용하여 평가한다(법인세법 시행령 제89조 및 제72조 제2항 제4의 2호).

따라서 국내모회사는 출자전환으로 인한 채권 감소액과 해외자회사 교부주식의 법인세법상 시가의 차액을 세무상 해외자회사 교부주식의 취득가액에서 감액(손금산입 및 △유보처분)해야 하는데, 이러한 순자산 감소분이 법인세 과세소득 산정시 손금으로 인정되는지가 문제된다.

국세청은 미국 소재 완전자회사의 경영악화 및 결손누적 등으로 인해 내국법인이 출자전환으로 취득한 주식의 가치가 거의 없는 등 미국자회사와의 출자전환거래가 사실상 "자산의 증여 등"에 해당하는 경우 법인세법을 적용하는 것이며, 내국법인의 익금에 산입한 금액으로서 기타소득으로 처분된 금액(소멸된 채권가액 - 주식의 법인세법상 시가)은 해외자회사의 국내원천 기타소득으로서 원천징수대상에 해당하는 것으로 해석하고 있다[5].

따라서 법인세법상 부당행위계산부인의 규정이 적용되는 경우, 국내모회사는 세무상 순자산 감소분(채권 감소액 - 해외자회사 교부주식의 법인세법상 시가)을 손금부인(손금불산입 및 기타소득처분) 해야 한다. 이 경우 출자전환 시점에 국내모회사에게 과세소득이 발

---

5) 서면2팀-301, 2006. 2. 6.

생하지는 않고, 추후 해외자회사 주식을 처분하거나 해외자회사가 청산할 때에 출자전환시 세무상 감액한 금액을 손비로 인정받지 못하게 된다.

국내모회사는 해외자회사의 국내원천 기타소득에 대해 22%(지방소득세 포함)의 세율로 원천징수를 해야 한다. 다만, 해외자회사의 거주지국과 우리나라 간에 체결된 조세조약에 의해 소득자의 거주지국에서만 기타소득에 대한 과세권을 갖는 경우에는 우리나라에서 과세되지 않는다.

회계처리	세무조정(671백만 달러 가정 시)
차) 주식 671 대) 대여금 671	〈손금〉 주식시가와 장부가 차이 671 (유보) 〈익금〉 부당행위계산부인 671 (기타소득)

3. 국조법 적용이 아닌 경우 법인세법상 기부금 또는 접대비로 처리될 가능성

기획재정부(구 재정경제부)는 내국법인에 대한 출자전환 거래에 대하여 "법인이 특수관계에 있는 법인에 대한 채권을 출자전환함으로써 취득하는 주식의 시가가 채권가액에 미달하는 경우 그 차액에 대하여는 법인세법상 부당행위계산부인의 규정이 적용되는 경우를 제외하고는 기부금 또는 접대비로 처리하는 것"으로 해석하고 있다(재정경제부 법인세제과-375, 2005.05.31).

따라서 출자전환에 대하여 (국조법 적용이 안 되는 상황에서) 법인세법상 부당행위계산부인의 규정이 적용되지 않는 경우 법인세법상 기부금 또는 접대비로 처리되는 것은 아닌지 살펴볼 필요가 있다.

국조법 제3조는 제1항에서 국조법은 국세와 지방세에 관하여 규정하는 다른 법률보다 우선하여 적용한다고 규정하면서, 제2항에서는 국제거래에 대해서는 소득세법 및 법인세법상 부당행위계산부인의 규정을 적용하지 아니하되 대통령령으로 정하는 자산의 증여 등에 대해서는 그러하지 아니하도록 규정하고 있다.

이와 같이 국조법은 '자산의 증여 등'에 해당하지 않는 경우 부당행위계산부인을 적용하지 않도록 규정하고 있을 뿐, 법인세법상 다른 규정(기부금 또는 접대비)을 적용하지 않도록 명시하고 있지는 않다. 다만, 국조법이 그러한 법인세법 규정보다 우선적으로 적용된다는 것이므로, 국조법이 적용되지 않는 경우 법인세법상 기부금 또는 접대비로 처리될 가능성을 완전히 배제하기는 어렵다고 생각된다.

이 경우 세무처리는 아래와 같은데, '기타사외유출'로 소득처분이 되기 때문에 원천징수의무가 발생하지 않는다는 점에서 부당행위계산부인이 적용되는 경우와 차이가 있다.

회계처리	세무조정(671백만 달러 가정 시)
차) 주식 671 대) 대여금 671	〈손금〉 주식시가와 장부가 차이 671 (유보) 〈익금〉 접대비 등 671(기타사외유출)

III. 결론

해외자회사에 대한 채권의 출자전환으로 교부받는 해외자회사 주식이 세법상 어느 정도 상당한 가치가 있다면 국조법 적용대상으로 주장해 볼 수 있을 것으로 생각된다. 따라서 해외자회사 교부주식의 세법상 시가 산정 작업이 우선적으로 필요하다.

해외자회사 주식의 가치가 거의 없는 경우에도 무조건 법인세법상 부당행위계산부인의 규정이 적용되는 것은 아니고, 부자연스럽고 불합리한 행위계산을 함으로 인하여 경제적 합리성을 무시하였다고 인정되는 경우에 한하여 적용되는 것이다. 앞서 본 바와 같이 부당행위계산부인이 적용되지 않는 경우에도 기부금 또는 접대비로 처리되어 손금이 부인되기는 하나, 이 경우 국내모회사에게 원천징수의무가 발생하지는 않게 되므로 부당행위계산부인대상이 아니라는 주장의 실익이 있다.

따라서 출자전환이 해외자회사의 재무구조 개선을 통해 수익성을 개선하여 궁극적으로 국내모회사의 수익증대를 도모하는 데에 그 목적이 있는 등 경제적 합리성이 있다는 점을 입증할 필요가 있고, 이를 입증할 수 있는 회계법인의 공신력 있는 보고서를 구비해 두는 것이 필요할 것으로 생각된다.

해외금융계좌 신고 제도에 관한 몇 가지 쟁점

백 새 봄 변호사

Ⅰ. 서론

거주자 및 내국법인이 보유하고 있는 해외금융계좌를 국세청에 신고하도록 하고, 미신고자에 대하여 과태료를 부과하여 불법 재산 해외반출 및 역외소득탈루를 사전에 억제하고 해외로 유출된 재산을 정상 과세권 내로 유인함으로써 해외탈세를 차단하기 위하여 2010년 국제조세조정에 관한 법률(이하 "국조법")에 해외금융계좌 신고제도가 도입되었다.

이하에서는 해외금융계좌 신고 관련 법령의 개정 연혁에 대해 살펴본 뒤, 신고의무자의 범위와 관련하여 과세관청 및 법원의 해석례, 실질적 소유자의 범위 및 판단 기준에 대해 검토하고, 과태료 부과 및 불복 절차 등에 대해 살펴보겠다.

Ⅱ. 해외금융계좌 신고 관련 법령의 개정 연혁[1]

1. 해외금융계좌 신고제도 신설

2010. 12. 27. 법률 제10410호로 개정된 국조법은 제34조부터 제36조에 해외금융계좌 신고제도를 신설하고, 2010년에 보유한 해외금융계좌분부터 신고의무를 부과하였다.[2] 해외금융기관에 개설된 해외금융계좌를 보유한 거주자 및 내국법인[3] 중에서 해당 연도 중에 어느 하루라도 보유계좌잔액(보유계좌가 복수인 경우에는 각 계좌잔액을 합산한다)이 10억 원을 초과하는 자는 보유자 및 보유계좌에 관한 정보 등의 해외금융계좌정보를 다음 연도 6. 1.부터 6. 30.까지 납세지 관할 세무서장에게 신고하도록 하였다.[4]

신고의무자가 신고기한 내에 해외금융계좌정보를 신고하지 아니하거나 과소신고한 경우 미신고 금액 또는 과소신고 금액에 대하여, 그 금액의 규모에 따라 3% 내지 9%의 과태료를 부과하도록 하였다.[5]

2. 수정신고제도 도입 및 과태료율 인상

2011. 12. 31. 법률 제11126호로 개정된 국조법은 제37조에 해외금융계좌정보 수정신고 및 기한 후 신고 제도를 도입하여, 신고기한 내에 해외금융계좌정보를 과소신고하거나 신고하지 아니한 자는 과세당국이 국조법 제35조에 따른 과태료를 부과하기 전까지 해외금

---

1) 이하 각 항에 기재된 법률은 당시 적용되는 법률을 의미한다.
2) 같은 법 부칙 제9조.
3) 신고의무자의 범위에 대해서는 아래 III.항에서 살펴본다.
4) 국조법 제34조 제1항, 국조법 시행령 제49조 제1항.
5) 국조법 제35조 제1항 제1호, 제2호, 국조법 시행령 제51조 제2항 제1호 내지 제3호.

융계좌를 수정신고할 수 있도록 하였다.[6)]

또한, 2012. 2. 2. 대통령령 제23600호로 국조법 시행령 제51조 제3항, 제5항을 개정하여, 과태료율을 미신고 또는 과소신고 금액의 4% 내지 10%로 인상하였고,[7)] 해외금융계좌정보를 수정신고하거나 기한 후 신고를 한 경우 과태료 금액을 감경하도록 하였다.[8)]

3. 신고의무자 기준 완화 및 신고대상 해외금융계좌 범위 확대

앞서 본 바와 같이 해외금융계좌 신고제도 신설 당시에는 '해당 연도 중에 어느 하루라도 보유계좌잔액이 10억 원을 초과할 경우' 신고의무를 부과하고 있었는데, 일별 보유계좌잔액을 기준으로 최고금액을 산출할 경우 시간과 노력이 많이 소요되는 문제가 있어 산출기준을 간소화하기 위하여 2013. 1. 1. 법률 제11606호로 개정된 국조법 제34조 제1항은 '해당 연도의 매월 말일 중 어느 하루의 보유계좌잔액이 10억 원을 초과하는 경우'에 한하여 신고의무를 부과하도록 개정되었다.[9)]

한편, 당초 국조법 시행령 제49조 제3항은 해외금융계좌 신고대상을 은행 및 증권 거래계좌로 한정하고, 국조법 시행령 제50조 제2항은 현금 잔액 및 상장주식의 가격을 합산하여 보유계좌잔액을 계산하도록 규정하고 있었는데, 2013. 1. 1. 법률 제11606호로 개정된

6) 같은 법 부칙 제9조에 의하여 위 수정신고제도는 2010년에 보유한 해외금융계좌부터 적용된다.
7) 같은 법 시행령 부칙 제10조에 의하여 2011년에 보유한 해외금융계좌부터 적용된다.
8) 같은 법 시행령 부칙 제11조에 의하여 2010년에 보유한 해외금융계좌로서 위 국조법 시행령 시행일인 2012. 2. 2. 이후 최초로 신고기한 경과 후 신고하거나 수정신고하는 해외금융계좌부터 적용된다.
9) 같은 법 부칙 제8조에 의하여 2013년 당시 보유하고 있는 해외금융계좌를 2014년 신고하여야 하는 경우부터 적용된다.

국조법 제34조 제3항은 신고대상 해외금융계좌를 해외금융회사에 개설한 계좌로서 은행업무와 관련하여 개설한 계좌, 증권의 거래를 위하여 개설한 계좌, 파생상품의 거래를 위하여 개설한 계좌 및 그 외의 계좌로서 그 밖에 금융거래를 위하여 해외금융회사에 개설한 계좌로 규정하여 신고 범위를 확대하고, 2013. 2. 15. 대통령령 제24365호로 개정된 국조법 시행령 제50조 제2항은 현금 잔액 및 상장주식, 집합투자증권의 가격, 해외보험상품의 납입금액, 그 외의 자산의 경우 시가 등을 합하여 보유계좌잔액을 계산하도록 규정하였다. 위와 같이 개정된 규정에 의하면 비상장주식의 시가도 보유계좌잔액 계산에 포함된다.[10]

4. 명단공개 및 형사처벌 규정 신설

2013. 1. 1. 법률 제11606호로 개정된 국조법은 제34조의2 제1항에서 형사처벌에 관한 규정을 신설하였다. 해외금융계좌정보의 신고의무자로서 신고기한 내에 신고하지 아니하거나 과소 신고한 금액(이하 “신고의무 위반금액”)이 50억 원을 초과하는 경우에는 2년 이하의 징역 또는 신고의무 위반금액의 100분의 10 이하에 상당하는 벌금에 처하도록 하고, 다만, 정당한 사유가 있는 경우는 제외하도록 하였다. 위 징역형과 벌금형은 병과할 수 있고, 위 규정에 따라 처벌되는 경우 국조법 제35조 제1항에 따른 과태료는 부과하지 않도록 하였다.[11] 위 형사처벌 규정은 2013년 당시 보유하고 있는 해외금융계좌를 2014년에 신고하여야 하는 경우부터 적용한다.[12]

---

10) 마찬가지로 같은 법 부칙 제8조에 의하여 2013년 당시 보유하고 있는 해외금융계좌를 2014년에 신고하여야 하는 경우부터 적용된다.
11) 국조법 제34조의2 제2항, 제3항.
12) 같은 법 부칙 제9조.

또한, 2013. 1. 1. 법률 제11605호로 개정된 국세기본법은 제85조의5 제1항 제4호에 국세청장이 국조법 제34조 제1항에 따른 해외금융계좌정보의 신고의무자로서 신고기한 내에 신고하지 아니하거나 과소 신고한 금액이 50억 원을 초과하는 자의 인적사항, 신고의무 위반금액 등을 공개할 수 있도록 하는 내용의 규정을 신설하였다.[13)]

5. 과태료율·벌금부과율 인상 및 자진신고 제도 운영

2014. 12. 23. 법률 제12849호로 개정된 국조법은 해외금융계좌에 대한 성실신고를 유도하기 위하여 신고의무 불이행에 대한 벌금 및 과태료를 상향조정하였다. 국조법 제34조의2 제1항은 신고의무 위반금액이 50억 원을 초과하는 경우에는 2년 이하의 징역 또는 신고의무 위반금액의 100분의 20 이하에 상당하는 벌금에 처한다고 개정되었고, 국조법 제35조 제1항 및 2015. 2. 3. 대통령령 제26078호로 개정된 국조법 시행령 제51조 제3항은 미신고 또는 과소신고 금액의 10% 내지 20%를 과태료로 부과한다고 개정되었다.[14)]

한편, 2014. 12. 23. 법률 제12849호로 개정된 국조법은 제38조에 자진신고에 관한 한시적 특례 규정을 신설하여 국제거래 및 국외에서 발생한 소득과 세법상 신고의무가 있는 국외재산으로서 법정 신고기한 내에 신고하지 아니하거나 과소하게 신고한 소득과 재산이 있는 내국인이 해당 소득과 재산을 신고하고 세법에 따라 납부하여야할 세액을 납부하는 경우 과태료 및 가산세를 감면하고 명단공개를 면제하도록 하였다. 위 자진신고 제도는 2015. 1. 1.부터 2016. 12.

13) 같은 법 부칙 제12조에 의하여 2012년 당시 보유하고 있는 해외금융계좌를 2013년에 신고하여야 하는 경우부터 적용한다.

14) 같은 법 부칙 제6조에 의하여 2015년에 보유하고 있는 해외금융계좌를 신고하여야 하는 경우부터 적용한다.

31.까지 한시적으로 운영되었다.

6. 신고의무 기준금액 인하에 따른 신고의무자 범위 확대

앞서 본 바와 같이 국조법은 해당 연도의 매월 말일 중 어느 하루의 보유계좌잔액이 10억 원을 초과하는 경우 해외금융계좌 신고의무를 부과하고 있었는데,[15] 2018. 2. 13. 대통령령 제28643호로 개정된 국조법 시행령 제49조 제1항은 '보유계좌잔액이 5억 원을 초과하는 경우' 해외금융계좌 신고의무를 부담한다고 규정하여 신고의무자 범위를 확대하였다.[16]

7. 형사처벌 규정의 조세범 처벌법으로의 이전

조세범칙 행위에 대한 벌칙을 조세범 처벌법에서 통일적으로 규정하기 위하여 해외금융계좌 신고의무 불이행에 대한 벌칙 조항을 조세범 처벌법 제16조에 규정하고, 2018. 12. 31. 법률 제16099호로 개정된 국조법은 제34조의2의 규정을 삭제하였다.

III. 해외금융계좌 신고의무자 관련 쟁점

1. 해외금융계좌 신고의무자의 범위

해외금융계좌 신고의무자는 거주자[17] 및 내국법인으로,[18] 신고

---

15) 국조법 제34조 제1항, 국조법 시행령 제49조 제1항.

16) 같은 법 시행령 부칙 제3조에 의하여 2018년에 보유하고 있는 해외금융계좌를 신고하는 경우부터 적용된다.

의무자 해당 여부는 신고대상 연도 종료일을 기준으로 판정한다.[19] 따라서 신고대상 연도 종료일 당시 비거주자 및 외국법인은 신고의무자에 해당하지 않는다.

한편, 해외금융계좌 중 실지명의에 의하지 아니한 계좌 등 그 계좌의 명의자와 실질적 소유자가 다른 경우에는 명의자 및 실질적 소유자를, 공동명의 계좌인 경우에는 공동명의자 각각이 해당 계좌를 각각 보유한 것으로 보아 신고의무를 부담한다.[20]

해외금융계좌제도 도입 당시 국조법 시행령 제50조 제4항은 "실질적 소유자란 해당 계좌의 명의와는 관계없이 해당 해외금융계좌와 관련한 거래에서 경제적 위험을 부담하거나 이자·배당 등의 수익을 획득하거나 해당 계좌를 처분할 권한을 가지는 등 해당 계좌를 사실상 관리하는 자를 말한다."고 규정하고 있었는데, 2015. 2. 3. 대통령령 제26078호로 개정된 국조법 시행령 제50조 제4항은 위 실질적 소유자의 범위에 "내국법인이 외국법인의 의결권 있는 주식의 100분의 100을 직접 또는 간접으로 소유한 경우 그 내국법인"을 포함하되 "내국법인이 의결권있는 주식의 100분의 100을 직접 또는 간접으로 소유한 외국법인이 우리나라와 국조법 제2조 제1항 제2호의 조세조약을 체결하고 시행하는 국가에 소재하는 경우"는 제외한다고 규정하였다.[21]

또한, 2019. 2. 12. 대통령령 제29525호로 개정된 국조법 시행령은

17) 거주자란 소득세법 제1조의2 제1항 제1호에 따른 거주자를 의미하는데, 이 글에서 거주자에 관한 논의는 생략한다.

18) 국조법 제34조 제1항.

19) 국조법 제2조 제2항, 국조법 시행령 제50조 제1항.

20) 국조법 제34조 제4항.

21) 해외금융계좌의 실질소유자 간주 범위에 대한 고시(기획재정부 고시 제2016-12호). 2015년에 보유하고 있는 해외금융계좌를 신고하여야 하는 경우부터 적용한다.

개정 전 제50조 제4항의 내용을 같은 조 제5항으로 옮기면서, "법 제34조 제4항에 따른 실질적 소유자는 해당 계좌의 명의와는 관계없이 해당 해외금융계좌와 관련한 거래에서 경제적 위험을 부담하거나 이자·배당 등의 수익을 획득하거나 해당 계좌를 처분할 권한을 가지는 등 해당 계좌를 사실상 관리하는 자[내국인[22]이 외국법인의 의결권 있는 주식의 100분의 100을 직접 또는 간접으로 소유(내국인과 국세기본법 제2조 제20호 가목[23] 또는 나목[24]의 관계에 있는 자가 직접 또는 간접으로 소유한 주식을 포함한다)한 경우 그 내국인을 포함하되, 조세조약의 체결여부 등을 고려하여 기획재정부장관이 정하는 경우에는 그렇지 않다]로 한다."고 개정하여, 거주자가 외국법인의 의결권 있는 주식의 100분의 100을 직접 또는 간접으로 소유하는 경우도 내국법인과 동일하게 해당 계좌의 실질적 소유자로 보아 해외금융계좌 신고의무를 부과하도록 하였다.[25]

위와 같은 국조법 및 국조법 시행령 규정에도 불구하고, 해외금융계좌의 신고의무자인 '실질적 소유자'에 해당하는지 여부 판단에는 실무상 큰 어려움이 있다. 이하에서는 해외금융계좌 신고의무자에 관한 과세관청 및 법원의 해석례에 대해 살펴본 뒤 실질적 소유자 해당 여부에 관한 두 가지 쟁점에 대해 검토하겠다.

---

22) 내국인이란 소득세법에 따른 거주자 및 법인세법에 따른 내국법인을 말한다(국조법 제2조 제2항, 조세특례제한법 제2조 제1항 제1호).

23) 혈족·인척 등 친족관계.

24) 임원·사용인 등 경제적 연관관계.

25) 같은 법 시행령 부칙 제8조에 의하여 2019년 전에 국조법 제34조 제1항에 따른 해외금융계좌 신고의무가 발생한 경우에 대해서는 위 개정규정에도 불구하고 종전의 규정에 따른다.

2. 해외금융계좌 신고의무자에 관한 과세관청 및 법원의 해석례

가. 기획재정부 및 국세청의 예규 등

기획재정부는 "해외자회사가 출자받은 출자금으로 독립된 경영활동을 수행하기 위해 보유하는 금융계좌의 경우에는 국조법 제34조 제4항에 따른 실지명의에 의하지 아니한 계좌 등에 해당하지 아니하므로 해외자회사의 금융계좌에 대해 모회사는 신고의무가 없는 것입니다. 반면, 모회사의 직접적 경영활동에서 나오는 소득이나 자산을 해외자회사 명의의 계좌로 수취하는 등 해외자회사 계좌의 실지 보유자가 모회사임이 명백히 인정되는 경우(차명계좌)에는 해외자회사의 금융계좌에 대해 모회사는 신고의무가 있는 것입니다"고 해석하였다.[26] 독립된 경영활동을 수행하기 위하여 설립된 해외자회사가 보유하고 있는 금융계좌는 그 계좌의 실지 보유자가 모회사(차명계좌)라는 점이 명백하게 인정되지 않는 이상 신고대상에 해당하지 않는다는 것이다.

또한, 최근 기획재정부는 "자본시장과 금융투자업에 관한 법률 제279조 제1항에 따라 금융위원회에 등록되지 아니한 외국 집합투자기구에 조합원 지분 참여자로 투자한 자가 해당 집합투자기구 명의의 해외금융계좌에 대해 국조법 제34조에 의한 신고의무가 있는지 여부는 같은 법 제34조 제4항 및 같은 법 시행령 제50조 제4항에 따라 해당 해외금융계좌와 관련한 거래에서 발생한 경제적 위험부담 여부, 수익 획득, 처분 권한 귀속 등 사실관계를 종합적으로 고려하여 판단하는 것입니다."고 해석하였다.[27]

한편, 국세청은 "선박투자회사법에 의하여 설립된 선박투자회사

---

26) 기획재정부 국제조세제도과-72, 2015. 2. 23.
27) 기획재정부 국제조세제도과-555, 2018. 6. 7.

는 해외자회사(SPC) 명의 해외금융계좌의 실질적 소유자에 해당되며 해당 해외자회사(SPC)는 자본시장과 금융투자업에 관한 법률에 따른 집합투자기구 또는 이와 유사한 외국에서 설립된 집합투자기구에 해당되지 않는 것입니다."고 해석한바 있다.[28]

이와 같이 기획재정부 및 국세청은 대체로 해외금융계좌 신고의무자 해당여부에 관한 질의에 대해 해외금융계좌 신고의무자에 해당한다고 회신하거나 사실판단할 문제라고 답변하고 있다.

나. 법원의 해석

(1) SPC인 해외 자회사가 보유한 해외금융계좌에 대한 신고의무 여부

내국법인이 100% 지분을 보유한 외국법인이 미국 금융회사의 증권계좌를 통하여 미국 나스닥에 상장된 회사의 주식을 보유하고 있었는데 위 내국법인에 대하여 위 미국 금융회사의 증권계좌를 신고하지 않았다는 이유로 과태료를 부과한 사안에서, 서울중앙지방법원은 "일반적으로 내국법인이 관련법령에 따라 출자를 통해 해외에 별도의 법인격을 갖춘 자회사를 설립하고 위 자회사가 소위 지주회사로서 해외금융계좌에 다른 회사의 주식을 보유하게 된 경우, 이를 실지명의가 아닌 계좌, 즉 차명계좌를 통해 해외금융자산을 관리하는 등의 경우와 동일시할 수는 없고, 그 밖에 위반자가 자회사의 법인격을 남용하여 이 사건 계좌의 거래 또는 관리를 통해 직접적으로 경제적 위험을 부담하거나 이자·배당 등의 수익을 획득하거나 해당 계좌를 처분할 권한을 가지는 등으로 이 사건 계좌를 사실상 관리하였다고 볼 수 있을만한 특별한 정황이 있다고 보기도 어렵다...(중략)...2015. 2. 3. 대통령령 제26078호 개정은 내국법인이 외국법인의 주식 100%를 소유한 경우에 그 내국법인을 외국법인이 소유한 해외

28) 국제세원관리담당관실-472, 2011. 10. 7.

금융계좌의 사실상 관리자에 포함되는 것으로 보도록 하여 사실상 관리자의 개념 수정을 통해 의무 수범자의 범위를 넓힌 것이라고 봄이 상당하므로, 위 개정 전의 불명확한 조상을 확대해석하여 행정상 제재의 일종인 과태료를 부과하는 것은 허용되지 않는다."고 결정하여, 위 내국법인의 과태료결정에 대한 이의신청을 받아들였다.[29)]

이후 검사는 위 결정에 대해 항고하였는데, 항고심 재판부는 "① 위반자가 자회사인 외국법인을 설립하여 외국법인이 독립한 법인격을 가지면서 독립적인 사업 활동을 하고 있는 이상, 그 외국법인의 사업 활동으로 인한 이익 및 손실은 원칙적으로 그 외국법인에 귀속되고, 위반자가 외국법인의 주주로서 배당을 받는 등 이익을 분배받은 경우에 비로소 위반자의 이익으로 귀속되며, 외국법인의 사업 활동으로 인한 손실 또한 곧바로 위반자의 손실으로 연결되는 것은 아닌 점, ② 위반자가 직접 미국 회사의 지배주주가 되어 그 회사의 경영에 참여할 수도 있지만 그리할 경우 미국 나스닥에 상장된 위 회사에 발생할 수 있는 위험이 위반자에게까지 영향을 미칠 수 있어 이를 완충하기 위하여 외국법인을 설립하여 주식을 매수할 필요성이 있어 보이고, 그 과정에서 조세가 낮은 지역에 외국법인을 설립하였다고 하여 이를 가지고 조세를 회피할 목적에서 비롯한 것이라고 단정할 수는 없는 점(기업들이 법인세 등이 낮은 국가에 자회사를 설립하여 영업하는 것은 정상적인 경영활동으로 보인다), ③ 외국법인과 같은 특수목적법인(SPC)은 최소한의 자본출자요건만을 갖추어 인적·물적 시설 없이 설립되는 것이 일반적이므로 외국법인이 별도의 인적·물적 시설 없다는 사정만으로 그 법인격을 부인할 수 없고, 위반자가 자신의 직접적인 경영활동에서 나오는 소득이나 자산을 미국 금융회사의 증권계좌로 수취하는 등 조세를 회피하려고

---

29) 서울중앙지방법원 2016. 2. 21.자 2015과1328 결정.

하였다거나 위 계좌에 있는 예금을 인출하여 위반자를 위하여 사용하는 등 위반자가 위 계좌를 사실상 관리하였다고 의심할만한 사정은 없어 보이는 점 등을 비추어 보면, 검사가 제출한 자료만으로는 위반자가 위 계좌의 실질적 소유자임을 인정하기에 부족하고 달리 이를 인정할 자료가 없다"고 결정하였고,[30] 위 결정은 대법원에서 그대로 확정되었다.

위 법원 결정은 2015. 2. 3. 대통령령 제26078호로 개정된 국조법 시행령 제50조 제5항에서 '실질적 소유자'의 범위에 '내국법인이 우리나라와 조세조약이 체결되지 않은 국가에 소재한 외국법인의 의결권 있는 주식의 100분의 100을 직접 또는 간접으로 소유한 경우 그 내국법인'을 포함하도록 규정하기 전의 사안이나, 독립된 경영활동을 수행하기 위하여 설립된 해외 자회사의 경우 사업활동으로 인한 이익 및 손실이 원칙적으로 위 해외 자회사에 귀속된다면 모회사가 위 해외 자회사 지분의 100%를 보유하고 있다거나 위 해외 자회사가 특수목적법인(SPC)이라는 사정 등이 있다고 하더라도, 그 해외 자회사가 보유하고 있는 금융계좌가 모회사의 차명계좌로서 모회사가 위 계좌의 실질적 소유자라고 볼 수는 없다고 결정하여, 실질적 소유자의 범위를 제한적으로 보았다.

(2) 외국법인을 직·간접으로 100% 소유하는 내국법인에 대해 신고의무를 부과하는 구 국조법 시행령 제50조 제4항의 괄호 안 규정이 무효인지 여부

최근 하급심에서 구 국조법 시행령(2019. 2. 12. 대통령령 제29525호로 개정되기 전의 것) 제50조 제4항 본문 중 괄호 안 규정인 '내국법인이 외국법인의 의결권 있는 주식의 100분의 100을 직접 또는 간

30) 서울중앙지방법원 2016. 7. 18.자 2016라411 결정.

접으로 소유한 경우 그 내국법인을 포함하되, 조세조약의 체결 여부 등을 고려하여 기획재정부장관이 정하는 경우에는 그러하지 아니하다'는 규정(이하 "이 사건 괄호 안 규정")이 상위법인 국조법의 위임 범위를 벗어난 것으로서 무효라고 본 판결들이 선고되고 있다.

대전지방법원 천안지원은 외국법인의 주식을 100% 소유하는 내국법인이 위 외국법인 명의로 보유하는 해외금융계좌를 신고하지 아니하여 국조법위반의 공소사실로 기소된 사안에서, "이 사건 괄호 안 규정은 다음과 같은 이유로 상위법인 국조법의 위임 범위를 벗어난 것이어서 무효이다. ① 이 사건 괄호 안 규정은 2015. 2. 3. 시행령 개정 당시 추가되었다. 공식적인 개정 이유는 내국법인이 직·간접적으로 외국법인 지분의 100분의 100을 소유한 경우 그 내국법인을 해당 외국법인이 보유한 해외금융계좌의 실질적 소유자로 보아 해외금융계좌를 신고하도록 하기 위함이다. 즉 이 사건 괄호 안 규정은 외국법인 지분의 100분의 100을 소유한 내국법인을 해당 외국법인 명의로 개설된 해외금융계좌의 실질적 소유자로 '간주'하고 있다. ② 국조법은 해외금융계좌의 실질적 소유 여부에 따라 내국법인에 해외금융계좌의 신고의무를 부과한다. 따라서 내국법인이 외국법인의 의결권 있는 주식의 100분의 100을 소유하고 있더라도 해당 외국법인의 해외금융계좌를 실질적으로 소유하고 있는 것으로 평가할 수 없다면 그 내국법인은 신고의무자가 아니다. 반면 이 사건 괄호 안 규정은 주식 소유관계만으로 내국법인을 실질적 소유자로 간주하므로 국조법에 의하면 처벌 대상이 아니었던 경우까지 처벌 범위에 포함된다. ③ 나아가 이 사건 괄호 안 규정은 내국법인이 외국법인 지분의 100분의 100을 직접 소유한 경우뿐만 아니라 '간접'적으로 소유한 경우에도 내국법인을 외국법인 명의 해외금융계좌의 실질적 소유자로 보고 있다. 위 규정을 그대로 적용하면, 3개 이상의 법인이 순차로 완전모자관계에 있고 최종 완전자회사인 외국법인이 해외금융계좌를 가지고 있는 경우 전 단계에 있는 복수의 내국법인은 위 최종 완전자회사인 외국법인 지분의 100분의 100을 직접 또는 간접적으로 각각 소유한 경우에 해당하여 복수의 내국법인이 해외금융계좌를 '동시에' 실질적으로 소유한 것이 된다. 별개의 법인격을 가진 여러 내국법인이 특정 해외금융계좌를 동시에 소유하는 것이 현실적으로 가능할지 의문이고, 신고의무자의 범위도 지나치게 확대되어 모법의 위임 취지에 어긋난다."고 판시하고, 내국법인이 외국법인의 주식을 100% 소유한다는 점만으로 외국법인 명의의 해외금융계좌를 내국법인이 실질적으로 소유한다고 볼 수 없다고 보아 위 내국법인에 대해 무죄를 선고하였다.[31]

(3) '외국법인 주식의 100%를 직접 또는 간접으로 소유'하는지 여부를 판단함에 있어 국조법 시행령 제2조 제2항의 간접소유비율 계산방법을 적용하여야 하는지 여부

(가) 문제의 소재

국조법 시행령 제50조 제5항은 '실질적 소유자'의 범위에 '우리나

31) 대전지방법원 천안지원 2019. 1. 24. 선고 2018고단687 판결. 같은 취지로 서울중앙지방법원 2018. 12. 12. 선고 2018고단3448 판결. 한편, 위 대전지방법원 천안지원 2018고단687 판결 및 서울중앙지방법원 2018고단3448 판결은 구 국조법 시행령 제50조 제4항 본문 중 괄호 밖 규정인 '실질적 소유자는 해당 계좌의 명의와는 관계없이 해당 해외금융계좌와 관련된 거래에서 경제적 위험을 부담하거나 이자·배당 등의 수익을 획득하거나 해당 계좌를 처분할 권한을 가지는 등 해당 계좌를 사실상 관리하는 자로 한다'는 규정은 국조법 제34조 제4항, 제6항의 문언으로부터 예측 가능하고 통상적인 문언의 해석범위를 넘지 않는 한도에서 '실질적 소유'의 범위를 구체화하고 있으므로 위임 취지에 반하지 않는다고 판시하였다. 위 판결들에 대해서는 검사가 항소하였으나 항소가 모두 기각되었고, 이에 검사가 상소하여 각 상고심 계속 중이므로, 대법원의 최종 판단을 지켜볼 필요가 있다.

라와 조세조약이 체결되지 않은 국가에 소재한 외국법인의 의결권 있는 주식의 100분의 100을 직접 또는 간접으로 소유(내국인과 국세기본법 제2조 제20호 가목 또는 나목의 관계에 있는 자가 직접 또는 간접으로 소유한 주식을 포함)한 내국인'을 포함한다고 규정하고 있다. 그러나 국조법은 위 실질적 소유자 여부를 판단할 때 간접소유비율의 판단 기준에 관하여는 규정하고 있지 않다.

한편, 국조법 제2조 제1항 제8호는 '특수관계'에 대하여 정의하면서 그 세부기준을 국조법 시행령 제2조에 위임하고 있고, 국조법 시행령 제2조 제1항은 특수관계의 세부기준을 구체적으로 열거하고 있으며, 같은 조 제2항은 제1항에 따른 특수관계 해당 여부를 판단함에 있어 주식의 '간접소유비율' 계산 방법에 대하여 아래와 같이 규정하고 있다(국조법 시행령 제2조 제2항을 이하 "쟁점 조항"이라고 함).

> **제2조(특수관계의 세부기준)**
> ② 제1항 제1호부터 제3호까지 및 제5호에서 규정하는 주식의 간접소유비율은 다음 각 호의 방법으로 계산한다.
>
> 1. 어느 한 쪽 법인이 다른 쪽 법인의 주주인 법인(이하 "주주법인"이라 한다)의 의결권 있는 주식의 100분의 50 이상을 소유하고 있는 경우에는 주주법인이 소유하고 있는 다른 쪽 법인의 의결권 있는 주식이 그 다른 쪽 법인의 의결권 있는 주식에서 차지하는 비율(이하 "주주법인의 주식소유비율"이라 한다)을 어느 한 쪽 법인의 다른 쪽 법인에 대한 간접소유비율로 한다. 다만, 주주법인이 둘 이상인 경우에는 주주법인별로 계산한 비율을 합계한 비율을 어느 한 쪽 법인의 다른 쪽 법인에 대한 간접소유비율로 한다.
> 2. 어느 한 쪽 법인이 다른 쪽 법인의 주주법인의 의결권 있는 주식의 100분의 50 미만을 소유하고 있는 경우에는 그 소유비율에 주주법인의 주식소유비율을 곱한 비율을 어느 한 쪽 법인의 다른 쪽 법인에 대한 간접소유비율로 한다. 다만, 주주법인이 둘 이상인 경우에는 주주법인별로 계산한 비율을 합계한 비율을 어느 한 쪽 법인의 다른 쪽 법인에 대한 간접소유비율로 한다.

3. 다른 쪽 법인의 주주법인과 어느 한 쪽 법인 사이에 하나 이상의 법인이 개재되어 있고 이들 법인이 주식소유관계를 통하여 연결되어 있는 경우에도 제1호와 제2호의 계산방법을 준용한다.

그런데, 쟁점 조항의 간접소유비율 계산방법을 국조법 시행령 제50조 제5항의 '주식을 간접으로 100% 소유 하는지'에 관한 판단에도 준용하여야 하는지가 문제될 수 있다.

(나) 검토

우리 세법은 주식의 '소유'에 관하여 개별적·구체적으로 따로 정하고 있지 않은데, 민법상 '소유권'은 사용·수익·처분할 권리를 말한다.[32] 한편, '간접 소유'는 민사법적 개념은 아니고 세법상의 특수한 개념인데, 일반적으로 자신이 주주로 있는 법인을 통해 다른 법인의 주식을 소유하는 것을 말한다.

법인세법 시행령 제94조 제10항 제2호는 외국납부세액 공제대상과 관련하여 내국법인이 외국자회사를 통하여 외국손회사의 의결권 있는 주식을 간접소유하는 경우에 있어 "주식의 간접소유비율은 내국법인의 외국자회사에 대한 주식소유비율에 그 외국자회사의 외국손회사에 대한 주식소유비율을 곱하여 계산한다."고 규정하고 있다. 또한, 상속세 및 증여세법 시행령 제34조의2 제2항도 "수혜법인에 대한 간접보유비율은 개인과 수혜법인 사이에 주식보유를 통하여 한 개 이상의 법인이 개재되어 있는 경우(간접출자관계)에 각 단계의 직접보유비율을 모두 곱하여 산출한 비율을 말한다. 이 경우 개인과 수혜법인 사이에 둘 이상의 간접출자관계가 있는 경우에는 개인의 수혜법인에 대한 간접보유비율은 각각의 간접출자관계에서 산

32) 민법 제211조.

출한 비율을 모두 합하여 산출한다."고 규정하고 있다.

반면, 쟁점 조항의 간접소유비율 산정방법은 50% 이상의 지분을 소유하는 법인이 소유한 다른 법인의 지분이 그대로 간접소유비율이 된다. 이는 의결권 행사를 통하여 다른 회사의 의사결정에 영향력을 행사할 수 있는 경우 다른 회사와의 관계를 국외특수관계로 규정하기 위한 것으로 이해된다. 그런데 국조법은 위 국조법 시행령 제2조 제2항의 간접소유비율 산정방법이 준용되는 경우 이를 명시하고 있다. 국조법 제2조 제1항 제11호는 국외지배주주에 관하여 정의하면서 그 세부기준을 국조법 시행령에 위임하고 그 위임에 따른 국조법 시행령 제3조 제3항은 "제1항과 제2항에서 규정하는 주식의 간접소유비율에 관하여는 제2조 제2항을 준용한다."라고 명시적으로 규정하고 있다. 또한, 국조법 제17조 제2항은 특정외국법인의 유보소득 배당간주의 대상이 되는 내국인의 범위를 '특정외국법인의 각 사업연도 말 현재 발행주식의 총수 또는 출자총액의 100분의 10 이상을 직접 또는 간접으로 보유한 자'로 규정하면서, 제3항에서 주식보유비율의 계산방법 등 필요한 사항을 국조법 시행령에 위임하고 있는데, 그 위임에 따른 국조법 시행령 제34조 제1항은 "법 제17조 제2항을 적용할 때 주식 등의 간접 보유비율의 계산에 관하여는 제2조 제2항을 준용한다."라고 규정하고 있다.

그러나 국조법 시행령 제50조 제5항은 해외금융계좌 신고의무자 여부 판단 시 간접소유비율에 관하여 국조법 시행령 제2조 제2항(쟁점 조항)을 준용하도록 명시하고 있지 않다. 앞서 본 바와 같이 세법은 일반적으로 출자관계에서 각 단계별 주식보유비율을 곱하는 방법에 의하여 간접소유비율을 산정하고 있고, 국조법은 쟁점 조항의 간접소유비율 계산방법을 준용하는 경우 이를 명시하여 규정하고 있는데, 국조법 시행령 제50조 제5항은 쟁점 조항을 준용하도록 명시하고 있지 않으므로, 쟁점 조항의 간접소유비율 계산방법이 해외금융계좌 신고의무자에 포함되는 실질적 소유자 판단 시에도 준용된다고 볼 근거는 없다고 생각된다.

출자관계에서 각 단계별 주식보유비율을 곱하는 방법에 의하여 산정한 간접소유비율은 쟁점 조항에 따른 간접소유비율에 비하여 낮게 산정된다. 따라서 위 두 가지 산정 방법에 따른 100% 간접소유하는 법인의 범위는 전자에 비해 후자가 훨씬 넓다. 의사결정에 대한 영향력과 소득의 지배·관리·처분권의 귀속은 구별되는 것으로서, 의사결정에 대한 영향력을 행사하는 자라고 하여 곧 그 의사결정으로 인한 소득의 지배·관리·처분권을 가지는 자라고 볼 수는 없으므로,[33] 쟁점 조항에 따라 100% 간접소유하는 법인의 의사결정 등에 관한 영향력을 행사할 수 있는 자가 곧 위 100% 간접소유한 법인의 소득에 대하여 지배·관리·처분권을 갖는다고 보기는 어렵다.

세법이 규정하는 과세요건과 부과징수절차에 관한 규정은 조세법률주의의 원칙상 이를 엄격하게 해석적용하여야 하고 행정편의를 위한 확장해석이나 유추적용은 허용되지 않으며, 준용규정이 없는 이상 조세법률주의의 원칙상 함부로 유사한 규정을 준용할 수는 없으므로,[34] 간접소유의 범위가 비교적 넓은 쟁점 조항의 산정방법을 적용하는 것은 조세법률주의 원칙에도 위반된다고 볼 여지가 있다.

특히, 국세청은 2015년 개정세법 해설에서 "2015. 2. 3. 대통령령 제26078호로 개정된 국조법 시행령 제50조 제4항이 '내국법인이 외

33) 대전고등법원 2012. 6. 21. 선고 2011누2314 판결, 대법원 2014. 7. 10. 선고 2012두16466 판결 참고

34) 대법원은 특별부가세의 양도차익계산방법을 규정한 법인세법 및 그 시행령의 해석적용에 있어서 비록 그 거래유형이 소득세법 시행령이 규정하는 것과 유사한 것이라 하더라도 준용규정이 없는 이상 조세법률주의의 원칙상 소득세법 시행령을 준용하거나 이를 유추적용할 수는 없는 것이라고 판시하고 있다(대법원 1988. 5. 24. 선고 88누1073 판결, 같은 취지로 대법원 1994. 10. 14. 선고 94누3889 판결).

국법인의 의결권 있는 주식의 100분의 100을 직접 또는 간접으로 소유한 경우 그 내국법인을 실질적 소유자에 포함하되, 조세조약의 체결여부 등을 고려하여 기획재정부장관이 정하는 경우에는 그러하지 아니하다'는 내용을 추가한 취지는, 법인격이 별개인 국외자회사가 보유한 금융계좌는 원칙적으로 신고대상에서 제외하되 국내모회사의 차명계좌에 해당하는 경우에만 신고대상으로 한정하여 납세협력의무를 완화한 것"이라고 설명하고 있다. 이와 같이 실질적 소유자의 범위에 100% 지분을 직간접적으로 소유한 외국법인을 포함하도록 한 취지는 실질적 소유자의 범위를 넓히고자 한 것이 아니라, 그 범위를 한정하고 명백히 차명계좌에 대해서만 신고의무를 부과하도록 한 것이므로, 이러한 점에 비추어 보더라도 국외특수관계의 범위를 규율하고자 한 쟁점 조항을 실질적 소유자 판단에 관하여 적용하는 것은 적절하지 않다고 생각된다.

이와 같이 해외금융계좌 신고의무자 판단 여부에 있어 쟁점 조항의 간접소유비율 계산방법을 준용하는 경우 간접소유하는 외국법인이 소유한 해외금융계좌에 대한 지배·관리·처분권을 보유하고 있지 않음에도 단순히 위 외국법인에 대하여 간접적으로 의결권을 행사하여 의사결정에 영향을 미칠 수 있다는 이유만으로 해외금융계좌에 대한 신고의무를 부담하게 된다는 결론에 이르게 되어 부당하고, 법인격이 별개인 외국법인이 보유한 금융계좌를 원칙적으로 신고대상에서 제외한 국조법 개정 취지에도 반하는 것이라고 생각된다.

3. 신탁재산에 포함되는 해외금융계좌에 대한 신고의무자의 범위

가. 문제의 소재

신탁(trust)은 영미법에서 주로 발달하여 영미법계 국가에서 널리 이용되고 있는바, 신탁에 있어 수탁자(trustee)에게 이전된 재산과 관련된 해외금융계좌에 대해 위탁자(settlor) 또는 수익자(beneficiary)가 위 해외금융계좌의 실질적 소유자로서 신고의무를 부담하는지 문제된다.

나. 검토

국내 신탁법상 '신탁'이란 신탁을 설정하는 자(위탁자)와 신탁을 인수하는 자(수탁자) 간의 신임관계에 기하여 위탁자가 수탁자에게 특정의 재산을 이전하거나 담보권의 설정 또는 그 밖의 처분을 하고 수탁자로 하여금 일정한 자(수익자)의 이익 또는 특정의 목적을 위하여 그 재산의 관리, 처분, 운용, 개발, 그 밖에 신탁 목적의 달성을 위하여 필요한 행위를 하게 하는 법률관계를 말한다(신탁법 제2조). 신탁법에 의한 신탁재산은 대내외적으로 소유권이 수탁자에게 완전히 귀속되는 것이고, 위탁자와의 내부관계에 있어서 그 소유권이 위탁자에게 유보되어 있는 것이 아니다.[35]

반면, 국내 판례에 의해 형성된 명의신탁이론에서[36] 명의신탁약정이란 부동산 등의 명의신탁자가 명의수탁자와 사이에서 대내적으로는 명의신탁자가 부동산에 관한 물권을 보유하기로 하고 그에 관한 등기 등 대외적인 명의를 명의수탁자 명의로 하기로 하는 약정을 말한다.[37] 앞서 본 바와 같이 국조법 시행령 제50조 제5항은 실질적 소유자가 이러한 명의신탁약정 등으로 인하여 차명으로 보유하는 해외금융계좌에 대해 신고의무를 부과하고 있다. 따라서 명의신탁

---

35) 대법원 2013. 1. 24. 선고 2010두27998 판결, 대법원 2012. 4. 12. 선고 2010두4612 판결 등.

36) 이승준, "명의신탁받은 자동차의 처분과 재산죄의 성부", 『형사정책연구』, 제28권 제2호, 통권 제110호(한국형사정책연구원, 2017 여름), 4-5면.

37) 대법원 2010. 2. 11. 선고 2008다16899 판결 등.

이론에서의 명의신탁자와 달리, 대내외적으로 소유권이 수탁자에게 완전히 귀속되는 신탁법상 신탁의 경우 위탁자가 반드시 신탁재산의 실질적 소유자라고 단정할 수 없다.

한편, 위탁자와 수탁자 사이에 체결된 신탁계약[38] 또는 위탁자가 작성한 신탁증서(deed of trust)[39] 등의 내용에 따라 수익자의 권한에는 차이가 있을 수 있다. 수익자가 신탁 재산에 관한 완전한 권리 행사가 가능하여 재산의 관리·처분 등이 가능한 경우 수익자가 신탁재산에 관한 해외금융계좌에 대해 신고의무를 부담한다고 볼 여지도 있으나, 신탁의 수익자라고 하여 반드시 신탁재산에 대해 관리·처분 권한 등을 행사할 수 있는 것은 아니므로[40] 어느 경우에나 수익자가 신탁재산을 실질적으로 소유한다고 보기는 어렵다.[41]

---

38) 신탁법 제3조 제1항에 의하면 위탁자와 수탁자 간의 계약(제1호), 위탁자의 유언(제2호), 신탁의 목적, 신탁재산, 수익자 등을 특정하고 자신을 수탁자로 정한 위탁자의 선언(제3호) 중 어느 하나에 해당하는 방법으로 신탁을 설정할 수 있다.

39) 미국 신탁법리에 의하면 신탁은 위탁자가 신탁증서(deed of trust)를 작성하여 재산이 교부(delivery)된 경우 신탁이 성립하고, 수익자의 권리의 범위는 위탁자가 신탁설정 시 결정한 신탁조건에서 정해진다고 한다. 서문식, "미국의 신탁법리 - 우리나라의 신탁법과의 차이를 중심으로 -, 『금융법연구』, 5권1호(한국금융법학회, 2008년 9월), 35, 39-40면.

40) 예컨대 미국 신탁법에서 위탁자는 신탁증서에 이른바 '낭비방지조항(spendthrift clause)'을 규정하여 수익자의 수익권 양도를 제한할 수 있는데, 이 경우 수익자는 신탁재산에 대한 완전한 처분권을 가진다고 볼 수 없을 것이다. 서문식, 앞의 논문, 50-51면.

41) 김석환, "조세조약상 수익적소유자와 국내세법상 실질귀속자의 관계", 『조세학술논문집』, 제29집 제1호(한국국제조세협회, 2013), 180면에 의하면, 조세조약상의 수익적 소유자(Beneficial Owner)는 조세회피행위를 규제하기 위하여 도입된 개념으로 알려져 있는데, 원래 영미법상 신탁에서 '신탁의 이익을 받을 권리가 있는 자'를 의미한다고 한다. 대법원은 수익적 소유자를 실질과세원칙에 따른 실질귀속자와 같은 의미로 사용해오다가(대법원 2015. 5. 28. 선고 2013두7704 판결 등), 최근 사용료 소득에 관한 수익적 소유자의 의미를 '소득을 지급받은 자가 타인에게 이를 다시

이와 같이 신탁에서 위탁자 또는 수익자가 언제나 신탁재산과 관련된 해외금융계좌에 대하여 신고의무를 부담한다고 단정할 수 있는 것은 아니고, 개별적으로 신탁증서 등의 내용에 따라 신탁재산과 관련된 해외금융계좌의 사용·수익·처분 권한을 완전히 보유하고 있는 경우에만 신고의무를 부담한다고 보는 것이 타당하다.

Ⅳ. 해외금융계좌 신고의무 불이행에 따른 과태료 부과 및 불복 절차

1. 과태료 부과 및 형사 처벌 절차

해외금융계좌 신고의무자가 신고기한 내에 해외금융계좌정보를 신고하지 아니하거나 과소 신고한 경우에는 미신고 또는 과소신고 금액의 100분의 20 이하에 상당하는 과태료를 부과한다(국조법 제35조 제1항).

한편, 해외금융계좌 신고의무자로서 신고기한 내에 신고하지 아니한 금액 또는 과소 신고한 금액이 50억 원을 초과하는 경우에는 정당한 사유가 있는 경우가 아닌 한 2년 이하의 징역 또는 신고의무 위반금액의 100분의 13 이상 100분의 20 이하에 상당하는 벌금에 처

이전할 법적 또는 계약상의 의무 등이 없는 사용·수익권을 갖는 경우'를 뜻한다고 판시하여 실질귀속자와 구별되는 개념으로서 수익적 소유자의 의미를 명확히 하였다(대법원 2018. 11. 15. 선고 2017두33008 판결). 그런데 소득에 대한 사용·수익권을 갖는 수익적 소유자가 신탁관계의 수익자에서 유래된 개념이고, 수익적 소유자의 의미가 국조법 제34조 제4항에 따라 해외금융계좌 신고의무를 부담하는 실질적 소유자의 의미와 유사하다고 하여, 곧바로 신탁관계의 수익자가 신탁재산의 실질적 소유자로서 신탁재산 관련 해외금융계좌 신고의무를 부담한다고 보기는 어려울 것이다.

하고, 정상에 따라 징역형과 벌금형을 병과할 수 있다(조세범 처벌법 제16조 제1항, 제2항). 이와 같이 처벌되는 경우에는 국조법 제35조 제1항에 따른 과태료를 부과하지 아니한다(국조법 제35조 제4항).

다만, 실무적으로 과세관청은 국조법 제35조 제1항에 따른 과태료 부과처분의 요건이 충족되면 우선 과태료를 부과하고, 그와 별개로 신고의무 위반금액의 50억 원을 초과하면 고발을 하는 방식으로 업무를 처리하고 있다. 이에 따라 과태료 부과와 형사 고발은 별개의 절차로 진행되고, 고발이 이루어진 후 수사 기관에서는 독자적인 판단에 따라 과세관청의 조사와는 별개의 조사 절차를 진행하게 되며, 추가 수사의 필요성이 없는 경우에는 별도의 소환이나 추가 수사 없이 구약식 또는 공소제기를 하는 경우도 있다.

따라서 신고의무 위반자로서는 신고의무 위반금액이 50억 원을 초과하는 경우 과태료 부과에 대한 불복을 진행함과 동시에 형사 고발에 따른 수사 등에 대해 별도로 대응하여야 한다. 만약 형사 수사 단계에서 해외금융계좌 신고의무가 인정되지 않는다는 등의 점이 밝혀진 경우 이를 과태료 부과에 대한 불복 단계에서 주장하여야 하고, 형사처벌이 이루어지는 경우 과태료 부과에 대한 불복 과정에서 과태료 부과처분이 위법하다는 점을 다투어야 할 것이다.

실무상 형사 재판 과정에서 법원의 양형에 따라 개별 사건에서 선고되는 벌금형은 신고의무 위반금액의 20% 이하에서 정해지는데, 과태료보다 적은 액수의 벌금형이 선고되는 경우가 있다.[42)]

---

42) 정유리, “다국적기업의 조세회피 문제에 대한 대응방안 - 정보교환을 통한 조세 투명성 제고 방안을 중심으로 -”, 『조세법연구』, 제24집 제3호(한국세법학회, 2018. 11.), 104면에 의하면, 벌금이 과태료보다 현저히 낮은 수준에서 선고되는 경향이 있는데, 2015년~2018년 선고된 4건의 판결 결과를 분석한 결과, 미신고계좌에 보유한 금액은 80억원~131억원 정도였으나 이에 대하여 선고된 벌금형은 1억~7억 정도라고 한다.

2. 과태료 부과처분에 대한 불복 절차

가. 과태료 사전통지

과세관청은 과태료를 부과하고자 하는 때에는 미리 당사자에게 과태료 부과의 원인이 되는 사실, 과태료 금액 및 적용 법령 등을 통지하고, 10일 이상의 기간을 정하여 의견을 제출할 기회를 주는 사전통지를 하게 된다.[43] 당사자는 의견 제출 기한 이내에 행정청에 의견을 진술하거나 필요한 자료를 제출할 수 있고,[44] 과세관청은 위 의견 제출 절차를 마친 후에 서면으로 과태료를 부과한다.[45]

당사자가 위 의견진술의 기간(10일) 이내에 과태료를 자진하여 납부하고자 하는 경우에는 과태료의 20%가 감경될 수 있다.[46] 당사자가 감경된 과태료를 납부하는 경우에는 해당 과태료 부과 및 징수 절차는 종료되므로,[47] 이의신청 등 불복절차를 제기하는 것은 불가능하다.

나. 이의제기

과세관청의 과태료 부과에 불복하는 당사자는 과태료 부과 통지를 받은 날부터 60일 이내에 해당 과세관청에 서면으로 이의제기를 할 수 있고, 위 이의제기가 있는 경우 과세관청의 과태료 부과처분은 그 효력을 상실한다.[48]

이의제기를 받은 과세관청은 이의제기를 받은 날부터 14일 이내

---

43) 질서위반행위규제법 제16조 제1항.
44) 질서위반행위규제법 제16조 제2항.
45) 질서위반행위규제법 제17조 제1항.
46) 질서위반행위규제법 제18조 제1항, 같은 법 시행령 제5조.
47) 질서위반행위규제법 제18조 제2항.
48) 질서위반행위규제법 제20조 제1항, 제2항.

에 이에 대한 의견 및 증빙서류를 첨부하여 관할 법원에 통보하여야 한다. 다만, 당사자가 이의제기를 철회한 경우, 당사자의 이의제기에 이유가 있어 과태료를 부과할 필요가 없는 것으로 인정되는 경우에는 관할 법원에 통보하지 아니한다.[49] 관할 법원은 위 통보를 받은 경우 즉시 검사에게 통지하여야 한다.[50]

다. 법원의 약식재판

법원은 과세관청으로부터 통보서가 접수되면 과태료 재판을 진행하는데, 위 과태료 재판에는 비송사건절차법의 규정이 준용된다.[51] 법원은 심문기일을 열어 당사자의 진술을 들어야 하나, 상당하다고 인정되는 경우에는 위 심문 없이 약식재판을 할 수 있다.[52]

실무상 통상적으로 법원은 당사자의 진술을 듣지 아니하고 약식재판을 하고 있는데, 법원이 과세관청으로부터 당사자의 이의제기에 대한 의견 및 증빙서류를 통보받은 이후 위와 같이 약식재판을 하기까지 소요되는 기간은 관할법원이나 담당재판부의 업무량에 따라 차이가 있지만 통상 2~3개월 소요되고 길게는 1년 이상 소요되는 경우도 있는 것으로 보인다.

라. 약식재판에 대한 불복(정식재판)

법원이 약식재판을 한 경우, 당사자는 그 약식재판의 고지를 받은 날부터 7일 이내에 이의신청을 할 수 있다.[53] 이의신청을 한 경우 약식재판은 그 효력을 잃게 되고, 법원은 심문기일을 열어 당사

49) 질서위반행위규제법 제20조 제1항 제1호, 제2호.
50) 질서위반행위규제법 제30조.
51) 질서위반행위규제법 제28조.
52) 질서위반행위규제법 제31조 제4항, 제44조.
53) 질서위반행위규제법 제45조 제1항.

자의 진술을 듣고 이유를 붙인 결정으로써 정식재판을 하게 된다.[54)]

정식재판이 진행되는 경우, 약식재판에 대한 이의신청 이후 심문기일까지 적어도 1개월, 심문기일 이후 정식재판 결정문 송달시까지 1개월 정도의 시간이 걸리지만 법리적인 검토가 필요한 경우 더 소요되는 경우도 있다.

당사자와 검사는 위 과태료 재판이 고지된 날부터 7일 이내에 즉시항고할 수 있고,[55)] 그에 따른 항고법원의 결정에 대하여는 재판에 영향을 미친 헌법·법률·명령 또는 규칙의 위반을 이유로 하는 때에 한하여 항고법원의 결정문을 송달받은 때로부터 7일 이내에 재항고를 할 수 있다.[56)] 당사자 또는 검사의 즉시항고는 집행정지의 효력이 있으므로,[57)] 과태료 재판에 대해 즉시항고가 제기되면 항고법원의 재판이 확정될 때까지 과태료 재판에 기한 집행을 할 수 없으므로, 당사자가 과태료 재판에 따른 과태료를 납부할 필요는 없다.

Ⅴ. 결론

이상에서 해외금융계좌 신고 관련 법령의 개정 연혁, 신고의무자의 범위와 관련하여 과세관청 및 법원의 해석례, 실질적 소유자의 범위 및 판단 기준, 과태료 부과 및 불복 절차 등에 대해 살펴보았다. 해외금융계좌 신고의무자의 범위는 점차 확대되고 과태료율 등은 상향되고 있으며 신고의무 위반행위는 형사처벌의 대상이 되고 있음에도 해외금융계좌 신고의무자에 포함되는 실질적 소유자의 의

54) 질서위반행위규제법 제50조, 제31조, 제36조 제1항.
55) 질서위반행위규제법 제38조 제1항, 제40조, 민사소송법 제444조 제1항.
56) 질서위반행위규제법 제40조, 민사소송법 제442조.
57) 질서위반행위규제법 제38조 제1항.

미는 여전히 불분명한 상황이다. 조세법률주의원칙에 따라 실질적 소유자의 범위는 가급적 엄격하게 해석하는 것이 바람직하다고 생각된다.

참고문헌

김석환, "조세조약상 수익적소유자와 국내세법상 실질귀속자의 관계", 『조세학술논문집』, 제29집 제1호(한국국제조세협회, 2013)

서문식, "미국의 신탁법리 - 우리나라의 신탁법과의 차이를 중심으로 -, 『금융법연구』 5권1호(한국금융법학회, 2008년 9월)

이승준, "명의신탁받은 자동차의 처분과 재산죄의 성부", 『형사정책연구』, 제28권 제2호, 통권 제110호(한국형사정책연구원, 2017 여름)

정유리, "다국적기업의 조세회피 문제에 대한 대응방안 - 정보교환을 통한 조세 투명성 제고 방안을 중심으로 -", 『조세법연구』, 제24집 제3호(한국세법학회, 2018. 11.)

한국조세연구원, "국조법 및 법인세법상 특수관계인의 범위에 관한 연구", 2011. 12.

한국조세재정연구원, "주요국의 해외금융계좌 신고제도에 대한 비교 연구", 2013. 12.

2017년 상속세 및 증여세법 판례 회고

유 철 형 변호사

Ⅰ. 서론

2017년도에 『상속세 및 증여세법』(이하 '상증세법'이라 한다)과 관련한 23건의 대법원 판결이 선고되었는데, 그 중 개인적으로 중요한 쟁점으로 생각되는 사안에 대하여 18건이 판례공보에 실렸다.

주요 판결로는 우회거래나 다단계 거래에 관한 실질과세 원칙인 구 상증세법 제2조 제4항을 정면으로 다룬 판결이 2개 선고되었고, 명의신탁 증여의제의 주요 쟁점과 관련하여 4개의 판결이 선고되었다. 그리고 가장이혼과 증여세에 관한 판결이 1개, 특정법인을 통한 이익의 증여의제 규정에서 증여재산가액을 산정하는 근거인 시행령에 관한 판결이 1개, 공익법인의 증여재산가액 불산입과 관련한 판결이 1개 선고되었다.

이하에서는 상증세법의 규정 순서에 따라 주요 대법원 판결의 의미와 문제점을 검토하였다.

II. 증여세 과세대상

대법원 2017. 1. 25. 선고 2015두3270 판결

【사실관계】

가. 소외 회사는 무기 자체발광물질(Electro-Luminance)의 생산·납품을 전문으로 하는 회사이고, 대표이사인 원고는 최대주주이다.

나. 소외 회사는 자금 조달을 위하여 2005. 12. 6. A법인과 만기일: 2008. 11. 30., 권면총액: 5억 원, 사채 이율: 연 8%, 전환가격: 권면가액의 6.2배, 전환청구기간: 사채발행일부터 상환일까지(전체 발행액 중 70%는 2007. 6. 1.부터 전환할 수 있음)로 하는 전환사채 인수계약을 체결하고, 2005. 12. 9. A법인에게 전환사채(이하 '이 사건 전환사채'라고 한다)를 발행하였다. 위 전환사채 인수계약 제20조의2는 조기상환에 관하여 규정하고 있다.

다. 원고는 2006. 12. 29. 조기상환권을 행사하여 A법인으로부터 이 사건 전환사채 중 권면총액 3억 5,000만 원 상당을 3억 5,000만 원에 양수하였고, 2008. 11. 18. 양수한 전환사채 전부에 대해 전환권을 행사하여 우선주를 받았으며, 2008. 11. 20. 이를 보통주로 전환·취득하였다.

라. 피고는 2011. 7. 7. 원고가 2008. 11. 20. 위 보통주 중 원고의 소유 주식비율을 초과하여 인수·취득한 부분에 대하여 주가와 전환가액의 차액 상당을 증여받았다고 하여 원고에게 증여세를 부과하였다.

【쟁점】

이 사건의 쟁점은 구 상속세 및 증여세법(2010. 1. 1. 법률 제9916호로 개정되기 전의 것, 이하 '구 상증세법'이라 한다) 제2조 제4항을 적용하여 전환사채발행, 조기상환권과 전환권 행사라는 일련의 행위를 별다른 사업상 목적 없이 증여세를 부당하게 회피하기 위한 행위로서 그 실질이 대주주인 원고에게 신주를 저가로 인수하도록 하여 시가와 전환가액의 차액 상당을 증여한 것과 동일한 연속된 하나의 행위 또는 거래로 보아 증여세를 부과할 수 있는지 여부이다.

【대상 판결의 요지】

가. 구 상증세법 제2조는 제1항에서 타인의 증여로 인한 증여재산이 있는 경우에 그 증여재산을 증여세의 과세대상으로 하도록 규정하고 있고, 제3항에서 "증여라 함은 그 행위 또는 거래의 명칭·형식·목적 등에 불구하고 경제적 가치를 계산할 수 있는 유형·무형의 재산을 타인에게 직접 또는 간접적인 방법에 의하여 무상으로 이전(현저히 저렴한 대가로 이전하는 경우를 포함한다)하는 것 또는 기여에 의하여 타인의 재산가치를 증가시키는 것을 말한다."라고 규정하고 있으며, 제4항에서 "제3자를 통한 간접적인 방법이나 2 이상의 행위 또는 거래를 거치는 방법에 의하여 상속세 또는 증여세를 부당하게 감소시킨 것으로 인정되는 경우에는 그 경제적인 실질에 따라 당사자가 직접 거래한 것으로 보거나 연속된 하나의 행위 또는 거래로 보아 제3항의 규정을 적용한다."라고 규정하고 있다.

구 상증세법 제2조 제4항에서 2 이상의 행위 또는 거래를 거치는 방법에 의하여 증여세를 부당하게 감소시킨 것으로 인정되는 경우에 그 경제적인 실질에 따라 연속된 하나의 행위 또는 거래로 보아 과세하도록 규정한 것은, 증여세의 과세대상이 되는 행위 또는 거래를 우회하거나 변형하여 여러 단계의 거래를 거침으로써 증여의 효과를 달성하면서도 부당하게 증여세를 감소시키는 조세회피행위에 대처하기 위하여 그와 같은 여러 단계의 거래 형식을 부인하고 실질에 따라 증여세의 과세대상인 하나의 행위 또는 거래로 보아 과세할 수 있도록 한 것으로서, 실질과세 원칙의 적용 태양 중 하나를 증여세 차원에서 규정하여 조세공평을 도모하고자 한 것이다. 그렇지만 한편 납세의무자는 경제활동을 할 때 동일한 경제적 목적을 달성하기 위하여 여러 가지의 법률관계 중의 하나를 선택할 수 있고 과세관청으로서는 특별한 사정이 없는 한 당사자들이 선택한 법률관계를 존중하여야 하며(대법원 2001. 8. 21. 선고 2000두963 판결 등 참조), 또한 여러 단계의 거래를 거친 후의 결과에는 손실 등의 위험부담에 대한 보상 뿐 아니라 외부적인 요인이나 행위 등이 개입되어 있을 수 있으므로, 그 여러 단계의 거래를 거친 후의 결과만을 가지고 그 실질이 증여 행위라고 쉽게 단정하여 증여세의 과세대상으로 삼아서는 아니 된다.

나. 위와 같은 사정들을 종합하여 보면, 이 사건 전환사채의 발행부터 원고의 조기상환권 및 전환권 행사에 따른 소외 회사 신주취득까지 약 2년 11개월의 시간적 간격이 있는 일련의 행위들이 별다른 사업상 목적이 없이 증여세를 부당하게 회피하거나 감소시키기 위하여 비정상적으로 이루어진 행위로서 그 실질이 대주주인 원고에게 그 소유주식비율을 초과하여 신주를 저가로 인수하도록 하여 시가와 전환가액의 차액 상당을 증여한 것과 동일한 연속된 하나의 행위 또는 거래라고 단정하기는 어려우며, 따라서 이에 대하여 구 상증세법 제2조 제4항을 적용하여 증여세를 과세할 수는 없다.

【평석】

가. 우회거래와 다단계 거래에 관한 실질과세 원칙 규정의 연혁

구 상증세법 제2조 제4항은 2003. 12. 30. 법률 제7010호로 개정시 신설되었는데, 우회거래나 다단계 거래로 상속세나 증여세를 부당하게 감소시킨 경우 경제적인 실질에 따라 당사자가 직접 거래한 것으로 보거나 연속된 하나의 거래로 재구성하여 과세할 수 있다는 것으로서 실질과세 원칙의 한 내용이다. 실질과세 원칙에서 "실질"이 법적 실질이냐 경제적 실질이냐를 놓고 많은 논란이 있어 왔는데,[1] 구 상증세법 제2조 제4항은 명시적으로 경제적 실질에 따라 과세할 수 있다고 밝혔다. 이 조항은 2013. 1. 1. 법률 제11609호로 개정시 제4조의2로 조문 이동하였다가, 2015. 12. 15. 법률 제13557호로 전문개정시 삭제되었다. 상증세법에서 위 규정이 삭제되었다고 하더라도 모든 세법에 적용되는 국세기본법 제14조에 관련 내용이 규정되어 있으므로 우회거래와 다단계 거래에 대하여 실질과세 원칙을 적용하는 데에는 아무런 문제가 없다.

한편, 구 상증세법 제2조 제4항에 우회거래와 다단계 거래에 대한 실질과세 원칙이 신설된 이후인 2006. 5. 24. 법률 제7956호로 『국제조세조정에 관한 법률』이 개정되면서 제2조의2[2]에 국제거래에 관

---

1) 김완석·박종수·이중교·황남석, 『국세기본법 주석서』(2017), 181면-182면, 오윤, 『세법원론』(한국학술정보(주), 2015), 174면-179면, 이준봉, 『조세법총론』(삼일인포마인, 2016), 123면-129면.

2) 제2조의2 (국제거래에 관한 실질과세)
① 국제거래에 있어서 과세의 대상이 되는 소득·수익·재산·행위 또는 거래의 귀속에 관하여 명의자와 사실상 귀속되는 자가 다른 경우에는 사실상 귀속되는 자를 납세의무자로 하여 조세조약을 적용한다.
② 국제거래에 있어서 과세표준의 계산에 관한 규정은 소득·수익·재산·행위 또는 거래의 명칭이나 형식에 불구하고 그 실질내용에 따라 조세조

한 실질과세로서 우회거래와 다단계 거래에 대한 실질과세 원칙이 신설되었다. 또한 2007. 12. 31. 법률 제8830호로 국세기본법이 개정되면서 국세기본법 제14조 제3항[3]에도 우회거래와 다단계 거래에 대하여 구 상증세법 제2조 제4항과 동일한 내용이 신설되었다.

나. 대상 판결의 의의

대상 판결은 실질과세 원칙에 관한 구 상증세법 제2조 제4항의 법리를 최초로 확인해 준 판결이라는 점에서 의미가 있다. 다만, 구 상증세법 제2조 제4항을 적용할 수 있는 구체적인 판단기준을 제시해주지는 못하였다.

한편, 대상 판결에서는 대법원이 구 상증세법 제2조 제4항의 적용을 부정하였으나, 그 직후 선고된 대법원 2017. 2. 15. 선고 2015두46963 판결에서는 긍정하였다. 둘 이상의 거래가 있고, 그러한 거래에서 증여세와 관련한 실질과세 원칙의 적용 여부가 문제되는 사안에 있어서는 위 판결들이 중요한 참고자료가 될 것이다.

약을 적용한다.

③ 국제거래에 있어 제3자를 통한 간접적인 방법이나 둘 이상의 행위 또는 거래를 거치는 방법에 의하여 조세조약 및 이 법의 혜택을 부당하게 받기 위한 것으로 인정되는 경우에는 그 경제적 실질에 따라 당사자가 직접 거래한 것으로 보거나 연속된 하나의 행위 또는 거래로 보아 조세조약 및 이 법을 적용한다. <본조신설 2006. 5. 24>

3) 제14조 (실질과세)

③ 제3자를 통한 간접적인 방법이나 둘 이상의 행위 또는 거래를 거치는 방법으로 이 법 또는 세법의 혜택을 부당하게 받기 위한 것으로 인정되는 경우에는 그 경제적 실질내용에 따라 당사자가 직접 거래를 한 것으로 보거나 연속된 하나의 행위 또는 거래를 한 것으로 보아 이 법 또는 세법을 적용한다. <신설 2007. 12. 31>

대법원 2017. 2. 15. 선고 2015두46963 판결

【사실관계】

가. 소외 1, 2, 3은 모두 소외 회사의 주주이고, 소외 1은 소외 2의 여동생이며 소외 1과 3은 부부이다. 원고 1, 2, 5는 소외 2의 자녀들이고, 원고 3, 4는 원고 2의 자녀들이며, 원고 6, 7은 원고 5의 자녀들이다. 그리고 원고 8, 9는 소외 1, 3 부부의 자녀들이다.

나. 소외 2는 2010년경 자녀인 원고 1, 2, 5와 외손자녀인 원고 3, 4, 6, 7(이하 소외 2의 직계후손들인 위 원고들을 통칭하여 '원고 1 외 6인'이라고 한다)에게 소외 회사의 주식을 증여하려고 하였고, 그 무렵 소외 1, 3도 소유 중인 소외 회사 주식을 자녀인 원고 8, 9에게 증여하려고 하였다. 이때 각자의 직계후손에게 직접 증여하는 대신 서로의 후손에게 교차 증여하는 경우 조세부담을 줄일 수 있다는 세무사의 조언에 따라 증여세를 줄이기 위한 목적으로 상대방의 직계후손에게 상호 교차 증여하기로 약정하였다.

다. 위 약정에 따라 소외 1, 2, 3은 각 16,000주의 소외 회사 주식을 상호교차 증여하였다. 즉, ① 소외 2는 먼저 2010. 12. 30. 소외 회사 주식을 자녀인 원고 1에게 7,500주, 원고 2에게 2,000주, 원고 5에게 6,340주를 각 증여하였고, 외손자인 원고 3, 4, 6, 7에게 1,750주씩을 증여하면서 소외 1, 3의 자녀인 원고 8, 9에게도 8,000주씩을 증여하였다. ② 소외 3은 같은 날 원고 8, 9에게 소외 회사 주식 3,000주씩을 증여하면서 원고 1에게 2,000주, 원고 2, 5, 3, 4, 6, 7에게 1,000주씩을 각 증여하였다. 소외 1도 같은 날 원고 8, 9에게 소외 회사 주식 3,000주씩을 증여하면서 원고 1 외 6인에게도 소외 3과 동일한 수의 소외 회사 주식을 각각 증여하였다(이하 소외 2가 상대방 자녀들에게 한 총 16,000주의 증여와 소외 1, 3이 역시 상대방 직계 후손에게 한 총 16,000주의 증여를 합하여 '이 사건 교차증여'라고 한다).

라. 원고들은 2011. 3. 30. 소외 1, 2, 3으로부터 각 증여받은 소외 회사 주식에 대한 증여세를 신고·납부하였다.

마. 피고들은, 이 사건 교차증여의 경제적 실질은 소외 2가 자신의 직계비속에게 합계 16,000주를 직접 증여하고, 소외 1, 3이 자신의 자녀들에게 합계 16,000주를 직접 증여한 것으로 하여 증여재산을 합산한 후 원고들에게 증여세를 부과하였다.

【쟁점】

이 사건의 쟁점은 합산과세로 인한 증여세 누진세율의 적용을 회피하고자 증여자들이 상대방의 후손들에게 교차증여를 한 경우 구 상속세 및 증여세법(2013. 1. 1. 법률 제11609호로 개정되기 전의 것, 이하 '구 상증세법'이라고 한다) 제2조 제4항의 실질과세 원칙을 적용하여 각자 자기의 직계후손에게 직접 증여한 것으로 거래를 재구성할 수 있는지 여부이다.

【대상 판결의 요지】

가. 구 상증세법 제2조 제4항에서 제3자를 개입시키거나 여러 단계의 거래를 거치는 등의 방법으로 증여세를 부당하게 감소시키는 조세회피행위에 대하여 그 경제적 실질에 따라 증여세를 부과하도록 한 것은, 증여세의 과세대상이 되는 행위 또는 거래를 우회하거

나 변형하여 여러 단계의 거래를 거침으로써 증여의 효과를 달성하면서도 부당하게 증여세를 감소시키는 조세회피행위에 대처하기 위하여 그와 같은 여러 단계의 거래 형식을 부인하고 실질에 따라 증여세의 과세대상인 하나의 행위 또는 거래로 보아 과세할 수 있도록 한 것으로서, 실질과세 원칙의 적용 태양 중 하나를 증여세 차원에서 규정하여 조세공평을 도모하고자 한 것이다. 다만 납세의무자는 경제활동을 할 때 특정 경제적 목적을 달성하기 위하여 어떤 법적 형식을 취할 것인지 임의로 선택할 수 있고 과세관청으로서도 특별한 사정이 없는 한 당사자들이 선택한 법적 형식에 따른 법률관계를 존중하여야 하며, 또한 여러 단계의 거래를 거친 후의 결과에는 손실 등 위험 부담에 대한 보상뿐 아니라 당해 거래와 직접적 관련성이 없는 당사자의 행위 또는 외부적 요인 등이 반영되어 있을 수 있으므로, 최종적인 경제적 효과나 결과만을 가지고 그 실질이 직접 증여에 해당한다고 쉽게 단정하여 증여세의 과세대상으로 삼아서는 안 된다(대법원 2017. 1. 25. 선고 2015두3270 판결 참조).

그러므로 구 상증세법 제2조 제4항, 제3항에 의하여, 당사자가 거친 여러 단계의 거래 등 법적 형식이나 법률관계를 재구성하여 직접적인 하나의 거래에 의한 증여로 보고 증여세 과세대상에 해당한다고 하려면, 납세의무자가 선택한 거래의 법적 형식이나 과정이 처음부터 조세회피의 목적을 이루기 위한 수단에 불과하여 그 재산이전의 실질이 직접적인 증여를 한 것과 동일하게 평가될 수 있어야 하고, 이는 당사자가 그와 같은 거래형식을 취한 목적, 제3자를 개입시키거나 단계별 거래 과정을 거친 경위, 그와 같은 거래방식을 취한 데에 조세 부담의 경감 외에 사업상의 필요 등 다른 합리적 이유가 있는지 여부, 각각의 거래 또는 행위 사이의 시간적 간격, 그러한 거래형식을 취한 데 따른 손실 및 위험부담의 가능성 등 관련 사정을 종합하여 판단하여야 한다.

나. 위와 같은 사실관계와 기록에 나타난 사정에 비추어 보면, 소외 2가 원고 8과 원고 9에게 소외 회사 주식 합계 16,000주를 증여한 것과 소외 1, 3이 원고 1 외 6인에게 소외 회사 주식 합계 16,000주를 증여한 것은 교차증여하기로 한 약정에 따른 것으로서, 약정 상대방이 자신의 직계후손에게 주식을 증여하지 않는다면 자신도 증여를 하지 않았을 것이다. 이 사건 교차증여로써 증여자들은 자신의 직계후손에게 소외 회사 주식을 직접 증여하는 것과 동일한 효과를 얻으면서도 합산과세로 인한 증여세 누진세율 등의 적용을 회피하고자 하였고, 이러한 목적이 아니라면 굳이 교차증여 약정을 체결하고 직계후손이 아닌 조카 등에게 주식을 증여할 이유가 없었다. 결국 소외 2와 소외 1, 3은 각자의 직계비속인 원고들에게 소외 회사 주식을 증여하면서도 증여세 부담을 줄이려는 목적 아래 그 자체로는 합당한 이유를 찾을 수 없는 이 사건 교차증여를 의도적으로 그 수단으로 이용한 것으로 볼 수 있다. 이러한 점들을 종합하여 보면, 이 사건 교차증여는 구 상증세법 제2조 제4항에 따라 그 실질에 맞게 재구성하여 소외 1, 3과 소외 2가 서로 상대방의 자녀들에게 직접 증여한 것으로 보아 증여세를 과세할 수 있다.

【평석】

대상 판결은 대법원 2017. 1. 25. 선고 2015두3270 판결이 밝힌 구 상증세법 제2조 제4항의 취지를 다시 한 번 확인해 주었고, 대상 판결의 사안과 같이 조세회피목적이 아니라면 달리 교차증여를 할 이유가 없는 경우라면 이는 구 상증세법 제2조 제4항에 따라 실질에 맞게 거래를 재구성하여 증여세 과세대상으로 삼을 수 있다고 하였다.

대상 판결은 우회거래와 다단계 거래에 실질과세 원칙을 적용할 수 있는 구체적인 기준을 처음으로 제시하였다는 점과 구 상증세법 제2

조 제4항의 적용을 긍정한 최초의 판결이라는 점에 큰 의의가 있다.

한편, 구 상증세법 제2조 제4항은 국세기본법 제14조 제3항에 그대로 승계되어 모든 세법에 적용되고 있다. 이러한 점에서 대상 판결이 제시한 우회거래와 다단계 거래에 대한 실질과세 원칙의 적용에 대한 구체적인 기준은 향후 상속세와 증여세뿐만 아니라 실질과세 원칙이 문제되는 모든 세법의 적용에 있어서 중요한 판단기준이 될 것이다.[4]

---

4) 최근 대법원은 국세기본법 제14조 제3항의 적용 여부에 대해 직접적인 판단을 하였다. 즉, 대법원 2017. 12. 22. 선고 2017두57516 판결은 과세관청인 피고가 국세기본법 제14조 제3항에 따라 원고가 금융기관으로부터 대출을 받고 그 대출금으로 같은 그룹 계열사인 A회사에 대한 채무를 상환한 후 원고의 모회사인 B회사가 원고의 신주를 전부 인수하는 방식의 유상증자를 통해 조달한 자금으로 위 금융기관의 대출금을 상환한 일련의 행위를 부당한 조세회피행위로써 '원고가 속한 그룹의 최종 모회사인 C회사의 원고에 대한 채권(채무) 출자전환행위'라는 하나의 행위와 그 경제적 실질이 같다고 보아 이와 같이 재구성한 하나의 행위를 전제로 원고에게 법인세 부과처분을 한 사안에서, A와 B회사는 그 실체를 인정할 수 있어 해당 거래에 있어 도관에 불과하다고 보기 어렵고, 원고에 대한 실질적 채권자이자 유상증자 참여자를 C회사로 볼 수도 없으며, 그 결과만으로 위 각 거래행위를 조세부담을 회피할 목적에서 한 독자적인 의미를 갖기 어려운 중간행위로서 그 경제적 실질이 채무의 출자전환행위에 해당한다고 보기 어렵다는 이유로 이와 다른 전제의 과세처분은 위법하다고 판시하였고, 대법원 2018. 2. 28. 선고 2017두60741 판결은 수분양권을 보유한 법인의 주식 양도거래와 그 법인의 수분양권 양도거래가 매수인을 동일한 당사자로 하여 동시에 이루어진 사안에서, 위 2개의 거래를 법인의 수분양권 거래만 있는 것으로 재구성하는 것은 실질과세 원칙상 허용될 수 없다고 판시하였다. 위 2개의 판결은 모두 우회거래 또는 다단계 거래에 대한 국세기본법 제14조 제3항과 관련한 판결들로서 대상 판결이 밝힌 법리와 동일한 취지의 판결들이다.

대법원 2017. 9. 12. 선고 2016두58901 판결

【사실관계】

가. 원고는 1982. 5. 24. 망 소외 1(이하 '망인'이라고 한다)과 혼인신고를 한 후 약 30년간 혼인생활을 하여 왔는데, 혼인 당시 망인에게는 전처와 사이에서 낳은 소외 2 등 5명의 자녀가 있었고, 원고와 망인 사이에는 자녀가 없었다.

나. 원고는 2011. 3. 2. 전처의 자녀들인 소외 2 등과의 상속재산 분쟁을 회피하기 위하여 당시 만 82세인 망인을 상대로 이혼 및 재산분할 청구소송을 제기하였다. 위 소송절차가 진행되던 중 2011. 4. 15. 원고와 망인 사이에 '망인이 원고에게 이혼에 따른 재산분할로 현금 10억 원과 액면금 40억 원의 약속어음금 청구채권을 양도한다'는 등의 내용으로 조정이 성립되어 그에 따라 현금지급 등이 모두 이행되었다.

다. 원고는 이후에도 망인과 동거하면서 망인의 사망 시까지 망인의 수발을 들고 재산을 관리하였고, 망인은 이혼 후 약 7개월이 경과한 2011. 12. 1. 위암으로 사망하였다.

라. 피고는 원고가 망인의 사망 직전 가장이혼을 하고 재산분할 명목으로 재산을 증여받은 것으로 보아 2014. 2. 18. 원고에게 증여세를 부과하였다.

【쟁점】

이 사건의 쟁점은 사망 직전 이혼을 하면서 재산분할 명목으로 받은 재산을 증여세 과세대상으로 할 수 있는지 여부이다.

【대상 판결의 요지】

가. 법률상의 부부관계를 해소하려는 당사자 간의 합의에 따라 이혼이 성립한 경우 그 이혼에 다른 목적이 있다 하더라도 당사자 간에 이혼의 의사가 없다고 말할 수 없고, 이혼이 가장이혼으로서 무효가 되려면 누구나 납득할 만한 특별한 사정이 인정되어야 한다. 그리고 이혼에 따른 재산분할은 부부가 혼인 중에 취득한 실질적인 공동재산을 청산·분배하는 것을 주된 목적으로 하는 제도로서 재산의 무상이전으로 볼 수 없으므로 그 이혼이 가장이혼으로서 무효가 아닌 이상 원칙적으로 증여세 과세대상이 되지 않는다. 다만, 민법 제839조의2[5] 제2항의 규정 취지에 반하여 상당하다고 할 수 없을 정도로 과대하고 상속세나 증여세 등 조세를 회피하기 위한 수단에 불과하여 그 실질이 증여라고 평가할 만한 특별한 사정이 있는 경우에는 그 상당한 부분을 초과하는 부분에 한하여 증여세 과세대상이 될 수 있다.

---

5) 제839조의2 (재산분할청구권)
① 협의상 이혼한 자의 일방은 다른 일방에 대하여 재산분할을 청구할 수 있다.
② 제1항의 재산분할에 관하여 협의가 되지 아니하거나 협의할 수 없는 때에는 가정법원은 당사자의 청구에 의하여 당사자 쌍방의 협력으로 이룩한 재산의 액수 기타 사정을 참작하여 분할의 액수와 방법을 정한다.
③ 제1항의 재산분할청구권은 이혼한 날부터 2년을 경과한 때에는 소멸한다.

나. 위와 같은 사실관계를 앞서 본 법리에 비추어 살펴보면, 이 사건 이혼은 원고와 망인 간의 합의에 따라 성립된 것으로 보이고, 그 이혼에 다른 목적이 있다 하더라도 원고와 망인에게 이혼의 의사가 없다고 할 수 없으며, 망인이 사망했을 때 발생할 수 있는 소외 2 등과의 상속재산분쟁을 회피하기 위하여 망인의 사망이 임박한 시점에 이혼을 한 것으로 의심되는 사정이나 이혼 후에도 원고가 망인과 동거하면서 사실혼 관계를 유지한 사정만으로는 이 사건 이혼을 가장이혼으로 인정하기 어렵다. 따라서 이 사건 재산분할은 원칙적으로 증여세 과세대상이 될 수 없고, 다만, 그 재산분할이 민법 제839조의2 제2항의 규정 취지에 반하여 과대하고 그 실질이 증여라고 평가할 수 있는 경우에 해당한다면, 그 부분에 한하여 증여세를 과세할 수 있다.

【평석】

가. 이혼시 재산분할과 증여세 과세 관련 법리

헌법재판소는 이혼시 재산분할청구로 받은 재산 중 배우자 상속공제액을 초과하는 금액을 증여세 과세대상으로 규정한 구 상속세법(1990. 12. 31. 법률 제4283호로 개정되어 1994. 12. 22. 법률 제4805호로 개정되기 전의 것) 제29조의2 제1항 제1호[6]의 해당 부분에 대

---

6) ① 다음 각 호의 1에 해당하는 자는 이 법에 의하여 증여세를 납부할 의무가 있다.

1. 타인의 증여(증여자의 사망으로 인하여 효력이 발생하는 증여를 제외하며, 이혼한 자의 일방이 민법 제839조의2 또는 동 법 제843조의 규정에 의하여 다른 일방으로부터 재산분할을 청구하여 제11조 제1항 제1호의 규정에 의한 금액을 초과하는 재산을 취득하는 경우로서 그 초과부분의 취득을 포함한다. 이하 같다)에 의하여 재산을 취득한 자(영리법인을 제외한다)로서 증여받을 당시 국내에 주소를 둔 자

해 아래와 같은 이유로 위헌결정을 하였다. 헌법재판소는 '이혼시의 재산분할제도는 본질적으로 혼인 중 쌍방의 협력으로 형성된 공동재산의 청산이라는 성격에, 경제적으로 곤궁한 상대방에 대한 부양적 성격이 보충적으로 가미된 제도라 할 것이어서, 이에 대하여 재산의 무상취득을 과세원인으로 하는 증여세를 부과할 여지가 없으며, 설령 증여세나 상속세를 면탈할 목적으로 위장이혼하는 것과 같은 경우에 증여와 동일하게 취급할 조세정책적 필요성이 있다 할지라도, 그러한 경우와 진정한 재산분할을 가리려는 입법적 노력없이 반증의 기회를 부여하지도 않은 채 상속세 인적공제액을 초과하는 재산을 취득하기만 하면 그 초과부분에 대하여 증여세를 부과한다는 것은 입법목적과 그 수단 간의 적정한 비례관계를 벗어난 것이며 비민주적 조세관의 표현이다. 그러므로 이혼시 재산분할을 청구하여 상속세 인적공제액을 초과하는 재산을 취득한 경우 그 초과부분에 대하여 증여세를 부과하는 것은, 증여세제의 본질에 반하여 증여라는 과세원인 없음에도 불구하고 증여세를 부과하는 것이어서 현저히 불합리하고 자의적이며 재산권보장의 헌법이념에 부합하지 않으므로 실질적 조세법률주의에 위배된다.'고 판시하였다.[7]

위 96헌바14 결정 이후 이혼시 재산분할로 받은 재산은 증여세 과세대상에서 제외되었으나, 실무상 가장이혼 여부, 재산분할인지 위자료인지[8](분할하여 받은 금액이 재산분할로서 적정한 금액인지)

---

7) 헌법재판소 1997. 10. 30. 선고 96헌바14 결정.

8) 이혼시 재산분할로 부동산을 이전하면 양도소득세는 물론 증여세 과세대상도 되지 아니하나, 위자료의 지급으로 부동산을 이전하는 것은 양도소득세 과세대상이 되므로(대법원 1989. 6. 27 선고 88누10183 판결, 대법원 1997. 11. 28. 선고 96누47259 판결, 대법원 2001. 5. 8. 선고 99두12014 판결, 대법원 2002. 6. 14. 선고 2001두4573 판결 등), 이혼시 부동산을 재산분할로 이전하는 것인지 아니면 위자료로 이전하는 것인지 여부의 판단은 중요한 쟁점이 된다.

여부가 다툼이 되고 있다.

여기에서 재산분할과 위자료의 구분 및 입증책임에 대해 대법원은, '협의이혼 또는 재판상 화해나 조정에 의한 이혼을 하면서 위자료와 재산분할, 자녀양육비 등의 각각의 액수를 구체적으로 정하지 아니한 채 자산을 이전한 경우 그 자산 중 양도소득세의 과세대상이 되는 유상양도에 해당하는 위자료 및 자녀양육비의 입증책임도 원칙적으로는 처분청에 있고, 다만 이 때 처분청이 위자료나 자녀양육비의 액수까지 구체적으로 주장·입증할 필요는 없고, 단지 그 액수를 정할 수 있는 자료를 법원에 제출하는 것으로 충분하며, 이에 대하여 법원은 이와 같은 자료를 토대로 혼인기간, 파탄의 원인 및 당사자의 귀책사유, 재산정도 및 직업, 당해 양도자산의 가액 등 여러 사정을 참작하여 직권으로 위자료나 자녀양육비의 액수를 정하여야 할 것'이라고 판시[9]하여 재산분할과 위자료의 구분 및 구체적인 위자료의 액수는 법원이 직권으로 정할 수 있다고 하였다.

이혼시 재산분할청구권은 법률혼의 해소시 뿐만 아니라 사실혼 관계를 해소한 경우에도 인정된다.[10]

한편, 대법원은 '이혼시 법원의 확정판결이나 조정조서에 의하여 당사자에게 이행의무가 부과된 경우에도 그에 따른 급부행위가 증여세 부과대상이 아니라고 볼 수는 없고, 과세관청은 실질과세의 원칙에 따라서 법원의 확정판결 내지 조정조서에 규정된 이행의무의 실질적인 성격을 파악한 다음 증여세 부과 여부를 결정해야 한다.' 고 판시[11]함으로써 실질이 재산분할인 경우에 한하여 증여세 과세대상에서 제외된다는 점을 밝히고 있다.

---

9) 대법원 2001. 5. 8. 선고 99두12014 판결, 대법원 2002. 6. 14. 선고 2001두4573 판결 등.
10) 대법원 1995. 3. 28. 선고 94므1584 판결 등.
11) 대법원 2006. 3. 24. 선고 2005두15595 판결.

나. 대상 판결의 의의

대상 판결은 이 사건의 경우 가장이혼으로 보기는 어렵다고 판단하고, 다만, 재산분할 명목으로 받은 재산의 실질이 재산분할에 관한 민법 제839조의2의 취지에 반하여 상당하다고 할 수 없을 정도로 과대하고, 또한 재산분할이 조세를 회피하기 위한 수단에 불과한 것으로 평가되는 경우에는 그 상당한 부분을 초과하는 부분은 증여세 과세대상이 된다는 점을 처음으로 밝혔다.

가장이혼인지 여부는 이혼 경위 등 제반 사실관계를 종합하여 판단하여야 할 것이다. 대법원은 '이혼후에도 함께 거주하다 세무조사가 시작된 이후 주소를 옮기고, 재산분할로 모든 재산을 배우자에게 이전하였다 할지라도 남편의 상속분쟁, 사채업 종사 등 제반 증거를 참조하면 가장이혼을 한 것으로 단정하기 어렵다'는 이유로 증여세 부과처분을 취소하기도 하였다.[12)]

대상 판결의 사안은 82세의 고령인 망인의 사망이 임박한 시점에 이혼을 하면서 재산분할을 통하여 피상속인의 재산을 원고에게 이전하였고, 이혼 후 망인의 사망시까지 7개월 동안 동거를 한 경우이어서 당사자들이 상속세 등 조세를 회피하기 위하여 가장이혼을 한 것으로 볼 여지가 큰 사안이다. 그럼에도 가장이혼으로 볼 수 없다고 한 대상 판결의 결론에는 찬성하기 어렵다.

한편, 대상 판결은 재산분할이 민법 제839조의2 제2항의 규정 취지에 반하여 상당하다고 할 수 없을 정도로 과대하고 조세를 회피하기 위한 수단에 불과하여 그 실질이 증여라고 평가할 수 있는 경우에 해당하면, 그 상당한 부분을 초과하는 부분은 증여세 과세대상이 될 수 있다고 하였다. 여기에서 '상당한 부분'을 어떤 기준으로 판단할 것인지가 문제이다. 실무상 다툼의 여지가 많은 쟁점이다. 민법

---

12) 대법원 2009. 11. 26. 선고 2009두14415 판결.

제839조의2 제2항에서 제시하는 재산분할의 기준인 '당사자 쌍방의 협력으로 이룩한 재산의 액수 기타 사정'이 하나의 기준이 될 것이나, 결국 사안에 따라 관련 사정을 종합하여 판단할 수밖에 없다.

Ⅲ. 주식등의 상장 등에 따른 이익의 증여

【대상 판결】 대법원 2017. 9. 21. 선고 2017두35691 판결

【사실관계】

가. 이 사건 회사는 2009. 7. 31. 이사회를 개최하여 보통주 9,708,737주를 주주배정에 의하여 발행하기로 의결하였다.

나. 위 이사회 당시 원고와 특수관계에 있으면서 이 사건 회사의 최대주주 등에 해당하는 주식회사 OO(이하 'OO'이라고만 한다) 등 4개 계열회사와 이 사건 회사의 이사 OOO이 2009. 8. 18. 자신들에게 배정된 합계 7,791,885주(이하 '이 사건 주식'이라 한다)의 신주인수권을 모두 포기하였고, 같은 날 OO은행 등 원고와 특수관계에 있지 아니한 이 사건 회사의 주주들도 나머지 신주인수권을 포기하였다.

다. 이 사건 회사는 2009. 8. 19. 위 실권주 9,708,737주 모두를 원고에게 배정하였고, 원고는 2009. 8. 20. 그 주식 인수대금을 전액 납입하였다.

라. 이 사건 회사는 2010. 11. 26. 코스닥 상장에 성공하였다.

마. 원고는 OO 등의 신주인수권 포기로 특수관계자인 원고에게 배정되어 인수하게 된 이 사건 주식의 상장에 따른 가액증가분에 관하여 증여세를 신고·납부하였다가 그 전액을 환급하여 달라는 경정청구를 제기하였으나, 피고가 이를 거부하였다(이하 '이 사건 처분'이라 한다).

【쟁점】

이 사건의 쟁점은 구 상증세법 제41조의3 제6항의 '신주'의 범위이다.

【대상 판결의 요지】

가. 구 상속세 및 증여세법(2011. 12. 31. 법률 제11130호로 개정되기 전의 것, 이하 '구 상증세법'이라 한다) 제41조의3은 제1항에서 '최대주주 등과 특수관계에 있는 자가 최대주주 등으로부터 해당 법인의 주식 등을 증여받거나 유상으로 취득한 경우에는 증여받거나 취득한 날, 증여받은 재산으로 최대주주 등이 아닌 자로부터 해당 법인의 주식 등을 취득한 경우에는 취득한 날부터 5년 이내에 그 주식 등이 증권시장에 상장됨에 따라 그 가액이 증가한 경우로서 그 주식 등을 증여받거나 유상으로 취득한 자가 당초 증여세 과세가액 또는 취득가액을 초과하여 일정한 이익을 얻은 경우에는 이를 그 이익을 얻은 자의 증여재산가액으로 한다'고 규정하고 있다. 그리고 그 제6항에서는 '제1항을 적용할 때 주식 등의 취득에는 법인이 자본을 증가시키기 위하여 신주를 발행함에 따라 인수하거나 배정받은 신주를 포함한다'고 규정하고 있다. 이와 같이 구 상증세법 제41조의3 제1항은 특수관계에 있는 자가 그 주식을 최대주주 등으로부

터 증여받거나 유상으로 취득한 경우 또는 증여받은 재산으로 취득한 경우를 그 적용요건으로, 제6항은 제1항이 적용됨을 전제로 하여 법인이 발행한 신주를 그 적용대상으로 하고 있다.

위 규정들의 내용 및 취지와 아울러 그 문언과 체계에 비추어 보면, 구 상증세법 제41조의3 제6항에서 정한 '신주'에는 최대주주 등으로부터 증여받거나 유상으로 취득한 주식에 기초하지 아니하고 또한 증여받은 재산과도 관계없이 인수하거나 배정받은 신주가 포함되지 아니하므로, 이러한 신주에 의하여 상장이익을 얻었다 하더라도 구 상증세법 제41조의3 제1항에서 정한 증여재산가액에 해당한다고 볼 수 없다(대법원 2017. 3. 30. 선고 2016두55926 판결 참조).

한편, 구 상증세법 제2조 제1항은 타인의 증여로 인한 증여재산에 대하여 증여세를 부과하도록 하면서, 제3항에서 '증여'를 포괄적으로 규정하고 있다. 그렇지만 증여재산가액의 계산에 관한 법의 개별 규정이 특정한 유형의 거래·행위 중 일정한 거래·행위만을 증여세 과세대상으로 한정하고, 그 과세범위도 제한적으로 규정함으로써 증여세 과세의 범위와 한계를 설정한 것으로 볼 수 있는 경우에는, 그 개별 규정이 규율하는 과세대상 내지 과세범위에서 제외된 거래·행위는 구 상증세법 제2조 제3항의 '증여'의 개념에 들어맞더라도 그에 대하여 증여세를 과세할 수 없다(대법원 2015. 10. 15. 선고 2013두13266 판결 등 참조). 따라서 구 상증세법 제41조의3 제1항 및 제6항이 '최대주주 등과 특수관계에 있는 자가 최대주주 등으로부터 해당 법인의 신주를 포함한 주식을 증여받거나 유상으로 취득한 경우'만을 적용대상으로 정하고 있는 것은 최대주주 등의 특수관계자가 주식을 증여받거나 취득하고 이후 상장 등에 따른 이익을 얻는 거래의 유형 중 위와 같이 특정한 유형의 거래·행위만을 증여세 과세대상으로 제한적으로 규정함으로써 증여세 과세의 범위와 한계를 설정한 것으로 볼 수 있다. 그러므로 위 개별 규정의 과세대상에서 제외된 주식의 상장이익에 대하여는 특별한 사정이 없는 한 구 상증세법 제2조 제3항에 근거하여 증여세를 과세할 수는 없다.

나. 위 사실관계를 앞서 본 법리에 비추어 보면, 원고가 취득하게 된 이 사건 주식은 OO 등 최대주주의 신주인수권 포기 후 원고가 배정받아 자신의 자금으로 인수하게 된 주식에 불과할 뿐, 원고가 최대주주 등으로부터 증여받거나 유상취득한 주식 또는 증여받은 재산 등에 기초하여 취득한 신주가 아니다. 그러므로 그 주식에 관한 상장이익은 구 상증세법 제41조의3 제1항 및 제6항에서 정하는 증여재산가액에 해당하지 아니하여 과세대상에서 제외되고, 나아가 구 상증세법 제2조 제3항에 근거하여서도 과세할 수 없다고 할 것이다.

【평석】

가. 주식의 상장차익에 대한 증여세 과세범위와 관련한 판결

대법원 2017. 3. 30. 선고 2016두55926 판결은 최대주주와 특수관계에 있는 임원들이 제3자 배정방식으로 신주를 취득한 후 합병에 따른 차익을 얻은 경우 증여세를 과세할 수 있는지가 쟁점이 된 사안에서, '구 상속세 및 증여세법(2011. 12. 31. 법률 제11130호로 개정되기 전의 것, 이하 '구 상증세법'이라고 한다) 제41조의3 제1항의 입법 취지는 최대주주 등과 특수관계에 있는 자가 얻은 비상장주식의 상장이익에 대하여 증여세를 부과하여 증여나 취득 당시 실현이 예견되는 부의 무상이전까지 과세함으로써 조세평등을 도모하려는 데에 있고, 제41조의5 제1항은 합병을 통한 상장 역시 비상장주식을 직접 상장하는 것과 실질적으로 차이가 없다는 점을 고려하여 제41조의3 제1항과 같은 취지에서 합병에 따른 상장이익에 대하여 증여세를 과세하도록 하고 있다. 그리하여 구 상증세법 제41조의3 제1항과 제41조의5 제1항은 특수관계에 있는 자가 그 주식을 최대주주 등으로부터 증여받거나 유상으로 취득한 경우 또는 증여받은 재산으로 취득한 경우를 적용요건으로 규정하고 있고, 제41조의5 제3항 본문에서 준용하는 제41조의3 제6항은 제41조의3 제1항이 적용됨을 전제로 하여 법인이 발행한 신주를 그 적용대상에 포함시키고 있다. 이러한 위 규정들의 내용과 취지와 아울러 그 문언과 체계에 비추어 보면, 구 상증세법 제41조의3 제6항에서 정한 '신주'에는 최대주주 등으로부터 증여받거나 유상으로 취득한 주식에 기초하지 아니하고 또한 증여받은 재산과도 관계없이 인수하거나 배정받은 신주가 포함되지 아니하며, 이러한 신주에 의하여 합병에 따른 상장이익을 얻었다 하더라도 위 조항이 준용되는 제41조의5 제1항에서 정한 증여재산가액에 해당한다고 해석할 수 없다. 또한 구 상증세법 제41조의5 제1항 등은 그 규정들에서 정하지 아니한 이 사건 주식과 같은 신주의 취득에 대하여는 과세하지 아니하도록 하는 한계를 설정하였다고 보인다. 따라서 이 사건 합병에 따른 이 사건 주식의 상장이익에 대하여는 특별한 사정이 없는 한 구 상증세법 제2조 제3항에 근거하여서도 과세할 수 없다.'고 판시하였다.

대법원은 구 상증세법 제41조의3 제6항을 해석함에 있어서 문언에 따른 엄격한 해석을 하였다. 즉, 위 제6항은 같은 조 제1항이 적용되는 것을 전제로 하는 규정인데, 같은 조 제1항은 특수관계에 있는 자가 그 주식을 최대주주 등으로부터 증여받거나 유상으로 취득한 경우 또는 증여받은 재산으로 취득한 경우를 그 적용요건으로 규정하고 있으므로, 위 제6항의 "신주"에는 제3자 배정방식에 의하여 취득한 신주와 같이 최대주주 등으로부터 증여받거나 유상으로 취득한 주식에 기초하지 아니하고 취득한 신주, 또는 증여받은 재산과 관련이 없이 인수 또는 배정받아 취득한 신주는 포함되지 않는다고 해석한 것이다.

대법원은 증여세 완전포괄주의와 관련하여 대법원 2015. 10. 15. 선고 2013두13266 판결 이래 증여세 과세의 범위를 제한하는 일관된 입장을 취하고 있다.[13] 위 2013두13266 판결의 요지는 '납세자의 예측가능성 등을 보장하기 위하여 개별 가액산정규정이 특정한 유형의 거래·행위를 규율하면서 그중 일정한 거래·행위만을 증여세 과세대상으로 한정하고 그 과세범위도 제한적으로 규정함으로써 증여세 과세의 범위와 한계를 설정한 것으로 볼 수 있는 경우에는, 개별 가액산정규정에서 규율하고 있는 거래·행위 중 증여세 과세대상이나 과세범위에서 제외된 거래·행위가 구 상증세법 제2조 제3항의 증여의 개념에 들어맞더라도 그에 대한 증여세를 과세할 수 없다'는 것이다.

이와 같은 입장에서 위 2013두13266 판결은 특정법인을 통한 증여에 관한 구 상속세 및 증여세법(2007. 12. 31. 법률 제8828호로 개정되기 전의 것) 제41조 제1항이 증여세 과세의 범위와 한계를 설정한 규정이라고 해석함으로써 그 규정의 요건을 충족하지 못한 경우에는 같은 법 제2조 제3항의 증여 개념에 맞더라도 증여세를 과세할 수 없다고 하였다.

결국 증여의제규정을 예시규정으로 전환[14]한 2004. 1. 1. 이후 시

---

13) 상증세법 제33조부터 제42조의3까지의 개별예시규정이 증여세 과세의 범위와 한계를 설정한 것이라는 판례의 태도가 2003. 12. 30. 구 상증세법 개정시 완전포괄증여제도를 도입한 현행 상증세법에 부합하지 않는다는 점에 대해서는 유철형, "상속세 및 증여세법상 개별예시규정의 해석", 『조세연구』 제17권(제4집), 통권 제38권(2017. 12.), 145면-188면 참조.

14) 국세청, 『완전포괄주의 증여세 과세제도 해설』, 2004. 4., 19~22면에서 2003. 12. 30. 법률 제7010호로 개정된 구 상증세법의 개정취지를 '상증세법상 "증여"의 정의규정을 신설하면서 이러한 증여의 개념에 민법상의 증여 이외에 그 개정 전 구 상증세법상의 일반적 증여의제(제32조), 14개 유형의 개별 증여의제 및 이와 유사한 유형의 증여의제(제42조)를 모두

행되고 있는 현행 상속세 및 증여세법에 대해서도 대법원은 종전의 의제규정과 마찬가지로 같은 법 제34조 이하의 규정을 적용함에 있어서 법률이 정한 요건을 갖춘 경우에 한하여 증여세를 과세할 수 있는 것으로 해석하고 있다.

위 2016두55926 판결은 합병에 따른 상장이익의 증여에 관한 구 상증세법 제41조의5 제1항, 상장 이익의 증여에 관한 같은 법 제41조의3 제1항도 증여세 과세의 범위와 한계를 정한 규정이라고 해석함으로써 구 상증법 제34조 이하의 증여재산가액 산정규정에 대한 대법원의 입장을 다시 확인해 주었다.

나. 대상 판결의 의의

대상 판결은 최대주주와 특수관계에 있는 자가 최대주주의 신주인수권 포기로 발생한 실권주를 배정받아 취득한 후 상장차익을 얻은 경우 그 상장차익에 대해 증여세를 과세할 수 있는지 여부가 쟁점이 된 사안이고, 위 2016두55926 판결은 최대주주와 특수관계에 있는 임원들이 제3자 배정방식으로 신주를 취득한 후 주권상장법인과의 합병에 따른 차익을 얻은 경우 증여세를 과세할 수 있는지가 쟁점이 된 사안이다.

구 상증세법 제41조의5는 주권상장법인과의 합병을 통한 상장이익에 대한 증여재산가액을 규정하고 있는데, 같은 조 제3항 본문에서 제41조의3 제6항을 준용하고 있고, 제41조의3 제6항은 같은 조 제1항이 적용됨을 전제로 하여 법인이 발행한 신주를 그 적용대상에 포함시키고 있다. 그런데, 위 2016두55926 판결은 구 상증세법 제41조의5 제3항이 준용하고 있는 같은 법 제41조의3 제1항 및 제6항

포함하는 것으로 하였고, 종전의 14개 유형의 증여의제규정은 증여시기와 증여가액의 산정 등에 관한 예시규정으로 전환함으로써 완전포괄주의를 도입하였다'고 설명하고 있다.

을 증여세 과세의 범위와 한계를 정한 규정이라고 해석하였고, 이에 따라 구 상증법 제41조의5 제1항도 동일한 취지의 규정이라고 해석하였다.

대상 판결은 위 2016두55926 판결이 밝힌 증여세 완전포괄주의에 관한 법리를 인용하면서 구 상증세법 제41조의3 제1항 및 제6항이 증여세 과세의 범위와 한계를 정한 규정이라는 점을 다시 한 번 확인해 준 판결이다.

Ⅳ. 명의신탁 증여의제

대법원 2017. 2. 21. **선고** 2011**두**10232 **판결**

【사실관계】

가. 원고의 부 소외 1은 원고의 대리인으로서 원고 명의로 2005. 1. 27. 소외 2 회사에, 2005. 1. 28. 소외 3 회사에 각각 차명 증권계좌를 개설하고 투자금을 입금한 다음, 그 증권계좌들을 이용하여 2007. 5. 22.경까지 계속하여 상장주식을 사고파는 주식투자를 하였다.

나. 피고는 소외 1이 원고 명의로 명의개서된 이 사건 각 주식을 원고에게 명의신탁하였다고 보아 이 사건 법률조항을 적용하여 2007. 9. 6. 원고에게 증여세를 부과하였다.

【쟁점】

이 사건의 쟁점은 명의신탁 주식 처분대금으로 다시 동일인 명의로 주식을 취득한 경우 명의신탁 증여의제에 따른 증여세를 과세할 수 있는지 여부이다.

【대상 판결의 요지】

가. 구 상속세 및 증여세법(2007. 12. 31. 법률 제8828호로 개정되기 전의 것) 제45조의2 제1항(이하 '이 사건 법률조항'이라 한다)은 "권리의 이전이나 그 행사에 등기 등을 요하는 재산(토지와 건물을 제외한다. 이하 이 조에서 같다)에 있어서 실제소유자와 명의자가 다른 경우에는 국세기본법 제14조의 규정에 불구하고 그 명의자로 등기 등을 한 날(그 재산이 명의개서를 요하는 재산인 경우에는 소유권취득일이 속하는 연도의 다음 연도 말일의 다음 날을 말한다)에 그 재산의 가액을 명의자가 실제소유자로부터 증여받은 것으로 본다. 다만, 다음 각 호의 1에 해당하는 경우에는 그러하지 아니하다." 라고 규정하면서, 제1호에서 "조세회피의 목적없이 타인의 명의로 재산의 등기 등을 하거나 소유권을 취득한 실제소유자 명의로 명의개서를 하지 아니한 경우"를 들고 있다.

이 사건 법률조항은 재산의 실제소유자가 조세회피목적으로 그 명의만 다른 사람 앞으로 해두는 명의신탁행위를 효과적으로 방지하여 조세정의를 실현하는 데 그 취지가 있으므로, 명의신탁행위가 조세회피목적이 아닌 다른 목적에서 이루어졌음이 인정되고 그에 부수하여 사소한 조세경감이 생기는 것에 불과하다면 그러한 명의신탁행위에 조세회피목적이 있었다고 보아 증여로 의제할 수 없다. 그러나 위와 같은 입법 취지에 비추어 볼 때 명의신탁의 목적에 조세회피목적이 포함되어 있지 않은 경우에만 증여로 의제할 수 없다고 보아야 하므로, 다른 목적과 아울러 조세회피의 목적도 있었다고 인정되는 경우에는 여전히 증여로 의제된다고 보아야 한다. 이때 조세회피의 목적이 없었다는 점에 관한 증명책임은 이를 주장하는 명의자에게 있다(대법원 2009. 4. 9. 선고 2007두19331 판결 참조).

나. (1) 이 사건 법률조항은 권리의 이전이나 그 행사에 등기 등을 요하는 재산에 관하여 실제소유자와 명의자가 다른 경우에는 국세기본법 제14조의 규정에 불구하고 그 명의자로 등기 등을 한 날에 그 재산의 가액을 명의자가 실제소유자로부터 증여받은 것으로 본다는 것이다.

그런데 ① 이는 조세회피목적의 명의신탁행위를 방지하기 위하여 실질과세원칙의 예외로서 실제소유자로부터 명의자에게 해당 재산이 증여된 것으로 의제하여 증여세를 과세하도록 허용하는 규정이므로, 조세회피행위를 방지하기 위하여 필요하고도 적절한 범위 내에서만 적용되어야 하는 점, ② 이 사건과 같은 주식의 경우에 관하여 보면, 증여의제 대상이 되어 과세되었거나 과세될 수 있는 최초의 명의신탁 주식이 매도된 후 그 매도대금으로 다른 주식을 취득하여 다시 동일인 명의로 명의개서를 한 경우에 그와 같이 다시 명의개서된 다른 주식에 대하여 제한 없이 이 사건 법률조항을 적용하여 별도로 증여세를 부과하는 것은 증여세의 부과와 관련하여 최초의 명의신탁 주식에 대한 증여의제의 효과를 부정하는 모순을 초래할 수 있어 부당한 점, ③ 최초의 명의신탁 주식이 매도된 후 그 매도대금으로 취득하여 다시 동일인 명의로 명의개서 되는 이후의 다른 주식에 대하여 각각 별도의 증여의제 규정을 적용하게 되면 애초에 주식이나 그 매입자금이 수탁자에게 증여된 경우에 비하여 지나치게 많은 증여세액이 부과될 수 있어서 형평에 어긋나는 점 등을 고려할 때, 최초로 증여의제 대상이 되어 과세되었거나 과세될 수 있는 명의신탁 주식의 매도대금으로 취득하여 다시 동일인 명의로 명의개서 된 주식은 그것이 최초의 명의신탁 주식과 시기상 또는 성질상 단절되어 별개의 새로운 명의신탁 주식으로 인정되는 등의 특별한 사정이 없는 한 다시 이 사건 법률조항이 적용되어 증여세가 과세될 수는 없다고 봄이 타당하다.

(2) 이러한 사실관계를 앞서 본 법리에 따라 살펴보면, 이 사건 각 주식 중 2005. 12. 31. 명의개서가 된 부분은 소외 1이 원고 앞으로 명의개서한 최초의 명의신탁 주식이므로 피고가 이 사건 법률조항을 적용하여 증여로 의제하여 과세할 수 있으나, 그 이후 명의개서된 부분은 최초 증여의제 대상이 되는 명의신탁 주식의 매도대금을 사용하여 동일인 명의로 재취득된 주식에 해당할 여지가 있어 원칙적으로 이 사건 법률조항을 다시 적용하여 과세할 수 없게 될 수 있다.

【평석】

가. 명의신탁 증여의제에 있어서 조세회피목적의 입증

실무상 조세회피목적이 문제되는 주요 쟁점으로는 증여세 외에 상속세, 과점주주의 제2차 납세의무, 과점주주의 간주취득세, 종합소득세(배당소득에 따른 누진세율 회피), 양도소득세 등이 있다. 대법원은 명의신탁 당시를 기준으로 이와 같은 조세의 회피가능성이 있다고 판단되는 경우에 조세회피목적이 있다고 인정해 왔다.[15) 한편, 대법원은 1990. 12. 31.자로 개정된 구 상속세법 제32조의2 제1항 단서[16)가 신설되기 이전의 법률이 적용된 사안에서는 회피대상인

---

15) 대법원 2005. 1. 27. 선고 2003두4300 판결.

16) ① 권리의 이전이나 그 행사에 등기·등록·명의개서등(이하 “등기등”이라 한다)을 요하는 재산에 있어서 실질소유자와 명의자가 다른 경우에는 국세기본법 제14조의 규정에 불구하고 그 명의자로 등기등을 한 날에 실질

"조세"가 증여세만을 의미하는 것으로 해석하였다.[17] 그러나 구 상속세법 제32조의2 제1항 단서가 신설된 이후 선고한 판결에서는 조세회피목적에서의 "조세"가 증여세에 한정되지 아니하고 모든 조세를 의미하는 것으로 해석을 변경하였다.[18][19]

현행 상증세법 제45조의2 제3항은 "타인의 명의로 재산의 등기등을 한 경우 및 실제소유자 명의로 명의개서를 하지 아니한 경우에는 조세회피목적이 있는 것으로 추정한다"고 규정하고 있다.

여기에서 조세회피목적에 관한 대법원의 기본입장은 '명의신탁이 조세회피 목적이 아닌 다른 이유에서 이루어졌음이 인정되고 그 명의신탁에 부수하여 사소한 조세경감이 생기는 것에 불과하다면 그와 같은 명의신탁에 조세회피의 목적이 있었다고 단정할 수 없다.[20] 다만, 이 경우에 조세회피 목적이 없었다는 점에 관한 증명책임은 이를 주장하는 명의자에게 있고,[21] 명의자는 조세회피 목적이 아닌 다른 목적이 있었음을 증명하는 등의 방법으로 입증할 수 있는데, 이는 명의신탁에 조세회피와 상관없는 뚜렷한 목적이 있었고, 명의신탁 당시에나 장래에 회피될 조세가 없었다는 점을 객관적이

소유자가 그 명의자에게 증여한 것으로 본다. 다만, 타인의 명의를 빌려 소유권이전등기를 한 것중 부동산등기특별조치법 제7조 제2항의 규정에 의한 명의신탁에 해당하는 경우 및 조세회피목적없이 타인의 명의를 빌려 등기등을 한 경우로서 대통령령이 정하는 때에는 그러하지 아니하다.

17) 대법원 1993. 3. 23. 선고 92누10685 판결.

18) 대법원 1994. 8. 18. 선고 94누11729 판결, 대법원 1996. 4. 12. 선고 95누13555 판결 등.

19) 1993. 12. 31. 법률 제4662호로 개정된 구 상속세법 제32조의2는 제3항으로 "제1항에서 조세라 함은 국세기본법 제2조 제1호·제7호에 규정된 국세·지방세 및 관세법에 규정된 관세를 말한다"는 규정을 신설하여 명의신탁 증여의제에서 회피목적인 조세를 모든 조세로 확대하였다.

20) 대법원 2006. 5. 12. 선고 2004두7733 판결 등 참조.

21) 대법원 2006. 5. 12. 선고 2004두7733 판결, 대법원 2017. 2. 21. 선고 2011두10232 판결 등.

고 납득할 만한 증거자료에 의하여 통상인이 의심을 가지지 않을 정도로 증명하여야 한다.'는 것이다.[22]

지난 30여 년간 조세회피목적에 관한 대법원 판례의 동향은 아래와 같다.

대법원은, '명의신탁에 다른 목적과 함께 조세회피 의도도 있었다고 인정되면 조세회피 목적이 인정될 수 있다.'고 판시하였고,[23] 이러한 입장에서, '조세회피의 목적이 있었는지 여부는 주식을 명의신탁할 당시를 기준으로 판단할 것이지 그 후 실제로 위와 같은 조세를 포탈하였는지 여부로 판단할 것은 아니므로, 그 후 소외 회사가 계속 결손이 나서 실제로 주주에게 배당을 실시하지 아니하였다고 하여 위 주식의 명의신탁 당시 조세회피의 목적이 없었다고 할 수도 없다'고 판시[24]함으로써 실제 회피된 조세가 없더라도 회피가능성이 있다면 조세회피목적이 있는 것으로 판단하였다.

위와 같이 대법원은 실제로 회피된 조세가 없더라도 장래 조세회피가능성이 있다는 이유만으로 조세회피목적이 있다고 하여 조세회피목적이 인정되는 경우를 매우 넓게 보아 왔다. 그 결과 명의신탁 증여의제 증여세와 관련하여 2000년대 중반까지 선고된 대법원 판결 중 조세회피목적이 부인된 사례를 찾아보기 어렵다.

그러던 중 대법원 2006. 5. 12. 선고 2004두7733 판결은 '조세회피 목적'의 부존재에 대해 엄격한 증명을 요구하던 종전의 태도를 처음으로 완화하였다. 위 2004두7733 판결은 '명의신탁이 조세회피 목적이 아닌 다른 이유에서 이루어졌고, 그에 부수하여 사소한 조세경감

22) 대법원 2006. 9. 22. 선고 2004두11220 판결, 대법원 2017. 12. 13. 선고 2017두39419 판결 등 참조.
23) 대법원 1998. 6. 26. 선고 97누1532 판결, 대법원 1998. 7. 14. 선고 97누348 판결, 대법원 2004. 12. 23. 선고 2003두13649 판결, 대법원 2005. 1. 27. 선고 2003두4300 판결 등.
24) 대법원 2005. 1. 27. 선고 2003두4300 판결.

이 생긴 것이라면 조세회피목적이 부인된다.'는 취지로 판시하였고, 이후 같은 취지의 판결이 나왔다.[25)]

2006년 이후 최근까지 선고된 명의신탁 증여의제 관련 대법원 판결들을 보면, 대법원은 사안에 따라 명의수탁자의 입증책임을 완화하고 있다. 대상 판결보다 먼저 선고된 대법원 2017. 1. 12. 선고 2014두43653 판결은 명의신탁자가 사망하여 명의신탁한 주식이 상속된 경우 명의수탁자가 실제 소유자인 상속인의 명의로 명의개서하지 않는 행위에 대해 명의신탁 증여의제 규정을 적용하여 증여세를 과세할 수 있는지 여부가 문제된 사안에서, '주식이 명의수탁자 앞으로 명의개서가 된 후에 명의신탁자가 사망하여 주식이 상속된 경우에는 명의개서해태 증여의제 규정이 적용되지 않는다.'고 판시함으로써 명의수탁자의 입증책임을 완화하는 해석을 하였다. 위 2014두43653 판결의 결론에는 찬성하기 어렵다. 왜냐하면 우리 사회에서 주식이나 기타 재산의 명의신탁이 조세회피와 재산은닉 등 여러 가지 부작용을 가져오고 있고, 이러한 폐해를 방지하기 위한 목적으로 명의신탁 증여의제 규정이 마련되었다. 그런데, 위 2014두43653 판결과 같이 해석하게 되면, 상속으로 인하여 명의신탁자가 변경되었음에도 불구하고 실제 소유자 명의로 변경하지 않고 명의신탁 주식을 계속 소유하면서 조세를 회피할 수 있게 된다. 또한 명의수탁자는 그 명의의 주식이 자기 소유 주식이 아니라 당초의 명의신탁자, 그리고 그의 상속인의 소유라는 사실을 잘 알고 있었고, 언제든지 명의신탁을 해지하여 명의신탁으로 인한 위험을 해소할 수 있는데, 명의신탁자가 사망하여 상속까지 이루어지는 장기간 동안 이를 실제 소유자인 상속인 명의로 환원하지 아니함으로써 상속세 등 명의신탁자의 조세 회피를 도와준 명의수탁자의 행위에 대해 아

---

25) 대법원 2006. 5. 25. 선고 2004두13936 판결, 대법원 2006. 6. 9. 선고 2005두14714 판결 등.

무런 책임도 묻지 않는 결과가 된다. 한편, 2015. 12. 15. 법률 제13557호로 개정된 상증세법 제45조의2 제3항은 조세회피목적 추정이 배제되는 사유로 '상속으로 소유권을 취득한 경우로서 상속인이 상속세 과세표준신고, 수정신고나 기한 후 신고와 함께 해당 재산을 상속세 과세가액에 포함하여 신고한 경우(다만, 상속세 과세표준과 세액을 결정 또는 경정할 것을 미리 알고 수정신고하거나 기한 후 신고를 하는 경우는 제외)'를 추가하였다. 따라서 위와 같이 증여의제 배제 규정이 마련된 현행법 하에서는 위 2014두43653 판결이 그대로 적용되기 어려울 것이다.

위에서 보는 바와 같이 최근 대법원은 명의신탁 증여의제 규정의 적용대상을 제한하는 입장을 취하고 있다.

나. 대상 판결의 의의

대상 판결은 명의신탁 증여의제 규정의 적용대상을 조세회피행위 방지에 필요한 범위 내로 하여야 한다고 함으로써 위 규정의 적용범위를 제한하는 최근 대법원의 입장을 반영한 판결이다. 즉, 주식을 동일인 명의로 처분하고 취득하는 행위를 반복한 경우 원칙적으로는 최초로 명의신탁한 주식에 대해서만 명의신탁 증여의제 규정을 적용하고, 그 이후에 이루어진 명의신탁은 당초 명의신탁과 별개의 새로운 명의신탁으로서 조세회피행위가 되지 않는 한 명의신탁 증여의제 규정에 의한 증여세를 부과할 수 없다는 것이다. 따라서 대상 판결에 의하더라도 명의신탁 주식을 처분하여 그 대금으로 다시 동일인 명의로 주식을 취득한 경우로서 종전 명의신탁과 별개의 조세회피목적이 인정된다면 다시 이루어진 동일인 명의의 명의신탁 주식에 대해 명의신탁 증여의제 규정을 적용하여 과세할 수 있다는 결론이 된다.

대법원 2017. 5. 11. 선고 2017두32395 판결

【사실관계】

가. 서울지방국세청장은 소외 회사에 대한 세무조사를 하여 소외 회사가 발행한 주식의 실제 소유자가 갑이지만, 1998년 설립 당시 소외인 등 4인에게 주식을 명의신탁한 후 매매와 유상증자 과정을 거치면서 임직원 등의 명의로 명의신탁을 반복해 왔는데, 2006. 12. 경 원고들에게 각 7,000주씩 합계 49,000주의 소외 회사 주식을 명의신탁하였다고 보고, 2010년부터 2012년까지의 기간에는 위 주식이 갑의 아들 명의로 이전된 것을 확인하여 피고들에게 과세자료를 통보하였다.

나. 소외 회사는 주주명부를 작성하지 아니하였고, 2007. 3. 31. 관할세무서장에게 법인세 신고를 하면서 위 주식거래 내역이 기재된 주식등변동상황명세서를 첨부하여 제출하였다.

다. 이에 피고들은 원고들에게 구 상속세 및 증여세법(2007. 12. 31. 법률 제8828호로 개정되기 전의 것, 이하 '구 상증세법'이라 한다) 제45조의2에 따른 증여세를 부과하였다.

【쟁점】

이 사건의 쟁점은 주식등변동상황명세서에 의하여 명의개서 여부를 판정하는 경우 증여의제일을 언제로 볼 것인지이다.

【대상 판결의 요지】

구 상증세법 제45조의2는 명의신탁재산의 증여의제에 관하여 제1항 본문에서 '권리의 이전이나 그 행사에 등기 등을 요하는 재산(토지와 건물을 제외한다)에 있어서 실제소유자와 명의자가 다른 경우에는 국세기본법 제14조의 규정에도 불구하고 그 명의자로 등기 등을 한 날에 그 재산의 가액을 명의자가 실제 소유자로부터 증여받은 것으로 본다.'고 규정하고, 제3항(이하 '이 사건 법률조항'이라고 한다)에서 "제1항의 규정을 적용함에 있어서 주주명부 또는 사원명부가 작성되지 아니한 경우에는 법인세법 제109조 제1항 및 제119조의 규정에 의하여 납세지 관할 세무서장에게 제출한 주주 등에 관한 서류 및 주식등변동상황명세서에 의하여 명의개서 여부를 판정한다."라고 규정하고 있다.

이 사건 법률조항은 주식등변동상황명세서 등에 주식 등의 소유자 명의를 실제소유자와 다르게 기재하여 조세를 회피하려고 하였더라도 주주명부나 사원명부 그 자체가 없어 명의개서가 이루어지지 아니한 경우에는 구 상증세법 제45조의2 제1항 본문을 적용할 수 없었던 문제점을 보완하여 그러한 경우에도 증여세를 과세하려는 것이다(대법원 2014. 5. 16. 선고 2011두11099 판결 참조). 그런데 이 사건 법률조항은 납세지 관할 세무서장에게 제출한 주식등변동상황명세서 등에 의하여 명의개서 여부를 판정한다고 규정하고 있을 뿐 구체적으로 어떤 일자를 주식등변동상황명세서 등에 따른 증여의제일로 볼 것인지에 대하여 규정하고 있지 않다. 한편 과세관청이 주식등변동상황명세서 등을 과세자료로 활용할 수 있다고 하더라도 이는 과세목적상 협력의무 이행의 일환으로 사업연도 중 주식 등의 변동 상황을 기록하는 문서에 불과한 것이어서, 주주권 행사 등의 기초가 되는 주주명부와는 본질적으로 차이가 있다. 또한 주식등변동상황명세서에는 주주명부의 명의개서일과 같이 당해 회사가 주식 양도사실을 확인한 일자가 별도로 나타나 있지도 않다. 따라서 이러한 주식등변동상황명세서 등에 비록 주식의 양도일이나 취득일이 기재되어 있다고 하더라도, 바로 그 시점에 다수의 주주와 관련된 법률관계를 처리할 목적에서 마련된 주주명부에 명의개서가 이루어진 것과 동등한 효력을 부여할 수는 없다. 다만 주식등변동상황명세서 등이 제출되면 그때 비로소 주식 등의 변동상황이 회사를 비롯한 외부에 명백하게 공표되어 명의신탁으로 인한 증여의제 여부가 판정될 수 있는 것이므로, 그와 같이 실제소유자와 명의자가 다른 주식의 변동사실이 외부에 분명하게 표시되었다고 볼 수 있는 위 명세서 등의 제출일을 증여세 목적에 따른 증여의제일로 보아야 한다.

【평석】

대상 판결은 주주명부가 작성되지 아니한 법인의 발행 주식이 명의신탁된 경우 명의개서 여부를 주식등변동상황명세서에 의하여 판정하는 경우 주식등변동상황명세서를 제출한 날을 증여의제일로 보아야 한다고 판시한 최초의 판결이다.[26)]

그러나 대상 판결이 타당한지는 의문이다. 상증세법 제45조의2에 따른 명의신탁 증여의제는 실제소유자와 명의자가 다른 경우 명의

---

26) 명의개서 여부의 판정과 관련하여, 현행 상증세법은 주주명부가 있는 경우와 주주명부가 없는 경우를 구분하여 규정하고 있다. 주주명부가 작성되어 있는 경우에는 주주명부를 기준으로 명의개서 여부를 판정하므로 주식등변동상황명세서에 실제 소유자가 아닌 사람의 명의로 기재되어 있는 경우에도 주주명부에 그 사람으로 명의개서가 이루어지지 아니하였다면 주식등변동상황명세서의 명의자에게 명의신탁 증여의제 규정에 의한 증여세를 부과할 수 없다는 것이 판례의 확립된 입장이다(대법원 2014. 5. 16 선고 2011두11099 판결).

자로 등기 등을 한 날을 증여일로 의제하여 증여세를 과세하는 것이고, 주식의 경우 증여의제일은 명의자가 주주명부에 주주로 기재된 날인 명의개서일이다. 이 사건 법률조항은 "주주명부나 사원명부가 작성되지 아니한 경우 … 관할 세무서장에게 제출한 주주 등에 관한 서류 및 주식등변동상황명세서에 의하여 명의개서 여부를 판정한다."고 규정하고 있다. 즉, 이 사건 법률조항은 명의개서 여부의 판정, 즉, 실제소유자와 명의자가 다르게 기재되었는지 여부를 주식등변동상황명세서의 기재에 의하여 판정한다는 것이지, 증여일을 그 명세서를 제출한 날로 의제하는 규정이 아니다.

주권을 발행한 경우 주식의 양도는 주권의 교부로 효력이 발생하므로,[27] 주식의 취득시기는 주권을 교부받은 때이다.[28] 그리고 주권 발행 전 주식의 양도는 지명채권 양도의 일반원칙에 따르는 것이므로, 양도인과 양수인 사이의 주식 양도에 관한 의사의 합치, 즉 주식 양도계약만으로 그 효력이 발생하고,[29] 제3자에 대한 대항요건으로 지명채권의 양도와 마찬가지로 확정일자 있는 증서에 의한 양도통지 또는 회사의 승낙을 요한다.[30] 이에 따라 명의자의 주식 취득일은 주권 발행 여부에 따라 주권을 교부받은 날이 되거나 계약체결일이 된다.

주식등변동상황명세서에 주식 양도일이나 취득일이 기재되어 있지 않다고 하더라도 명의자의 주식 취득일이 증명된다면 그 날을 증여일로 의제하는 것이 실질에 부합하는 것으로 타당하고, 만약 그것

27) 상법 제33조 제1항.
28) 대법원 1987. 7. 7. 선고 86누664 판결,대법원 1989. 2. 14. 선고 88누7606 판결 등.
29) 대법원 2006. 9. 14. 선고 2005다45537 판결, 대법원 2012. 11. 29. 선고 2012다38780 판결 등.
30) 대법원 1995. 5. 23. 선고 94다36421 판결, 대법원 2010. 4. 29. 선고 2009다88631 판결 등.

이 증명되지 못한다면 사업연도 말일로 규정하는 것이 납세자의 예측가능성을 보장한다는 점에서 타당하다.[31] 대상 판결이 법률상 근거가 없음에도 명의자의 주식 취득일과 관계없이 주식등변동상황명세서의 제출일을 일률적으로 증여의제일로 해석하는 것은 조세법률주의에 반하는 해석일 뿐만 아니라, 주식발행법인이 주식등변동상황명세서를 언제 제출하느냐에 따라 증여의제일이 달라져 납세자의 예측가능성을 침해하는 문제가 있다. 주식등변동상황명세서에 의하여 명의개서 여부를 판정하는 경우 증여의제일을 언제로 할 것인지에 대해서는 조속히 입법으로 보완할 필요가 있다.

대법원 2017. 7. 18. 선고 2015두50290 판결

【사실관계】

가. 원고 2는 망 소외인(이하 '망인'이라고 한다)에게 2006. 9. 28.과 2007. 12. 14. 주식회사 OO 발행 주식을 명의신탁하였는데, 망인이 2010. 5. 28. 사망하고 원고 1이 망인의 재산을 단독으로 상속하였다. 상속 당시 원고 1은 민법 제1028조에 근거하여 망인의 상속재산을 740,348,142원의 한도에서 한정승인하여 상속하였다.

나. 피고는 원고 1이 상속으로 구 상증세법(2010. 1. 1. 법률 제9916호로 개정되기 전의 것, 이하 '구 상증세법'이라고 한다) 제45조

---

31) 이와 같이 하는 경우 당사자들이 주식 양도일이나 취득일을 임의로 조작할 가능성이 있다는 견해가 있을 수 있으나, 당사자들이 실제 주식 양도일이나 취득일을 입증하는 경우에 한하여 주식 양도일이나 취득일을 증여일로 의제하자는 것이고, 당사자들이 이를 입증하지 못하는 경우에는 증여 의제일을 사업연도 말일로 보자는 것이므로, 조작 여부는 입증과정에서 밝혀질 것이라고 본다.

의2에 의한 망인의 명의신탁 증여세 납세의무를 승계한 것으로 보아, 2012. 7. 6. 원고 1에게 2006년도 증여세 752,437,880원 및 2007년도 증여세 800,235,050원을 부과하면서, 원고 1이 상속받은 재산가액은 740,348,142원이라고 통지하였다.

다. 피고는 원고 2가 명의신탁자로서 원고 1과 연대하여 증여세를 납부할 의무가 있다고 하여 2012. 7. 9. 원고 2에게 연대납세의무 지정통지와 함께 원고 1과 동일한 금액의 증여세를 고지하였다.

【쟁점】

이 사건의 쟁점은 명의수탁자의 상속인이 한정승인을 한 경우 상속인에게 승계된 명의수탁자의 증여세 납세의무에 대한 명의신탁자의 연대납세의무 범위이다.

【대상 판결의 요지】

가. 구 상증세법 제45조의2 제1항 본문은 '권리의 이전이나 그 행사에 등기 등을 요하는 재산(토지와 건물을 제외한다)에 있어서 실제소유자와 명의자가 다른 경우에는 국세기본법 제14조의 규정에 불구하고 그 명의자로 등기 등을 한 날에 그 재산의 가액을 명의자가 실제소유자로부터 증여받은 것으로 본다'고 규정하고 있고, 제4조 제5항은 그러한 경우에는 일반적인 증여와 달리 수증자에 대한 조세채권의 확보가 곤란하지 아니하여도 증여자가 수증자와 연대하여 납부할 의무를 진다고 규정하고 있다.

한편 구 국세기본법(2007. 12. 31. 법률 제8830호로 개정되기 전의 것, 이하 같다) 제25조의2는 '이 법 또는 세법에 의하여 국세·가산금과 체납처분비를 연대하여 납부할 의무에 관하여는 민법 제413조 내지 제416조, 제419조, 제421조, 제423조 및 제425조 내지 제427조의 규정을 준용한다'고 규정하고 있고, 위와 같이 준용되는 민법 제423조 등은 이행청구(제416조), 채무면제(제419조), 소멸시효의 완성(제421조) 이외에는 어느 연대채무자에 관한 사항이 다른 연대채무자에게 효력이 없다고 규정하고 있으며, 구 국세기본법 제3조에서는 개별 세법이 연대납세의무에 대한 특례규정을 두고 있지 아니한 경우에는 국세기본법이 우선하여 적용된다고 규정하고 있다.

나. 일반적으로 증여세의 납세의무자는 해당 재산을 양수한 수증자이고, 증여자의 증여세 납부의무는 주된 채무인 수증자의 납세의무에 대한 종된 채무이다. 따라서 증여자의 연대납세의무는 주된 납세의무자인 수증자의 납세의무가 확정된 뒤의 연대납부책임으로 보아야 한다(대법원 1992. 2. 25. 선고 91누12813 판결, 대법원 1994. 9. 13. 선고 94누 3698 판결 등 참조). 반면 구 상증세법 제45조의2 제1항이 규정하는 명의신탁재산 증여의제는 조세회피목적의 명의신탁행위를 방지하기 위하여 실질과세원칙의 예외로서 실제소유자로부터 명의자에게 해당 재산이 증여된 것으로 의제하여 증여세를 과세하도록 하는 제도이므로 일반적인 증여세 및 그에 따른 연대납세의무와는 그 성격을 달리한다. 이러한 취지에서 구 상증세법은 명의신탁재산 증여의제 규정의 목적과 효과를 부정하는 결과가 초래되는 경우를 방지하고자 2002. 12. 18. 법률 제6780호로 개정되면서부터 일반적인 증여세와 달리 수증자에 대한 조세채권의 확보가 곤란하지 아니하여도 명의신탁자가 증여세 연대납세의무를 부담하도록 하였고, 제4조 제1항 단서에 후단을 신설하여 명의신탁재산 증여의제에 따른 증여세에 있어서는 명의자인 영리법인이 면제받더라도 실제소유자가 해당 증여세를 납부할 의무가 있다는 규정을 두고 있다.

또한 구 상증세법은 명의신탁자가 증여세 연대납세의무를 부담하는 경우에 대하여 구 국세기본법 제25조의2의 특례규정을 두고 있지 않을 뿐만 아니라 관련 규정의 해석에 의하더라도 위 규정의 적용이 배제된다고 볼 수 없다.

다. 위 규정들의 내용과 체계, 구 상증세법 제4조의 개정연혁과 입법취지 등을 종합적으로 고려하여 보면, 명의신탁재산 증여의제의 과세요건을 충족하여 명의신탁자의 증여세 연대납세의무가 성립한 이상, 비록 과세처분에 의하여 그러한 납세의무가 확정되기 전이라고 하더라도 민법 제416조, 제419조, 제421조에 해당하는 경우 이외에는 명의수탁자에 관한 사항이 명의신탁자의 증여세 연대납세의무에 영향을 미치지 않는다. 명의수탁자가 사망하여 그 상속인이 명의수탁자의 증여세 납세의무를 상속재산의 한도에서 승계하였다고 하더라도 명의신탁 당시 성립한 명의신탁자의 증여세 연대납세의무에는 아무런 영향이 없다.

【평석】

구 국세기본법 제25조의2(2017년 현행법도 동일)는 '이 법 또는 세법에 의하여 국세·가산금과 체납처분비를 연대하여 납부할 의무에 관하여는 민법 제413조 내지 제416조, 제419조, 제421조, 제423조 및 제425조 내지 제427조의 규정을 준용한다'고 규정하고 있고, 위와 같이 준용되는 민법 제423조 등은 이행청구(제416조), 채무면제(제419조), 소멸시효의 완성(제421조) 이외에는 어느 연대채무자에 관한 사항이 다른 연대채무자에게 효력이 없다고 규정하고 있다. 이와 같이 위 3개 사유 이외의 다른 사유는 다른 연대납세의무자에게 아무런 영향이 없으므로, 다른 연대납세의무자는 당초 성립한 자신의 연대납세의무 내용대로 채무를 이행할 의무가 있다.

민법 제1028조는 '상속인은 상속으로 인하여 취득할 재산의 한도에서 피상속인의 채무와 유증을 변제할 것을 조건으로 상속을 승인할 수 있다.'고 규정하고 있는데, 대상 판결은 민법에 따라 한정승인을 한 상속인과 연대납세의무를 지는 자의 연대납세의무의 범위도 한정승인을 한 상속인과 마찬가지로 상속재산의 범위로 한정되는지 여부에 관한 최초의 판결이다.

대상 판결은 명의신탁자의 증여세 연대납세의무에는 구 국세기본법 제25조의2가 적용된다고 전제하였다. 이에 따라 명의수탁자의 상속인이 한정승인으로 명의수탁자의 증여세 납세의무를 상속재산의 한도에서 승계하였다고 하더라도 명의신탁자의 연대납세의무는 상속인의 한정승인에 따른 영향을 받지 않고 당초 명의수탁자에게 성립한 증여세 납세의무라고 판단한 것이다. 대상 판결은 조세법규 엄격해석의 원칙에 비추어 볼 때 타당한 판결이다.

Ⅴ. 특정법인과의 거래를 통한 이익의 증여

【대상 판결】

대법원 2017. 4. 20. **선고** 2015두45700 **전원합의체 판결**

【사실관계】

가. 원고들은 OO 주식회사의 주주이고, 원고들과 특수관계에 있는 이OO이 2011. 4. 20. 결손금이 있는 OO 주식회사에 거액의 주식을 증여하였다.

나. 피고들은 위 주식의 증여로 인하여 원고들이 실제로 얼마만큼의 증여 이익을 얻었는지와 무관하게 개정 법률 조항 및 시행령 조항에 따라 위 주식의 가액에 각자의 보유주식 비율을 곱하여 계산한 금액 상당의 이익을 얻은 것으로 간주된다는 이유로, 2013. 8. 1. 원고들에게 증여세를 부과하였다(이하 '이 사건 처분'이라고 한다).

【쟁점】

이 사건의 쟁점은 특정법인과의 거래를 통한 이익의 증여시 증여재산가액 산정에 관한 시행령 조항의 유효 여부이다.

【대상 판결의 요지】

가. 조세법률주의 원칙은 과세요건 등 국민의 납세의무에 관한 사항을 국민의 대표기관인 국회가 제정한 법률로써 규정하여야 하고, 그 법률을 집행하는 경우에도 이를 엄격하게 해석·적용하여야 하며, 행정편의적인 확장해석이나 유추적용을 허용하지 아니함을 뜻한다. 그러므로 법률의 위임 없이 명령 또는 규칙 등의 행정입법으로 과세요건 등에 관한 사항을 규정하거나 법률에 규정된 내용을 함부로 유추·확장하는 내용의 해석규정을 마련하는 것은 조세법률주의 원칙에 위배된다(대법원 2007. 5. 17. 선고 2006두8648 전원합의체 판결 등 참조).

한편 일반적으로 법률의 위임에 따라 효력을 갖는 법규명령의 경우에 그 위임의 근거가 없어 무효였더라도 나중에 법 개정으로 위임의 근거가 부여되면 그때부터는 유효한 법규명령으로 볼 수 있다(대법원 1995. 6. 30. 선고 93추83 판결 참조). 그러나 그 법규명령이 개정된 법률에 규정된 내용을 함부로 유추·확장하는 내용의 해석규정이어서 위임의 한계를 벗어난 것으로 인정될 경우에는 그 법규명령은 여전히 무효로 봄이 타당하다.

나. 구 상속세 및 증여세법(2003. 12. 30. 법률 제7010호로 개정되어 2010. 1. 1. 법률 제9916호로 개정되기 전의 것) 제41조 제1항(이하 '개정 전 법률 조항'이라고 한다)은 결손금이 있거나 휴업 또는 폐업 중인 법인(이하 '특정법인'이라고 한다)의 주주 또는 출자자와 특수관계에 있는 자가 당해 특정법인과 다음 각 호의 1에 해당하는 거래를 통하여 당해 특정법인의 주주 또는 출자자가 '이익을 얻은 경우'에는 그 이익에 상당하는 금액을 당해 특정법인의 주주 또는 출자자의 증여재산가액으로 한다고 규정하고, 제2항은 그 이익의 계산방법을 대통령령에 위임하였다. 구 상속세 및 증여세법 시행령(2003. 12. 30. 대통령령 제18177호로 개정되어 2014. 2. 21. 대통령령 제25195호로 개정되기 전의 것) 제31조 제6항(이하 '이 사건 시행령 조항'이라고 한다)은 '개정 전 법률 조항에 의한 이익은 증여재산가액 등(결손금이 있는 법인의 경우에는 당해 결손금을 한도로 한다)에 그 최대주주 등의 주식 등의 비율을 곱하여 계산한 금액(당해 금액이 1억 원 이상인 경우에 한한다)으로 한다'고 규정하고 있다.

개정 전 법률 조항은 특정법인과의 일정한 거래를 통하여 최대주주 등이 '이익을 얻은 경우'에 이를 전제로 그 '이익의 계산'만을 시행령에 위임하고 있음에도 이 사건 시행령 조항은 특정법인이 얻은 이익이 바로 '주주 등이 얻은 이익'이 된다고 보아 증여재산가액을 계산하도록 하였다. 또한 개정 전 법률 조항에 의하면 특정법인에 대한 재산의 무상제공 등이 있더라도 주주 등이 '실제로 얻은 이익이 없다면' 증여세 부과대상에서 제외될 수 있으나, 이 사건 시행령 조항에 의하면 특정법인에 재산의 무상제공 등이 있는 경우 그 자체로 주주 등이 이익을 얻은 것으로 간주되어 증여세 납세의무를 부담하게 된다. 결국 이 사건 시행령 조항은 모법인 개정 전 법률 조항의 규정취지에 반할 뿐만 아니라 그 위임범위를 벗어난 것이다(대법원 2009. 3. 19. 선고 2006두19693 전원합의체 판결 참조).

다. 한편 2010. 1. 1. 법률 제9916호로 개정된 구 상속세 및 증여세법(2011. 12. 31. 법률 제11130호로 개정되기 전의 것, 이하 '상증세법'이라고 한다) 제41조 제1항(이하 '개정 법률 조항'이라고 한다)은 종전에 특정법인의 주주 등이 '이익을 얻은 경우'라고만 하던 것을 '대통령령으로 정하는 이익을 얻은 경우'로 그 문언이 일부 변경되었으나, 이 사건 시행령 조항은 2014. 2. 21. 대통령령 제25195호로 개정되기 전까지 그대로 존치되어 왔다.

이 사건의 쟁점은 이와 같이 개정 전 법률 조항이 개정 법률 조항으로 개정되었음에도, 이 사건 시행령 조항이 모법인 개정 법률 조항의 규정취지에 반하고 그 위임범위를 벗어난 것이어서 여전히 무효인지 여부이다.

라. 상증세법은 증여세의 과세대상을 '증여로 인한 증여재산'으로 삼으면서(제2조 제1항), '증여'란 경제적 가치를 계산할 수 있는 재산을 타인에게 무상으로 이전하거나 기여에 의하여 타인의 재산가치를 증가시키는 것이라고 정의하고(제2조 제3항), '증여재산'을 경제적 또는 재산적 가치가 있는 물건이나 권리로 규정하고 있으며(제31조 제1항), 증여세 과세표준의 기초가 되는 증여재산가액의 계산을 위한 여러 규정들을 두고 있다(제3장 제2절). 그러므로 증여세는 증여재산의 경제적 또는 재산적 가치를 정당하게 산정한 가액을 기초로 하여 과세하여야 하고, 납세의무자가 증여로 인하여 아무런 경제적·재산적 이익을 얻지 못하였다면 원칙적으로 증여세를 부과할 수 없다고 보아야 한다.

개정 법률 조항은 결손금이 있는 특정법인의 주주 등과 특수관계에 있는 자가 특정법인에 재산을 증여하는 등 일정한 거래를 함으로써 특정법인은 그 증여가액을 결손금으로 상쇄하여 증여가액에 대한 법인세를 부담하지 않도록 하면서도 특정법인의 주주 등에게는 이익을 얻게 하는 변칙증여에 대하여 증여세를 과세하기 위한 것이다. 그런데 앞서 본 증여세의 과세체계와 증여 및 증여재산의 개념 등에 비추어 볼 때 이는 여전히 특정법인에 대한 재산의 무상제공 등으로 인하여 그 주주 등이 상증세법상 증여재산에 해당하는 이익을 얻었음을 전제로 하는 규정으로 보아야 하고, 재산의 무상제공 등의 상대방이 특정법인인 이상 그로 인하여 주주 등이 얻을 수 있는 '이익'은 그가 보유하고 있는 특정법인 주식 등의 가액 증가분 외에 다른 것을 상정하기 어렵다.

따라서 개정 법률 조항은 그 문언의 일부 개정에도 불구하고 개정 전 법률 조항과 마찬가지로 재산의 무상제공 등 특정법인과의 거래를 통하여 특정법인의 주주 등이 이익을 얻었음을 전제로 하여 그 이익, 즉 '주주 등이 보유한 특정법인 주식 등의 가액 증가분'의 정당한 계산방법에 관한 사항만을 대통령령에 위임한 규정이라고 볼 것이다. 따라서 특정법인의 주주 등과 특수관계에 있는 자가 특정법인에 재산을 증여하는 거래를 하였더라도 그 거래를 전후하여 주주 등이 보유한 주식 등의 가액이 증가하지 않은 경우에는 그로 인하여 그 주주 등이 얻은 증여 이익이 없으므로 개정 법률 조항에 근거하여 증여세를 부과할 수는 없다고 보아야 한다.

마. 그런데 이 사건 시행령 조항은 특정법인에 재산의 무상제공 등이 있으면 그 자체로 주주 등이 이익을 얻은 것으로 간주함으로써, 주주 등이 실제로 얻은 이익의 유무나 다과와 무관하게 증여세 납세의무를 부담하도록 정하고 있으므로, 결국 이 사건 시행령 조항

은 모법인 개정 법률 조항의 규정취지에 반할 뿐만 아니라 그 위임 범위를 벗어난 것으로서 2010. 1. 1. 상증세법 개정에도 불구하고 여전히 무효라고 봄이 타당하다.

【평석】

가. 관련 규정의 개정 경위

특정법인과의 거래를 통한 이익의 증여와 관련한 규정은 여러 차례 개정되었는데, 그 경위를 요약하면 아래와 같다.

(1) 대법원 2009. 3. 19. 선고 2006두19693 전원합의체 판결은 2003. 12. 30. 대통령령 제18177호로 개정되어 2014. 2. 21. 대통령령 제25195호로 개정되기 전의 구 상속세 및 증여세법 시행령 제31조 제6항에 대해, '개정 법 제41조는 특정법인과의 거래를 통하여 최대주주 등이 이익을 얻은 경우 그 '이익의 계산' 만을 시행령에 위임하고 있는데도 불구하고, 개정 시행령 제31조 제6항은 특정법인이 얻은 이익을 '주주 등이 얻은 이익' 으로 보아 증여재산가액을 계산하도록 규정하고 있고, 또한 개정 법 제41조 제1항에 의하면 특정법인에 대한 재산의 무상제공 등으로 인하여 주주 등이 실제로 얻은 이익이 없으면 과세대상에서 제외될 수 있으나, 개정 시행령 제31조 제6항은 특정법인에 재산의 무상제공 등이 있으면 그 자체로 주주 등이 이익을 얻은 것으로 간주하여 증여세 납세의무를 부담하게 되므로, 결국 개정 시행령 제31조 제6항은 모법인 개정 법 제41조 제1항, 제2항의 규정취지에 반하고 그 위임범위를 벗어난 것으로서 무효'라고 판시하였다. 또한 '개정 전 법 제

41조 제1항의 규정에 의한 특정법인의 주주 등이 증여받은 것으로 보는 이익의 계산과 관련하여, 개정 전 시행령 제31조 제6항은 증여재산가액이나 채무면제 등으로 얻는 이익에 상당하는 금액(제1호)으로 인하여 '증가된 주식 또는 출자지분 1주당 가액'에 해당 최대주주 등의 주식수를 곱하여 계산하도록 규정하고 있는바, 여기서 '증가된 주식 등의 1주당 가액'은 증여 등의 거래를 전후한 주식 등의 가액을 비교하여 산정하는 것이 타당할 것이다. 이 경우 주식 등의 가액을 산정하기 위하여 재산의 가액을 평가함에 있어 그 시가를 산정하기 어려운 경우 개정 전 법 제63조 제1항 제1호 (다)목, 개정 전 시행령 제54조 소정의 보충적 평가방법에 따라 1주당 가액을 산정한 결과 그 가액이 증여 등 거래를 전후하여 모두 부수(負數)인 경우에는 증가된 주식 등의 1주당 가액은 없는 것으로 보는 것이 합리적이라 할 것이며, 거래를 전후하여 1주당 가액이 부수로 산정되는데도 증여재산가액 또는 채무면제액 등 거래로 인한 가액만을 주식수로 나누어 산정하거나 단순히 부수의 절대치가 감소하였다는 이유로 주식 등의 1주당 가액이 증가된 것으로 보는 것은 증여세가 부과되는 재산의 가액평가에 관한 관계 규정을 전혀 감안하지 아니하는 결과가 되어 관계 규정의 해석상 허용될 수 없다(대법원 2003. 11. 28. 선고 2003두4249 판결 등 참조).'고 판시하였다.

위와 같이 위 시행령 제31조 제6항이 무효로 되자, 정부는 2010. 1. 1. 법률 제9916호로 개정된 구 상증세법 제41조 제1항 본문 중 "특정법인의 주주 또는 출자자가 이익을 얻은 경우에는"을 "특정법인의 주주 또는 출자자가 대통령령으로 정하는 이익을 얻은 경우에는"으로 개정하여 위임근거를 신설하였다. 그러나 대법원 2009. 3.

19. 선고 2006두19693 전원합의체 판결이 무효로 판단한 2003. 12. 30. 대통령령 제18177호로 개정되어 2014. 2. 21. 대통령령 제25195호로 개정되기 전까지 시행된 구 상증세법 시행령 제31조 제6항은 그대로 유지하였다. 즉, 법률에 위임근거만 신설한 것이다.

(2) 그 후인 2014. 1. 1. 법률 제12168호로 개정된 구 상증세법 제41조 제1항은 특정법인의 범위를 일부 영리법인(이른바 흑자법인)까지 포함하는 내용으로 개정되었다. 즉, 과거에는 "결손금이 있거나 휴업 또는 폐업중인 법인"만을 특정법인으로 하였으나, 영리법인을 통한 이익의 증여에 대해서도 과세필요성이 있다는 지적에 따라 특정법인의 범위에 결손금이 있거나 휴업 또는 폐업중인 법인 이외에 "제45조의3 제1항[32]에 따른 지배주주와 그 친족이 지배하는 영리법인"을 추가하였다.[33]

---

32) ① 법인의 사업연도 매출액(「법인세법」 제43조의 기업회계기준에 따라 계산한 매출액을 말한다. 이하 이 조에서 같다) 중에서 그 법인의 지배주주와 대통령령으로 정하는 특수관계에 있는 법인(이하 이 조에서 "특수관계법인"이라 한다)에 대한 매출액이 차지하는 비율(이하 이 조에서 "특수관계법인거래비율"이라 한다)이 그 법인의 업종 등을 고려하여 대통령령으로 정하는 비율(이하 이 조에서 "정상거래비율"이라 한다)을 초과하는 경우에는 그 법인(이하 이 조 및 제68조에서 "수혜법인"이라 한다)의 지배주주와 그 지배주주의 친족[수혜법인의 발행주식총수 또는 출자총액에 대하여 직접 또는 간접으로 보유하는 주식보유비율이 대통령령으로 정하는 보유비율(이하 이 조에서 "한계보유비율"이라 한다)을 초과하는 주주에 한정한다. 이하 이 조에서 같다]이 다음 계산식에 따라 계산한 이익(이하 이 조 및 제55조에서 "증여의제이익"이라 한다)을 각각 증여받은 것으로 본다.

33) 대법원은 영리흑자법인에 대한 증여를 통한 이익에 대해서는 2014. 1. 1. 법률 제12168호로 개정되기 전의 구 상증세법 제41조를 적용하여 그 법인의 주주에게 증여세를 과세할 수 없다는 입장을 일관되게 취하였다(대법원 2015. 10. 15. 선고 2013두13266 판결, 대법원 2015. 10. 15. 선고 2014두5392 판결, 대법원 2015. 10. 15. 선고 2013두14283 판결, 대법원 2015. 10.

(3) 2014. 1. 1. 법률 제12168호로 개정된 구 상증세법 제41조 제1항의 특정법인에 일부 영리법인을 포함하는 내용으로 법률이 개정됨에 따라 같은 법 시행령의 증여재산가액 산정방식이 개정되었다. 즉, 개정 전에는 증여재산가액을 특정법인이 증여받은 재산가액 또는 채무면제·인수 또는 변제로 인하여 얻은 이익에 단지 특수관계인의 지분율을 곱하는 방식으로 산정하였다. 그런데, 2014. 2. 21. 대통령령 제25195호로 개정된 구 상증세법 시행령 제31조는 주주 등이 얻은 이익을 좀더 구체화하는 방식으로 증여재산가액 산정방식을 변경하였다.

(4) 2015. 12. 15. 법률 제13557호로 개정된 현행 상증세법 제45조의5는 "그 특정법인의 이익에 특정법인의 주주등의 주식보유비율을 곱하여 계산한 금액을 그 특정법인의 주주등이 증여받은 것으로 본다"라고 하여 법률에서 특정법인과의 거래를 통한 증여재산가액 산정규정을 증여의제규정으로 전환하였다. 2003. 12. 30. 법률 제7010호로 개정되기 전의 증여의제 규정으로 다시 돌아간 것이다. 여기에서 '특정법인의 이익'의 계산방식은 2016. 2. 5. 대통령령 제26960호로 개정된 상증세법 시행령 제34조의4에 규정되었다.

나. 대상 판결의 의의

대법원 2009. 3. 19. 선고 2006두19693 전원합의체 판결로 2003. 12. 30. 대통령령 제18177호로 개정된 구 상증세법 시행령 제31조 제6항이 무효로 되자, 정부는 2010. 1. 1. 법률 제9916호로 개정된 구

---

15. 선고 2014두47945 판결, 대법원 2015. 10. 29. 선고 2013두25177 판결, 대법원 2016. 6. 23. 선고 2016두285 판결 등).

상증세법 제41조 제1항 본문에 "특정법인의 주주 또는 출자자가 대통령령으로 정하는 이익을 얻은 경우에는"이라고 개정하여 위임근거를 마련하였다. 그리고 2014. 2. 21. 대통령령 제25195호로 구 상속세 및 증여세법 시행령이 개정되기 전까지 위 2006두19693 전원합의체 판결이 무효라고 판단한 이 사건 시행령 제31조 제6항을 그대로 유지하였다. 대상 판결은 2010. 1. 1. 법률 제9916호로 구 상증세법이 개정된 이후에도 2014. 2. 21.까지 그대로 유지된 이 사건 시행령 제31조 제6항이 유효한지 여부를 판단한 것이다.

대상 판결은 이 사건 시행령 조항이 2010. 1. 1.자로 개정된 구 상증세법 제41조 제1항의 규정취지에 반하는지, 그 위임범위를 벗어난 것인지 여부를 쟁점으로 삼아 판단하였다. 대상 판결은 2010. 1. 1.자 개정에도 불구하고 구 상증세법 제41조 제1항은 특정법인과의 거래를 통하여 특정법인의 주주 등이 보유한 특정법인 주식 등의 가액 증가분의 산정방법에 관한 사항만을 대통령령에 위임한 규정이고, 따라서 그 거래를 전후하여 주주 등이 보유한 주식 등의 가액이 증가하지 않은 경우에는 증여 이익이 없으므로 증여세를 과세할 수 없다고 판단하였다. 결국 대법원은 구 상증세법 제41조 제1항의 적용 시 특정법인의 주주 등이 보유한 주식의 1주당 가액이 부수(-)인 경우에는 실제로 얻은 이익이 없으므로 증여세를 과세할 수 없다는 입장이다. 그러나 특정법인이 무상으로 받은 이익이 있음에도 불구하고 1주당 가액이 부수(-)로 산정된다고 하여 실제로 얻은 이익이 없다고 하는 것은 타당하지 않다.[34)]

---

34) 황남석, "2014. 2. 21. 개정 전의 구 상증세법 시행령 제31조 제6항이 무효인지 여부가 문제된 사건", 로앤비 천자평석에서는 증여를 전후하여 1주당 가액이 부수인 경우에도 음의 값이 줄어들었다면 주주등에게 증여이익이 있는 것으로 보아야 한다는 이유로 위 2006두19693 전원합의체 판결은 입법취지를 무시한 판결이라고 비판하였다.

한편, 2015. 12. 15. 법률 제13557호로 개정된 현행 상증세법 제45조의5는 특정법인과의 거래를 통한 이익의 증여규정을 증여의제규정으로 변경하였다. 즉, 현행 상증세법 제45조의5는 단순한 증여재산가액 규정이 아니라, 일정한 요건을 갖춘 특정법인의 주주 등이 그 규정에 의하여 산정된 금액을 증여받은 것으로 의제하는 규정이다. 대상 판결은 특정법인과의 거래를 통하여 주주 등이 실제 증여이익을 얻었음을 전제로 하는 판단이었으나, 실제로 이익을 얻었음을 전제로 하는 것이 아니라 일정한 요건을 갖춘 경우에는 증여로 의제하는 현행 상증세법 제45조의5의 해석에는 더 이상 적용되기 어려울 것으로 보인다. 이러한 현행 규정에 대해서는 실제로 이익을 얻은 사실이 없음에도 불구하고 일정한 요건을 갖춘 거래를 한 경우 특정법인의 주주 등에게 증여로 의제하여 증여세를 과세하는 것이 헌법상 재산권 침해 금지나 과잉금지 원칙(비례의 원칙) 등에 위반되는 것이 아니냐는 위헌 논란이 제기될 수 있다.[35)]

Ⅵ. 공익법인등이 출연받은 재산에 대한 과세가액 불산입

【대상 판결】

대법원 2017. 4. 20. **선고** 2011두21447 **전원합의체 판결**

【사실관계】

가. 원고는 소외 1과 소외 회사로부터 현금을 출연받아 2002. 10.

35) 강석규, 『조세법 쟁론』, (삼일인포마인, 2017), 1210면-1213면.

17. 설립허가를 받고, 같은 해 11. 5. 설립등기를 마친 성실공익법인이며, 상호출자제한 기업집단에 속하는 법인과 동일인관련자의 관계에 있지 아니한 재단법인이다.

나. 소외 1은 소외 회사의 총발행 주식 12만 주 중 8만 4,000주(발행주식 총수 중 70%)를, 그의 6촌 동생 소외 2가 나머지 3만 6,000주(발행주식총수 중 30%)를 각 소유하고 있었는데, 2003. 2. 20. 소외 1, 2는 각각 7만 2,000주(발행주식총수 중 60%)와 3만 6,000주(이하 소외 1, 2가 증여한 주식을 '이 사건 주식'이라 한다)를 원고에 출연하였다.

다. 2005. 12. 15.경 소외 1은 원고의 3대 이사장으로 취임하기도 하였다.

라. 이에 피고는, 원고가 2003. 4. 28. 소외 1 등으로부터 이 사건 주식을 출연받은 것은 구 상속세 및 증여세법(2007. 12. 31. 법률 저 118828호로 개정되기 전의 것, 이하 '구 상증세법'이라 한다) 제48조 제1항 단서에서 규정한 공익법인의 내국법인의 의결권 있는 주식 보유한도인 100분의 5를 초과하여 출연받은 경우에 해당한다고 보아 2008. 9. 3. 원고에게 2003년 귀속분 증여세 14,041,937,000원(가산세 포함)을 부과하였다.

【쟁점】

이 사건의 쟁점은 ① 구 상속세 및 증여세법 시행령(2003. 12. 30. 대통령령 제18177호로 개정되기 전의 것) 제13조 제4항 제1호에서 정한 '출연자 및 그와 특수관계에 있는 자가 보유하고 있는 주식의 합계가 가장 많은 내국법인'에 해당하는지 여부를 판단하는 기준 시점과 ② 같은 법 시행령 제19조 제2항 제4호에서 정한 '재산을 출연하여 비영리법인을 설립한 자'의 의미이다.

【대상 판결의 요지】

가. (1) 구 상증세법 제48조 제1항 본문은 '공익법인이 출연받은 재산'에 대하여는 증여세를 부과하지 아니한다고 규정하고 있다. 이는 공익법인의 활동을 조세정책적 차원에서 지원하기 위한 규정으로서, 공익법인이 영위하는 공익사업은 원래 국가 또는 지방자치단체가 수행하여야 할 업무라는 점을 고려한 것이다.

그런데 구 상증세법 제48조 제1항 단서는 '공익법인이 내국법인의 주식을 출연받은 경우 출연받은 주식 등이 당해 내국법인의 의결권 있는 발행주식 총수의 100분의 5를 초과하는 경우'에는 증여세를 부과하도록 규정하고 있다. 공익법인에 출연한 재산에 대하여 증여세를 부과하지 않는 점을 틈타서 공익법인에 대한 주식 출연의 방법으로 공익법인을 내국법인에 대한 지배수단으로 이용하면서도 상속세 또는 증여세를 회피하는 것을 막기 위한 것이다.

한편 구 상증세법 제48조 제1항 단서는 그 괄호 안에서 '법 제16조 제2항 각 호 외의 부분 단서(이하 '제16조 제2항 단서'라고만 한다)의 규정에 해당하는 경우를 제외한다'고 규정함으로써 구 상증세법 제48조 제1항 단서 규정에 의하여 증여세가 부과되는 범위를 제한하고 있다. 즉 구 상증세법 제16조 제2항 단서는 '공익법인에 출연자와 특수관계에 있지 아니하는 내국법인의 주식을 출연하는 경우'에는 증여세가 부과되지 않도록 규정하고 있다. 내국법인의 의결권 있는 발행주식 총수의 100분의 5를 초과하는 주식을 공익법인에 출연하더라도, 공익법인에 대한 주식 출연의 방법으로 공익법인을 내국법인에 대한 지배수단으로 이용할 우려가 없는 경우에는 다시 원칙으로 돌아가 증여세를 부과하지 않으려고 하는 것이다.

(2) 앞서 본 구 상증세법 제48조 제1항과 제16조 제2항 단서의 규정을 종합하여 보면, 출연된 내국법인의 주식이 그 내국법인 발행주식 총수의 100분의 5를 초과하는 경우라고 하더라도 출연된 주식에 대하여 증여세를 부과하기 위해서는 그 출연자와 내국법인 사이에 '특수관계'가 인정되어야 한다.

이와 관련하여 위 단서 규정의 위임에 따른 구 상증세법 시행령(2003. 12. 30. 대통령령 제18177호로 개정되기 전의 것, 이하 '시행령'이라고 한다) 제13조 제4항은 "구 상증세법 제16조 제2항 단서에서 '당해 공익법인의 출연자와 특수관계에 있지 아니하는 내국법인'이라 함은 다음 제1호 및 제2호에 해당하지 아니하는 내국법인을 말한다."라고 규정하고 있고, 제1호에서는 '출연자 또는 그와 특수관계에 있는 자(출연자와 제6항 각 호의 1의 관계에 있는 자를 말하되, 당해 공익법인을 제외한다)가 주주이거나 임원의 현원 중 5분의 1을 초과하는 내국법인'이라는 요건(이하 '주주 요건'이라고 한다)과 '출연자 및 그와 특수관계에 있는 자(출연자와 제6항 각 호의 1의 관계에 있는 자를 말한다)가 보유하고 있는 주식의 합계가 가장 많은 내국법인'이라는 요건(이하 '최대주주 요건'이라고 한다)을 모두 갖춘 내국법인을 '당해 공익법인의 출연자와 특수관계에 있는 내국법인'으로 규정하고 있다.

그러므로 위와 같은 '주주 요건'과 '최대주주 요건'을 모두 갖추어야 출연자와 내국법인 사이에 '특수관계'가 있다고 볼 수 있고, 그러한 경우에 비로소 공익법인에 출연된 내국법인의 주식에 대하여 증여세를 부과할 수 있는 것이다.

(3) 구 상증세법 제48조 제1항의 입법 취지가 내국법인 주식의 출연 전에 그 '내국법인의 최대주주였던 자'의 출연을 규제하고자 하는 것이라면 '최대주주 요건'을 주식이 출연되기 전의 시점을 기준으로 판단하여야 하고, 주식의 출연 후에 그 '내국법인의 최대주주가 되는 자'의 출연을 규제하고자 하는 것이라면 '최대주주 요건'을 주식이 출연된 후의 시점을 기준으로 판단하여야 한다.

공익법인에 출연한 주식이 '출연자 및 그와 특수관계에 있는 자(이하 '출연자 등'이라고 한다)가 보유하고 있는 주식의 합계가 가장 많은 내국법인'의 주식인 경우에는, 내국법인에 대한 지배력을 바탕으로 배당 등에 관한 영향을 통하여 그 공익법인에 영향을 미침으로써 공익법인을 내국법인에 대한 지배수단으로 이용할 수 있으면서도 이러한 공익법인에 대한 주식 출연의 방법으로 상속세 또는 증여세를 회피할 수 있으므로, 이러한 폐해를 방지하고자 이와 같은 규정을 두게 된 것으로 이해된다.

따라서 '최대주주 요건'에 해당하는지 여부는 주식이 출연되기 전의 시점이 아닌 출연된 후의 시점을 기준으로 판단하여야 한다. 비록 주식이 출연되기 전에 최대주주였다고 하더라도 그 출연에 따라 최대주주로서의 지위를 상실하게 되었다면 출연자는 더 이상 내국법인에 대한 지배력을 바탕으로 공익법인에 영향을 미칠 수 없고 공익법인을 내국법인에 대한 지배수단으로 이용할 수 없기 때문이다.

(4) 법 제16조 제2항 단서는 '① 제49조 제1항 각 호 외의 부분 단서에 해당하는 것으로서, ② 독점규제 및 공정거래에 관한 법률 제9조의 규정에 의한 상호출자제한기업집단과 특수관계에 있지 아니하는 공익법인에, ③ 당해 공익법인의 출연자와 특수관계에 있지 아니하는 내국법인의 주식을 출연하는 경우로서, ④ 대통령령으로 정하는 경우에는' 증여세를 부과하지 아니한다고 규정하고 있다. 공익법

인을 내국법인에 대한 지배수단으로 이용할 우려가 없다고 인정받기 위해서는 위 네 가지 요건을 모두 충족하여야 한다. 이 사건의 쟁점은 그 가운데 '③ 당해 공익법인의 출연자와 특수관계에 있지 아니하는 내국법인의 주식을 출연하는 경우'에 관한 것이다.

나. (1) 한편 앞서 본 바와 같이, 주식 출연 시 비과세 혜택을 받기 위해서는 출연자 등이 내국법인의 최대주주에 해당하지 않아야 하는데, 주식이 출연된 후의 시점에서 최대주주 여부를 판단함에 있어서는 내국법인의 주식을 출연받은 '당해 공익법인'이 출연자와 특수관계에 있는 자에 해당하는지도 따져보아야 한다. 이와 관련하여 시행령 제13조 제6항 제3호에 따라 준용되는 시행령 제19조 제2항 제4호(이하 '이 사건 시행령 조항'이라고 한다)는 '주식 출연자 등이 이사의 과반수를 차지하거나 재산을 출연하여 설립한 비영리법인'을 그 출연자와 특수관계에 있는 자로 규정하고 있다.

위 규정들의 문언에 따르면 '당해 공익법인'도 비영리법인에 당연히 포함되므로, 위 규정들의 요건에 해당하는 경우에는 '출연자와 특수관계에 있는 비영리법인'이 될 수 있다. 시행령 제13조 제4항 제1호에서도 최대주주 요건과 관련된 특수관계에 있는 자의 범위에 당해 공익법인을 포함시킴으로써 이러한 점을 명확히 하고 있다. 따라서 '주식 출연자 등이 당해 공익법인 이사의 과반수를 차지'하거나 당해 공익법인이 '주식 출연자 등이 재산을 출연하여 설립한 공익법인'에 해당한다면 출연자와 특수관계에 있는 자에 해당하게 되므로, 그 경우에는 출연으로 인하여 당해 공익법인이 보유하게 된 주식은 물론 출연 당시 당해 공익법인이 이미 보유하고 있던 내국법인의 주식을 포함시켜 최대주주에 해당하는지 여부를 판단하여야 한다.

(2) 이 사건에서는 당해 공익법인이 '주식 출연자 등이 재산을 출연하여 설립한 공익법인'에 해당하는지, 즉 '재산을 출연하여 비영리법인을 설립한 자'의 의미가 쟁점이다.

아래에서 살펴보는 바와 같이 조세법규의 해석 원칙과 입법 취지, 이 사건 시행령 조항의 입법 연혁, 특수관계에 있는 비영리법인의 범위를 정한 다른 조세법규의 내용, 정관작성이나 이사선임 등의 설립행위가 공익법인의 운영과정에 미치는 영향력 등을 종합적으로 고려하면, 이 사건 시행령 조항에서 정한 '재산을 출연하여 비영리법인을 설립한 자'란 비영리법인의 설립을 위하여 재산을 출연하고 정관작성, 이사선임, 설립등기 등의 과정에서 그 비영리법인의 설립에 실질적으로 지배적인 영향력을 행사한 자를 의미하는 것으로 보아야 한다.

(3) 원심판결 이유에 의하면, 원심은 '재산을 출연하여 비영리법인을 설립한 자'는 '재산을 출연하여 비영리법인의 설립에 이른 자'를 의미하고 설립행위를 할 것을 필요로 하는 것은 아니라고 전제한 다음, 소외 1이 공익법인인 원고의 설립과정에서 재산을 출연한 이상 원고는 소외 1이 '재산을 출연하여 설립한 비영리법인'에 해당하고, 따라서 소외 1과 원고 사이에는 특수관계가 있다고 판단하였다.

그러나 앞서 본 바와 같이 이 사건 시행령 조항에서 정한 '재산을 출연하여 비영리법인을 설립한 자'란 비영리법인의 설립을 위하여 재산을 출연하고 나아가 정관작성, 이사선임 등의 과정에서 그 비영리법인의 설립에 실질적으로 지배적인 영향력을 행사한 자를 의미한다. 그런데 원심판결 이유에 의하면, 소외 1과 그의 6촌 동생인 소외 2가 원고에게 소외 회사 발행의 주식을 출연한 후에 소외 1이 같은 주식의 10%를, 원고가 같은 주식의 90%를 각 보유하고 있음을 알 수 있다. 따라서 원고가 소외 1 등이 '재산을 출연하여 설립한 공익법인'에 해당하여야 주식의 출연자인 소외 1이 주식을 출연받은 원고와 '특수관계에 있는 자'에 해당하게 되고, 그 결과 원고가 보유하게 된 이 사건 내국법인 주식 90%도 '최대주주 요건'을 결정하는 주식의 수에 포함시킬 수 있다.

따라서 소외 1 등이 원고에게 주식을 출연한 사실이 인정된다고 하더라도, 원심으로서는 나아가 소외 1 등이 원고의 정관작성, 이사 선임 등의 설립과정에서 실질적으로 지배적인 영향력을 행사함으로써 원고를 설립한 것으로 볼 수 있는지를 더 면밀하게 심리할 필요가 있다.

【평석】

가. 대상 판결의 법리가 현행 상증세법령에도 적용되는지

공익법인등의 의결권 있는 주식의 보유한도 초과분과 관련된 현행 상증세법령의 규정은 아래와 같다.

- 2017. 12. 19. **법률 제15224호로 개정된 현행 상증세법 제16조**[36]

③ 제2항에도 불구하고 다음 각 호의 어느 하나에 해당하는 경우에는 그 내국법인의 발행주식총수등의 제2항 제2호에 따른 비율[37]을 초과하는 경우에도 그 초과하는 가액을 상속세 과세가액에 산입하지 아니한다.

36) 공익법인의 증여세와 관련하여서는 현행 상증세법 제48조 제1항 단서에서 "(제16조 제3항 각 호에 해당하는 경우는 제외한다)"라고 하여 보유비율 초과분에 대한 증여세 과세 제외 요건을 현행 상증세법 제16조 제3항과 동일하게 규정하고 있다.

37) 공익법인은 100분의5, 성실공익법인은 100분의 10 또는 100분의 20(현행 상증세법 제16조 제2항 제2호).

1. 제49조 제1항 각 호 외의 부분 단서에 해당하는 공익법인등으로서 상호출자제한기업집단과 특수관계에 있지 아니한 공익법인등에 그 공익법인등의 출연자와 특수관계에 있지 아니한 내국법인의 주식등을 출연하는 경우로서 주무관청이 공익법인등의 목적사업을 효율적으로 수행하기 위하여 필요하다고 인정하는 경우
2. 상호출자제한기업집단과 특수관계에 있지 아니한 성실공익법인등(공익법인등이 설립된 날부터 3개월 이내에 주식등을 출연받고, 설립된 사업연도가 끝난 날부터 2년 이내에 성실공익법인등이 되는 경우를 포함한다)에 발행주식총수등의 제2항 제2호 각 목에 따른 비율을 초과하여 출연하는 경우로서 해당 성실공익법인등이 초과보유일부터 3년 이내에 초과하여 출연받은 부분을 매각(주식등의 출연자 또는 그의 특수관계인에게 매각하는 경우는 제외한다)하는 경우
3. 「공익법인의 설립·운영에 관한 법률」 및 그 밖의 법령에 따라 내국법인의 주식등을 출연하는 경우

• 2018. 2. 13. **대통령령 제28638호로 개정된 현행 상증세법 시행령 제13조**

⑩ 법 제16조 제3항 제1호에서 "그 공익법인등의 출연자와 특수관계에 있지 아니한 내국법인"이란 다음 각 호의 어느 하나에 해당하지 아니하는 내국법인을 말한다.

1. 출연자(출연자가 사망한 경우에는 그 상속인을 말한다. 이하 이 조, 제37조 제2항 및 제38조 제10항에서 같다) 또는 그의 특수관계인(해당 공익법인등은 제외한다)이 주주 또는 출자자(이하 "주주등"이라 한다)이거나 임원의 현원(5명에 미달하는 경우에는 5명으로 본다. 이하 이 항에서 같다)중 5분의 1을 초과하는 내국법인으로서 출연자 및 그의 특수관계인이 보유하

고 있는 주식 및 출자지분(이하 "주식등"이라 한다)의 합계가 가장 많은 내국법인

2. 출연자 또는 그의 특수관계인(해당 공익법인등은 제외한다)이 주주등이거나 임원의 현원 중 5분의 1을 초과하는 내국법인에 대하여 출연자, 그의 특수관계인 및 공익법인등출자법인{해당 공익법인등이 발행주식총수등의 100분의 5(성실공익법인등인 경우에는 100분의 10)를 초과하여 주식등을 보유하고 있는 내국법인을 말한다. 이하 이 호에서 같다}이 보유하고 있는 주식등의 합계가 가장 많은 경우에는 해당 공익법인등출자법인(출연자 및 그의 특수관계인이 보유하고 있는 주식등의 합계가 가장 많은 경우로 한정한다)

- 2018. 2. 13. **대통령령 제28638호로 개정된 현행 상증세법 시행령 제2조의2 제1항(특수관계인)**

4. 본인, 제1호부터 제3호까지의 자 또는 본인과 제1호부터 제3호까지의 자가 공동으로 재산을 출연하여 설립하거나 이사의 과반수를 차지하는 비영리법인
8. 본인, 제1호부터 제7호까지의 자 또는 본인과 제1호부터 제7호까지의 자가 공동으로 재산을 출연하여 설립하거나 이사의 과반수를 차지하는 비영리법인

위 관련규정에서 보는 바와 같이 현행 상증세법 시행령 제13조 제10항 제1호도 대상 판결에 적용된 구 시행령 제13조 제4항 제1호와 마찬가지로 내국법인과의 특수관계 여부를 판단하는 요건으로 주주요건과 최대주주 요건을 규정하고 있다. 다만, 구 시행령 제13조 제4항 제1호에서는 '특수관계인'을 "출연자와 제6항 각호의 1의 관계에 있는 자"라고 규정하여 해당 사안에서 주식을 출연받는 '해

당 공익법인'도 특수관계인에 포함되는 것으로 하였다.

그러나 현행 상증세법 시행령 제13조 제10항 제1호는 특수관계인에서 "해당 공익법인"을 명시적으로 제외하고 있다는 점이 다르다. 따라서 현행 상증세법령의 적용에 있어서는 해당 공익법인을 제외하고 출연자와 나머지 특수관계인과의 사이에서 주주요건과 최대주주 요건 해당 여부를 판단하게 된다. 이때 대상 판결에서 문제되었던 두 가지 쟁점, 즉, ① 특수관계 여부의 판단시점은 출연 이후 시점으로, ② '재산을 출연하여 비영리법인을 설립한 자'는 비영리법인의 설립을 위하여 재산을 출연하고 정관작성, 이사선임, 설립등기 등의 과정에서 그 비영리법인의 설립에 실질적으로 지배적인 영향력을 행사한 자로 해석하게 될 것이다. 이러한 점에서 대상 판결의 법리는 현행 상증세법령의 해석에 있어서도 동일하게 적용된다고 할 것이다.

나. 대상 판결의 의의

대상 판결은 첫 번째 쟁점인 구 상증세법 시행령 제13조 제4항 제1호에서 정한 최대주주 요건(구 상증세법 제48조 제1항 단서, 제16조 제2항 단서), 즉, '출연자 및 그와 특수관계에 있는 자가 보유하고 있는 주식의 합계가 가장 많은 내국법인'에 해당하는지 여부는 주식이 출연되기 전이 아니라 주식이 출연된 후를 기준으로 판단하여야 한다고 해석하였다.

대상 판결에서 소외 1이 이 사건 주식을 출연하기 전에는 소외 1과 친족인 소외 2가 소외 회사의 전체 주식 100%를 보유하는 최대주주였으므로 출연자인 소외 1과 소외 회사 사이에 특수관계가 인정된다. 그러나 소외 1, 2가 이 사건 주식을 원고에게 출연한 이후에는 소외 1이 소외 회사의 주식을 10%만 보유하고 있을 뿐이고, 원고가 나머지 90%를 보유하고 있으므로 소외 1과 원고 사이에 특수관계가 인정되지 않으면 출연자인 소외 1은 소외 회사의 최대주주에 해당되지 아니하게 된다.

또한 두 번째 쟁점인 같은 법 시행령 제19조 제2항 제4호에서 정한 '재산을 출연하여 비영리법인을 설립한 자'란 단지 재산을 출연한 자가 아니라, 비영리법인의 설립을 위하여 재산을 출연하고 정관작성, 이사선임, 설립등기 등의 과정에서 비영리법인의 설립에 실질적으로 지배적인 영향력을 행사한 자를 의미한다고 해석하였다.

따라서 대상 판결에서 출연자인 소외 1이 원고의 설립에 지배적인 영향력을 행사한 자에 해당되지 않으면, 소외 1과 원고 사이에 특수관계가 인정되지 아니하고, 출연자인 소외 1은 소외 회사의 최대주주가 되지 아니한다.

대상 판결에 따르면 출연자가 비영리법인의 설립과정에 관여하지 않았으면 출연자와 비영리법인 사이에 특수관계가 인정되지 아니한다. 그러나 출연자가 비영리법인의 설립과정에 구체적으로 관여하지 않았다고 하더라도 출연자는 지인들을 비영리법인의 이사로 선임되도록 함으로써 비영리법인을 지배할 수 있고, 실무상 다수의 비영리법인이 이렇게 운영되고 있다. 따라서 두 번째 쟁점에 대해서는 다수의견보다는 출연자가 재산을 출연함으로써 설립에 이른 비영리법인이면 특수관계를 인정하는 반대의견이 현실에 부합하고 타당하다.

대상 판결에 따르면, 소외 1이 2002년경 재산을 출연하여 원고를 설립할 당시 원고의 정관작성이나 이사선임, 설립등기 등 재단법인 설립과정에 직접 관여한 사실이 있어야 소외 1과 원고 사이에 특수관계가 인정된다. 만약 환송심에서 과세관청이 이러한 사실을 증명하지 못하면 특수관계는 인정되지 아니하고, 이 사건 처분은 위법한 처분으로 취소되며, 그 결과 원고는 증여세의 부담이 전혀 없이 소외 회사 발행주식의 90%를 취득하게 되는 것이다.

대상 판결은 일명 '수원교차로 사건'이라고 하여 언론의 주목을 받았던 사건이다. 이 사건을 계기로 비영리단체에 대한 기부금 관련 규제를 완화하고 공익법인에의 출연을 장려하자는 움직임이 일어나기도 하였다. 그러나 그 이후 2017. 12. 19. 법률 제15224호로 개정시 상증세법 제16조 제2항 제2호에서 성실공익법인등으로서 『독점규제 및 공정거래에 관한 법률』 제14조에 따른 상호출자제한기업집단과 특수관계에 있지 아니한 성실공익법인등에 출연하는 경우 중 '① 출연받은 주식등의 의결권을 행사하지 아니할 것, ② 자선·장학 또는 사회복지를 목적으로 할 것'이라는 요건을 모두 갖춘 경우에 한하여 주식보유한도를 20%로 올린 것 외에 관련 세법이나 법령의 규정이 크게 바뀌지는 않았다.

Ⅶ. 결론

이상에서 본 바와 같이 2017년도에는 구 상증세법 제2조 제4항의 우회거래나 다단계 거래에 관한 실질과세 원칙에 관한 판결과 명의신탁 증여의제에 관한 판결이 눈에 띈다.

우회거래나 다단계 거래에 관한 실질과세 원칙인 구 상증세법 제2조 제4항을 정면으로 다룬 2개의 판결 중 대법원 2017. 1. 25. 선고 2015두3270 판결은 구 상증세법 제2조 제4항의 입법취지를 상세히 밝히면서 당해 사안에의 적용을 부인하였다. 그러나 이어 선고된 대법원 2017. 2. 15. 선고 2015두46963 판결은 구 상증세법 제2조 제4항을 적용할 수 있는 구체적인 기준을 제시하면서 당해 사안에의 적용을 긍정하였다. 위 2개의 판결은 모두 원칙적으로 당사자들이 선택한 법률관계를 존중하여야 하고, 여러 단계의 거래 이후 나온 결과만을 가지고 그 실질이 증여라고 쉽게 단정해서는 안 된다는 것으로서 구 상증세법 제2조 제4항의 적용을 엄격하게 제한적으로 해석하여야 한다는 입장이다. 한편, 위 2015두46963 판결이 제시한 구 상증세법 제2조 제4항의 구체적인 적용기준은 동일한 내용을 규정한 국세기본법 제14조 제3항을 적용하는 사안에 있어서도 동일하게 해석하게 될 것이라는 점에서 큰 의미가 있다.

명의신탁 증여의제와 관련하여, 대법원 2017. 1. 12. 선고 2014두43653 판결은 명의신탁자가 사망하여 명의신탁 주식이 상속된 경우에는 명의개서해태 증여의제 규정이 적용되지 않는다고 판시하였고, 대법원 2017. 2. 21. 선고 2011두10232 판결은 명의신탁 주식을 처분한 대금으로 동일인 명의로 주식을 매수하는 행위를 반복한 경우에는 원칙적으로 명의신탁 증여의제 규정을 적용하지 않는다고 판시하였다. 명의신탁 증여의제와 관련한 위 판결들은 대체로 증여의제의 범위를 제한하려는 입장으로 보인다. 또한 대법원 2017. 5. 11. 선고 2017두32395 판결은 주식등변동상황명세서에 의하여 명의개서 여부를 판정하는 경우 주식등변동상황명세서 제출일을 증여의제일이라고 판시하였는데, 명의개서 여부 판정시기에 관한 규정을 증여의제시기까지 정한 것으로 해석할 수 있는지는 의문이다. 대법원 2017. 7. 18. 선고 2015두50290 판결은 명의수탁자의 상속인이 한정승인을 한 경우에도 명의신탁자의 연대납세의무에는 아무런 영향이 없다고 판시하였다.

대법원 2017. 4. 20. 선고 2015두45700 판결은 대법원 2009. 3. 19 선고 2006두19693 전원합의체 판결에 이어 특정법인을 통한 이익의 증여 규정에서 증여재산가액을 산정하는 근거인 시행령을 다시 한 번 무효라고 판시하였고, 대법원 2017. 4. 20. 선고 2011두21447 판결은 공익법인의 증여재산가액 불산입과 관련하여 출연자와의 특수관계 여부 판단시점을 출연 전이 아닌 출연 이후라고 판시하였다.

2017년도에 선고된 구 상증세법 관련 주요 대법원 판결들을 검토한 결과 조세법의 기본원칙에 비추어 볼 때 수긍이 가는 판결도 있으나, 일부 판결들은 입법으로 해결해야 할 부분까지 관여한 것으로 보이기도 한다. 입법적인 조치가 필요한 부분은 법원이 무리하게 해석하지 말고 조속히 입법으로 보완하는 것이 바람직하다.

참고문헌

강석규, 『조세법 쟁론』, (삼일인포마인, 2017)

국세청, 『완전포괄주의 증여세 과세제도 해설』(2004. 4.)

김완석·박종수·이중교·황남석, 『국세기본법 주석서』(2017)

오윤, 『세법원론』, (한국학술정보(주), 2015),

이준봉, 『조세법총론』, (삼일인포마인, 2016),

유철형, "상속세 및 증여세법상 개별예시규정의 해석", 『조세연구』 제17권 (제4집), 통권 제38권(2017. 12)

황남석, "2014. 2. 21. 개정 전의 구 상증세법 시행령 제31조 제6항이 무효인지 여부가 문제된 사건", 로앤비 천자평석

주식등변동상황명세서로 명의개서 여부를 판정하는 규정의 소급적용 여부에 관한 연구

- 대법원 2018. 6. 28. 선고 2018두36172 판결에 관하여 -*

유 철 형 변호사

Ⅰ. 서론

2003. 12. 30. 법률 제7010호로 개정된 구 상속세 및 증여세법(이하 '개정 상증세법'이라 한다)은 주식등변동상황명세서의 기재 여부로 명의개서 여부를 판정한다는 개정 상증세법 제45조의2 제3항을 신설하였다. 그 부칙 제1조는 개정 상증세법 시행일을 2004. 1. 1.로 하였고, 부칙 제10조는 그 적용대상을 개정 상증세법 시행 후 주식등변동상황명세서를 제출하는 분부터 적용한다고 하였다. 개정 상증세법의 시행 이전인 2003. 12. 31.까지 적용된 구 상속세 및 증여세법(2002. 12. 18. 법률 제6780호로 개정되어 2003. 12. 30. 법률 제7010호로 개정되기 전의 것, 이하 '개정 전 상증세법'이라 한다) 제41조의2는 주주명부가 작성되어 있는 법인의 주식에 대해서만 적용된다는 것이 확립된 판례였고,[1] 따라서 주주명부가 작성되어 있지 않은

* 이 글은 2018년 11월 한국세법학회의 『조세법연구』 제24-3집에 게재한 바 있다.

1) 대법원 1993. 4. 27. 선고 93누3103 판결, 대법원 1994. 2. 22. 선고 93누14196 판결, 대법원 2004. 2. 27. 선고 2003두13762 판결, 대법원 2007. 2. 8.

법인의 주식을 타인 명의로 취득하여 조세를 회피하더라도 명의신탁 증여의제 규정을 적용할 수 없다는 문제가 제기되었다. 이에 주주명부가 작성되지 않은 법인의 주식에 대한 명의신탁도 증여의제 과세대상에 포함시키기 위하여 개정 상증세법 제45조의2 제3항을 신설하게 된 것이다.[2)]

그런데, 개정 상증세법은 같은 법 제45조의2 제3항의 적용대상을 그 개정 이전에 취득한 주식에 대해서도 소급적용할 것인지에 대해 본문이나 부칙에 아무런 규정을 두지 않았다. 이에 따라 개정 상증세법 제45조의2 제3항을 그 개정 전에 이루어진 거래에도 소급적용할 수 있는지 여부가 문제되었다. 대법원 2018. 6. 28. 선고 2018두36172 판결(이하 '대상 판결'이라 한다)은 바로 이 쟁점을 다룬 판결이다. 대상 판결은 개정 상증세법 제45조의2 제3항을 그 시행일인 2004. 1. 1. 이전에 이루어진 거래에도 적용할 수 있다고 판단하였으나, 이러한 대상 판결은 조세법률주의와 증여의제 규정의 적용례, 소급입법의 법리 등과 관련하여 문제가 있다.

이하에서는 대상 판결의 내용, 명의신탁 증여의제 규정의 입법취지와 개정 연혁, 증여의제규정의 적용시기에 관한 입법례, 소급입법의 법리, 명의신탁 증여의제규정의 해석에 관한 최근 대법원 판례의 경향 등을 관련 판례와 입법례, 문헌을 통해 검토한 후 대상 판결의 문제점을 논하고자 한다.

선고 2005두10200 판결 등 다수.

2) 대법원 2014. 5. 16. 선고 2011두11099 판결, 대법원 2017. 5. 11. 선고 2017두32395 판결.

Ⅱ. 대상 판결의 내용

1. 사실관계

① 원고들은 2003. 12. 1., 같은 달 2., 같은 달 3. 비상장법인인 소외 회사의 주식(이하 '이 사건 주식'이라 한다)을 각각 매수(이하 '이 사건 거래'라 한다)하였는데, 2004. 3. 30. 소외 회사가 관할 세무서장에게 법인세 과세표준 신고를 하면서 부속서류로 제출한 주식등변동상황명세서에는 이 사건 주식의 주주가 원고들이 아닌 제3자로 기재되었다.

② 한편, 2004. 1. 1.부터 시행된 개정 상증세법 제45조의2 제3항은 '주주명부가 작성되지 아니한 경우에는 법인세법 제109조 제1항 및 제119조의 규정에 의하여 납세지 관할 세무서장에게 제출한 주주등에 관한 서류 및 주식등변동상황명세서에 의하여 명의개서 여부를 판정한다'고 규정하고 있고, 부칙 제10조는 '위 개정 규정은 2004. 1. 1. 이후 위 법인세법 규정에 의하여 주주 등에 관한 서류 및 주식등변동상황명세서를 제출하는 분부터 적용한다'고 규정하고 있다.

③ 서울지방국세청장은 2014. 6.경 소외 회사에 대한 법인세통합조사 및 주식변동조사를 실시한 결과 원고들이 위와 같이 타인 명의로 주식을 취득한 사실을 확인하고 이를 증여로 의제하여 피고들에게 세무조사결과를 통보하였다. 이에 따라 피고들은 원고들을 연대납세의무자로 지정하고 증여세를 부과하는 이 사건 처분을 하였다.

2. 이 사건의 쟁점

이 사건의 쟁점은 소외 회사에 주주명부가 존재하는지 여부(예비적 처분사유)와 주주명부가 작성되지 아니하여 주식등변동상황명세서로 명의개서 여부를 판정한다는 개정 상증세법 제45조의2 제3항을 그 규정의 신설 이전에 이루어진 거래에도 소급적용할 수 있는지 여부(주위적 처분사유)이다.

3. 대상 판결의 경위

이 사건의 경우 대상 판결을 포함하여 2회에 걸쳐 대법원의 파기환송판결이 있었는데, 그 경위는 아래와 같다.

이 사건에 대해 제1심인 서울행정법원 2015. 10. 22. 선고 2015구합62842 판결과 제2심인 서울고등법원 2016. 9. 21. 선고 2015누66983 판결은 2003. 12. 31.까지는 주주명부에 타인 명의로 명의개서가 되어야 명의신탁 증여의제에 따른 증여세를 과세할 수 있는데, 이 사건 거래 당시 소외 회사에는 주주명부가 없었으므로 증여세를 과세할 수 없고, 주식등변동상황명세서로 명의개서 여부를 판정한다는 개정 상증세법 제45조의2 제3항은 2004. 1. 1. 이후 납세의무가 성립된 명의신탁 주식에 대해 적용되는 것이므로 2003. 12.경 이루어진 이 사건 거래에는 적용될 수 없어 역시 명의신탁 증여의제 규정에 따른 증여세를 부과할 수 없다고 판단하였다.

이에 대해 대법원 2017. 5. 17. 선고 2016두55049 판결(이하 '1차 환송판결'이라 한다)은 주위적 처분사유에 대한 판단 없이 예비적 처분사유에 대한 판단을 하면서 소외 회사에 주주명부가 존재함에도 불구하고 제출을 거부하고 있는 것으로 의심된다는 이유로 심리미진으로 위 2015누66983 판결을 파기환송하였다. 그 후 환송심인 서울고등법원 2018. 1. 23. 선고 2017누53233 판결은 환송전 원심과 마찬가지로 주위적 처분사유와 예비적 처분사유 모두 위법하다는 이유로 원고들에 대한 이 사건 처분을 취소하였다. 이에 피고들이 다시 상고하자 대법원 2018. 6. 28. 선고 2018두36172 판결(이하 '2차 환송판결' 또는 '대상 판결'이라 한다)은 1차 환송판결에서 파기사유로 삼았던 예비적 처분사유에 대해서는 아무런 판단도 없이 주위적 처분사유에 대해 판단하여 이 사건 거래에 개정 상증세법 제45조의2 제3항이 적용된다고 하면서 위 2017누53233 판결을 다시 파기환송하였다.

4. 대상 판결의 요지

① 개정 상증세법에 신설된 제45조의2 제3항은, '명의신탁재산의 증여의제'에 관한 같은 조 제1항의 규정을 적용함에 있어서 주주명부 또는 사원명부가 작성되지 아니한 경우에는, 법인세법 제109조 제1항 및 제119조의 규정에 의하여 납세지 관할 세무서장에게 제출한 주주등에 관한 서류 및 주식등변동상황명세서에 의하여 명의개서 여부를 판정한다고 규정하고 있다. 이는 주식등변동상황명세서 등에 주식 등의 소유자 명의를 실제 소유자와 다르게 기재하여 조세를 회피하려고 하였더라도, 명의신탁 증여의제 규정을 적용할 수 없었던 문제점을 보완하여 그러한 경우에도 증여세를 과세하려는 것이다(대법원 2014. 5. 16. 선고 2011두11099 판결 참조).

그리고 위 조항에 의한 증여의제일은 실제 소유자와 명의자가 다른 주식의 변동사실이 외부에 분명하게 표시되었다고 볼 수 있는 주식등변동상황명세서 등의 제출일로 보아야 한다(대법원 2017. 5. 11. 선고 2017두32395 판결 참조). 한편, 개정 상증세법 부칙 제10조는 '제45조의2 제3항의 개정규정은 이 법 시행 후 법인세법 제109조 제

1항 및 제119조의 규정에 의하여 주주등에 관한 서류 및 주식등변동상황명세서 등을 제출하는 분부터 적용한다'고 규정하고 있다.

이러한 관련 규정의 입법 취지, 체계 및 내용에 비추어 보면, 2004. 1. 1. 이후 주식등변동상황명세서 등을 제출하였고, 이에 따라 명의개서 여부가 판정되었다면, 그 제출일에 명의신탁 증여의제 요건이 완성되었다고 보아야 한다. 그리고 이로 인한 증여세 납세의무가 2004. 1. 1. 이후 성립된 경우이므로, 명의신탁 약정의 체결이나 주식 등의 인도가 그 이전에 있었다고 하더라도, 개정 상증세법 제45조의2 제3항, 제1항이 적용되어 증여세를 과세할 수 있다고 보아야 한다.

② 위 사실관계를 앞서 본 규정과 법리에 비추어 보면, 원고들에 대한 주식 양도사실이 기재된 주식등변동상황명세서가 관할 세무서에 제출된 2004. 3. 30.을 증여의제일로 보아 이 사건 주식거래에 관하여 개정 상증세법 제45조의2 제3항, 제1항에 따른 증여세를 과세할 수 있다고 봄이 타당하다. 그럼에도 원심은 이와 달리, 이 사건 거래에 관한 명의개서일을 2003년으로 볼 수 있을지언정 이 사건 주식등변동상황명세서가 제출된 2004년으로 볼 수 없다는 등의 이유로, 개정 상증세법 제45조의2 제3항이 적용됨을 전제로 한 이 사건 처분의 주위적 처분사유가 위법하다고 판단하였다. 이러한 원심의 판단에는 개정 상증세법 제45조의2 제3항에 따른 명의개서 판정의 기준일에 관한 법리를 오해하여 판결에 영향을 미친 위법이 있다.

Ⅲ. 명의신탁 증여의제 과세대상 및 소급입법의 법리

1. 명의신탁 증여의제 규정의 입법취지와 개정 연혁

가. 입법취지

명의신탁 증여의제 규정은 실질과세원칙에 대한 예외로서 재산의 실제 소유자와 공부상 명의자가 다름으로써 발생하는 조세회피 행위를 방지하는 데에 입법취지가 있다.[3] 다만, 명의신탁 증여의제로 과세하는 것은 재산보유의 실질과 명의를 일치시키고, 조세회피를 방지하는 등의 정책적 목표를 달성하기 위하여 증여의 실질이 없음에도 증여세를 부과하는 것으로서, 이는 조세 부과의 본질적 근거인 담세력의 징표가 되는 행위나 사실의 존재와 무관하게 과세하는 것이므로 관련 법령을 해석·적용할 때 유추해석이나 확장해석은 엄격하게 절제되어야 한다는 것이 대법원의 입장이다.[4]

헌법재판소는 명의신탁 증여의제 규정의 입법취지와 관련하여, '명의신탁은 실정법상의 근거 없이 판례에 의하여 형성되고 발전된 제도로서 대외적으로는 재산의 소유권을 타인 명의로 이전하되 내부적으로는 실제의 권리자가 여전히 소유권을 보유하기로 약정하는 법률관계이다. 주식 등의 재산을 증여하면서 명의신탁을 이용하여 이를 은폐하면 과세관청에서 제한된 인원과 능력으로 이를 찾아내어 증여세를 부과하기가 어렵다. 증여는 통상 부자지간 등 긴밀한

---

3) 대법원 2006. 9. 22. 선고 2004두11220 판결, 대법원 2009. 4. 9. 선고 2007두19331 판결, 대법원 2017. 2. 21. 선고 2011두10232 판결 등.

4) 대법원 2014. 5. 16. 선고 2011두11099 판결, 대법원 2017. 1. 12. 선고 2014두43653 판결, 대법원 2017. 2. 21. 선고 2011두10232 판결, 대법원 2018. 3. 29. 선고 2012두27787 판결.

관계에 있는 자간에 은밀하고 묵시적으로 이루어지는데 이들이 담합하여 증여를 은폐할 경우에는 더욱 그 포착이 어렵다. 그러므로 명의신탁이 증여세의 회피수단으로 널리 이용될 우려가 존재한다. 더구나 수인의 명의로 분산까지 할 경우에는 누진세율의 적용도 피할 수 있어 조세 부담이 경감된다. 이러한 현상을 방치하면 교활한 자는 이득을 보고 정직한 자는 손해를 보게 되는데 이것이 만연할 경우 조세체계가 와해될 가능성이 있다. 당사자들은 일단 명의신탁 관계를 내세웠다가 조세시효가 완성되기 전에 그것이 증여임이 과세관청에 포착되면 증여세를 납부하고 그것이 포착되지 않은 채 조세시효가 완성되면 영구적으로 증여세를 면탈하려는 유혹에 빠지게 되기가 쉽기 때문이다. 실제로도 명의신탁이 증여세의 부담 자체를 회피하거나 증여세의 누진을 회피하는 수단으로 이용되는 사례가 허다하리라는 점을 능히 수긍할 수 있다. 이 조항은 이처럼 명의신탁을 내세워 증여세를 회피하는 것을 방지하여 조세정의와 조세평등을 관철하고 실질과세의 원칙이 형식에 흐르지 않고 진정한 실질과세가 이루어지도록 이를 보완하려는 목적을 가진 것'이라고 판시하였다.[5]

헌법재판소는 명의신탁 증여의제에 따른 증여세를, 조세회피의 목적으로 실제 소유자가 아닌 타인의 명의로 명의신탁을 하는 행위를 제재하는 제재적 성격의 조세로 해석하고 있다.[6]

---

5) 헌법재판소 2004. 11. 25. 선고 2002헌바66 결정, 헌법재판소 2005. 6. 30. 선고 2004헌바40 결정, 헌법재판소 2012. 8. 23. 선고 2012헌바173 결정, 헌법재판소 2013. 9. 26. 선고 2012헌바259 결정 등.

6) 헌법재판소 2005. 6. 30. 선고 2004헌바40 결정, 헌법재판소 2012. 5. 31. 선고 2009헌바170 결정, 헌법재판소 2012. 8. 23. 선고 2012헌바173 결정, 헌법재판소 2013. 9. 26. 선고 2012헌바259 결정 등.

나. 개정 연혁

명의신탁 증여의제 규정의 적용대상은 아래에서 보는 바와 같이 점차 확대되어 왔다.

(1) 구 상증세법[7](1996. 12. 30. 법률 제5193호로 전문 개정된 것) 제43조

위 개정시 종전의 증여의제 규정이 증여추정 규정으로 개정되었고, 부동산 명의신탁은 1995. 7. 1.부터 시행된 「부동산 실권리자명의 등기에 관한 법률」에 따른 과징금과 형사처벌 대상이 됨에 따라 명의신탁 증여의제 대상에서 부동산이 제외되었다. 즉, 구 상증세법 제43조 제1항은 "권리의 이전이나 그 행사에 등기 등을 요하는 재산(토지와 건물을 제외한다)에 있어서 실질소유자와 명의자가 다른 경우에는 국세기본법 제14조의 규정에 불구하고 그 명의자로 등기 등을 한 날에 실질소유자가 그 명의자에게 증여한 것으로 추정한다."로 개정되었다.

(2) 구 상증세법(2002. 12. 18. 법률 제6780호로 개정되기 전의 것) 제41조의2

1998. 12. 28. 법률 제5582호로 개정되어 2002. 12. 28. 법률 제6780호로 개정되기 전의 구 상증세법 제41조의2는 종전의 명의신탁 증여추정 규정에서 다시 아래와 같이 증여의제 규정으로 개정되었다.

제41조의2 (명의신탁재산의 증여의제)

① 권리의 이전이나 그 행사에 등기등을 요하는 재산(토지와 건물을 제외한다. 이하 이 조에서 같다)에 있어서 실제 소유자와

---

7) 「상속세 및 증여세법」을 이하 '상증세법'이라 한다.

명의자가 다른 경우에는 국세기본법 제14조의 규정에 불구하고 그 명의자로 등기 등을 한 날에 그 재산의 가액을 명의자가 실제 소유자로부터 증여받은 것으로 본다. 다만, 다음 각호의 1에 해당하는 경우에는 그러하지 아니하다.

1. 조세회피목적없이 타인의 명의로 재산의 등기 등을 한 경우

(3) 개정 전 상증세법(2002. 12. 18. 법률 제6780호로 개정되어 2003. 12. 30. 법률 제7010호로 개정되기 전의 것) 제41조의2

제41조의2 (명의신탁재산의 증여의제)

① 권리의 이전이나 그 행사에 등기등을 요하는 재산(토지와 건물을 제외한다. 이하 이 조에서 같다)에 있어서 실제 소유자와 명의자가 다른 경우에는 국세기본법 제14조의 규정에 불구하고 그 명의자로 등기등을 한 날(그 재산이 명의개서를 요하는 재산인 경우에는 소유권 취득일이 속하는 연도의 다음 연도 말일의 다음날을 말한다)에 그 재산의 가액을 명의자가 실제 소유자로부터 증여받은 것으로 본다. 다만, 다음 각호의 1에 해당하는 경우에는 그러하지 아니하다.

1. 조세회피목적 없이 타인의 명의로 재산의 등기등을 하거나 소유권을 취득한 실제 소유자 명의로 명의개서를 하지 아니한 경우

② 타인의 명의로 재산의 등기등을 한 경우, 실제 소유자 명의로 명의개서를 하지 아니한 경우와 제1항 제2호의 규정에 의한 유예기간중에 주식 등의 명의를 실제 소유자명의로 전환하지 아니하는 경우에는 조세회피목적이 있는 것으로 추정한다. 다만, 양도자가 소득세법 제105조 및 제110조의 규정에 의한 양도소득과세표준신고 또는 증권거래세법 제10조의 규정에 의

한 신고와 함께 소유권변경내역을 신고하는 경우에는 그러하지 아니하다.

부칙

제5조(명의신탁재산의 증여의제에 관한 적용례) 제41조의2 제1항 및 제2항의 개정규정은 이 법 시행 후 최초로 소유권을 취득하는 분부터 적용한다.

제9조(명의신탁재산에 관한 경과조치) 이 법 시행 전에 소유권을 취득하고 이 법 시행일 현재 제41조의2 제1항 및 제2항의 개정규정에 의한 명의개서를 하지 아니한 분에 대하여는 이 법 시행일에 소유권을 취득한 것으로 본다.

위와 같이 구 상증세법에서 개정 전 상증세법으로 개정되면서 신설된 내용은 제1항 본문 중 괄호 부분인 "(그 재산이 명의개서를 요하는 재산인 경우에는 소유권 취득일이 속하는 연도의 다음 연도 말일의 다음날을 말한다)" 부분과제1항 제1호와 제2항 각 규정의 "소유권을 취득한 실제 소유자 명의로 명의개서를 하지 아니한 경우" 부분이다. 부칙 제5조와 제9조는 위 개정 조항의 적용대상(부칙 제5조)과 경과조치(명의개서 미이행분 주식에 대한 소유권 취득시기 의제규정인 부칙 제9조)를 규정하고 있다.

(4) 개정 상증세법(2003. 12. 30. 법률 제7010호로 개정된 것) 제45조의2

제45조의2 (명의신탁재산의 증여의제)

① 권리의 이전이나 그 행사에 등기등을 요하는 재산(토지와 건

물을 제외한다. 이하 이 조에서 같다)에 있어서 실제 소유자와 명의자가 다른 경우에는 국세기본법 제14조의 규정에 불구하고 그 명의자로 등기등을 한 날(그 재산이 명의개서를 요하는 재산인 경우에는 소유권 취득일이 속하는 연도의 다음 연도 말일의 다음날을 말한다)에 그 재산의 가액을 명의자가 실제 소유자로부터 증여받은 것으로 본다. 다만, 다음 각호의 1에 해당하는 경우에는 그러하지 아니하다.

1. 조세회피의 목적없이 타인의 명의로 재산의 등기등을 하거나 소유권을 취득한 실제 소유자 명의로 명의개서를 하지 아니한 경우

③ 제1항의 규정을 적용함에 있어서 주주명부 또는 사원명부가 작성되지 아니한 경우에는 법인세법 제109조 제1항 및 제119조의 규정에 의하여 납세지 관할세무서장에게 제출한 주주등에 관한 서류 및 주식등변동상황명세서에 의하여 명의개서 여부를 판정한다.

부칙

제1조 (시행일) 이 법은 2004년 1월 1일부터 시행한다.

제10조 (명의신탁재산의 증여의제에 관한 적용례) 제45조의2 제3항의 개정규정은 이 법 시행 후 법인세법 제109조 제1항 및 제119조의 규정에 의하여 주주 등에 관한 서류 및 주식등변동상황명세서를 제출하는 분부터 적용한다.

위와 같이 개정 전 상증세법에서 개정 상증세법으로 개정되면서 신설된 내용은 주주명부 또는 사원명부가 작성되지 아니한 경우 주식등변동상황명세서로 명의개서 여부를 판정한다는 것이다.

2. 각 개정 법률상 명의신탁 증여의제 과세대상

가. 명의신탁 증여의제 과세대상의 확대 경향

위 1.항에서 보는 바와 같이 상증세법은 명의신탁 증여의제 과세대상을 처음에는 '주주명부에 실제 소유자와 명의자가 다르게 기재된 경우'만으로 규정하고 있다가, '주주명부에 명의개서를 하지 아니한 경우'를 명의신탁 증여의제 과세대상으로 추가하였고, 다시 '주주명부 또는 사원명부를 작성하지 않은 법인의 경우 주식등변동상황명세서에 실제 소유자와 명의자를 다르게 기재한 경우'를 명의신탁 증여의제 과세대상으로 추가하는 내용으로 개정하여 현재에 이르고 있다. 이와 같은 개정 경위를 표로 정리하면 아래와 같다.

	구 상증세법 제41조의2	개정 전 상증세법 제41조의2	개정 상증세법 제45조의2
적용시기	~02. 12. 31.까지	03. 1. 1. ~ 03. 12. 31.	04. 1. 1. 이후
과세요건	주주명부	주주명부	주주명부+(주주명부 또는 사원명부가 없는 경우) 주식등변동상황명세서
과세대상	①주주명부 명의개서	①+②주주명부 명의개서 미이행	①+②+③주식등변동상황명세서 기재+④주식등변동상황명세서 미기재

나. 2002. 12. 18. 법률 제6780호로 개정되기 전의 구 상증세법 제41조의2의 과세대상

구 상증세법 제41조의2는 명의신탁 증여의제 과세대상을 주주명부에 실제 소유자와 명의자가 다르게 기재된 경우만을 증여세 과세대상으로 하였다. 이에 따라 대법원도 "기명주식의 이전은 취득자의 성명과 주소를 주주명부에 기재하지 아니하면 회사에 대항하지 못하는 것이어서, 주주명부에 주식의 실질소유자가 아닌 다른 사람 앞으로 명의개서가 되지 아니한 이상 구 상속세법(1990. 12. 31. 법률 제4283호로 개정되기 전의 것) 제32조의2 제1항에 의한 증여의제의 요건인 권리의 이전이나 행사에 명의개서를 요하는 재산에 있어서 실질소유자와 명의자가 다른 경우에 해당할 수 없고, 법인세의 과세표준과 세액을 신고할 때 첨부하여 제출하는 서류인 주식이동상황명세서를 주주명부와 동일시할 수 없으므로 주식이동상황명세서에 주식의 이동상황을 기재하여 신고하였다고 하더라도 주식이 명의이전되었다고 할 수 없다"라고 판시하여 주주명부에 명의개서를 하지 아니한 이상 명의신탁 증여의제에 의한 증여세를 과세할 수 없다고 일관되게 판시해 왔다.[8)]

이와 같이 구 상증세법 제41조의2에 의한 명의신탁 증여의제 과세대상은 주주명부가 작성된 법인의 주식을 취득한 자가 타인 명의로 주주명부에 명의개서를 한 경우뿐이다. 주주명부에 명의개서를 하지 아니한 경우나 주식등변동상황명세서의 실제 소유자와 명의자가 다른 경우에는 구 상증세법상 증여의제 과세대상이 되지 아니한다.

다. 2002. 12. 18. 법률 제6780호로 개정된 개정 전 상증세법 제41조의2의 과세대상

개정 전 상증세법 제41조의2는 명의신탁 증여의제 과세대상을 확대하였다. 즉, 기존의 명의신탁 증여의제 과세대상인 '주주명부에 실제 소유자와 명의자가 다르게 기재된 경우' 외에 '소유권을 취득

8) 대법원 1993. 4. 27. 선고 93누3103 판결, 대법원 1994. 2. 22. 선고 93누14196 판결, 대법원 2004. 2. 27. 선고 2003두13762 판결, 대법원 2007. 2. 8. 선고 2005두10200 판결 등 다수.

한 실제 소유자 명의로 명의개서를 하지 아니한 경우'를 새로이 명의신탁 증여의제 과세대상으로 추가하였고,[9] 이 경우 증여의제일은 개정 전 상증세법 제41조의2 제1항 본문의 두 번째 괄호규정[10]에 따라 "소유권 취득일이 속하는 연도의 다음 연도 말일의 다음날"이 된다. 위 신설규정과 부칙 제5조 및 제9조의 규정에 따라 개정 전 상증세법 시행일인 2003. 1. 1.부터는 주주명부가 있음에도 불구하고 명의개서를 하지 아니한 경우에는 과거와 달리 명의신탁 증여의제 과세대상이 되었다.

한편, 대법원 2014. 5. 16. 선고 2011두11099 판결과 개정 상증세법 제45조의2 제3항의 문언에서 확인할 수 있듯이 개정 전 상증세법 제41조의2는 주주명부가 작성된 법인에 한하여 적용되는 것이고, 주주명부가 작성되지 아니한 경우에는 적용되지 아니한다. 즉, 개정 전 상증세법이 적용되는 2003. 1. 1.부터 2003. 12. 31.까지 사이에 이루어진 주식거래 중 개정 전 상증세법 제41조의2 제1항 본문 중 괄

---

9) 대법원 2017. 1. 12. 선고 2014두43653 판결은 명의개서해태 증여의제규정의 입법취지에 관하여, '이는 1982. 1. 1.부터 시행된 상속세법에서 부동산을 포함한 재산에 관한 명의신탁 증여의제 규정이 신설된 후, 1995. 7. 1.부터 시행된 「부동산 실권리자명의 등기에 관한 법률」이 부동산에 관하여 그 소유명의를 신탁한 경우 또는 장기간 소유권이전등기를 하지 아니한 경우에 과징금을 부과하도록 한 것에 상응하여, 주식을 취득한 자가 장기간 명의개서를 하지 아니함으로써 결과적으로 전 소유자에게 그 명의를 신탁한 것과 다름없게 된 경우 조세회피의 목적이 부정되지 아니하는 한 명의신탁의 합의가 있었던 경우와 마찬가지로 증여의제의 대상이 되도록 정한 것이고, 이는 명의신탁 증여의제 규정의 적용 요건인 명의신탁의 합의가 없더라도 증여의제 대상이 되도록 한 예외적인 규정으로서, 주식을 취득한 자에게 일정기간 내에 명의개서를 할 의무를 부여하고 이를 해태하면 그 상대방을 명의수탁자와 마찬가지로 취급하여 과세상 불이익을 과하도록 한 것'으로 설명하고 있다.

10) 이를 '명의개서해태 증여의제규정'이라고도 한다(대법원 2017. 1. 12. 선고 2014두43653 판결).

호 부분에 따라 증여의제일을 "소유권 취득일이 속하는 연도의 다음 연도 말일의 다음날"로 의제할 수 있는 거래는 주주명부가 작성된 법인의 주식을 거래한 경우에 한하는 것이고, 주주명부를 작성하지 아니한 법인의 주식에 대해서는 위 증여의제일에 관한 개정 전 상증세법 제41조의2 제1항 본문 중 괄호 부분을 적용할 수 없다. 따라서 개정 전 상증세법이 적용되는 기간 중에 발생한 거래 중 주주명부가 작성되지 아니한 법인의 주식거래에 대해서는 증여의제일을 개정 전 상증세법 제41조의2 제1항 본문 중 괄호 부분에 해당하는 날로 하여 증여세를 과세할 수 없다.

이러한 개정 전 상증세법은 부칙 제5조에 따라 시행일인 2003. 1. 1. 이후 최초로 소유권을 취득하는 주식부터 적용되는 것이다. 그런데, 개정 전 상증세법 부칙 제9조는 그 시행일 전에 취득한 주식에 대해 명의개서를 하지 아니한 경우에는 그 시행일인 2003. 1. 1.에 그 주식의 소유권을 취득한 것으로 의제하는 명문의 경과조치를 마련함으로써 개정 전 상증세법 시행일 전에 주주명부가 작성된 법인의 주식을 취득하고 주주명부에 명의개서를 하지 아니한 주식도 증여의제 과세대상으로 하였다. 즉, 명문의 규정으로 소급과세를 허용한 것이다.

이와 같이 개정 전 상증세법 제41조의2에 의한 주식 명의신탁 증여의제 과세대상은 ① 주주명부가 작성된 법인의 주식을 취득하여 타인 명의로 주주명부에 명의개서를 한 경우, ② 주주명부가 작성된 법인의 주식을 취득하고도 주주명부에 명의개서를 하지 아니한 경우(명의개서 미이행)이다.[11] 따라서 개정 전 상증세법을 적용함에 있어서 주주명부가 작성되지 아니한 법인의 주식에 대해서는 주식등변동상황명세서에 실제 소유자와 명의자가 다르게 기재된 경우에

11) 대법원 2017. 1. 12. 선고 2014두43653 판결.

도 증여의제 과세대상이 되지 아니한다.

라. 2003. 12. 30. 법률 제7010호로 개정된 개정 상증세법 제45조의2의 과세대상

개정 상증세법 제45조의2 제3항은 "제1항의 규정을 적용함에 있어서 주주명부 또는 사원명부가 작성되지 아니한 경우에는 법인세법 제109조 제1항 및 제119조의 규정에 의하여 납세지 관할세무서장에게 제출한 주주등에 관한 서류 및 주식등변동상황명세서에 의하여 명의개서 여부를 판정한다"고 규정하여 ① 주주명부가 있는 경우 주주명부에 실제 소유자와 명의자가 다르게 기재된 경우, 그리고 ② 주식의 소유권을 취득하고도 주주명부에 명의개서를 하지 아니한 경우 외에 ③ '주주명부가 작성되지 않은 법인의 경우 주식등변동상황명세서에 실제 소유자와 명의자가 다르게 기재된 경우'와 ④ '주주명부가 작성되지 않은 법인의 주식을 취득하고 주식등변동상황명세서에 실제 소유자로 기재하지 아니한 경우(명의개서 미이행)'를 명의신탁 증여의제 과세대상으로 추가하였다. 위 제3항의 입법취지에 관하여 대법원은, "이 사건 법률조항은 주식등변동상황명세서 등에 주식 등의 소유자 명의를 실제 소유자와 다르게 기재하여 조세를 회피하려고 하였더라도 주주명부나 사원명부 그 자체가 없어 명의개서가 이루어지지 아니한 경우에는 상증세법 제45조의2 제1항 본문을 적용할 수 없었던 문제점을 보완하여 그러한 경우에도 증여세를 과세하려는 데 그 입법취지가 있다"라고 판시하였다.[12)]

개정 상증세법은 개정 전 상증세법 부칙 제9조와 같은 경과규정을 두지 않았다. 즉, 개정 상증세법 시행일 전에 소유권을 취득한 주식으로서 주식등변동상황명세서에 실제 소유자와 명의자가 다르게

---

12) 대법원 2014. 5. 16. 선고 2011두11099 판결.

기재된 경우에 대한 경과규정을 두지 아니하였다. 개정 상증세법은 부칙 제10조에서 "개정규정은 이 법 시행 후 (중략) 주식등변동상황명세서를 제출하는 분부터 적용한다"는 규정만 두고 있다.

그런데, 명의신탁 증여의제규정은 실제로는 증여세 과세대상인 증여가 아님에도 불구하고 순전히 특별한 정책적 목적으로 세법이 증여로 간주하여 증여세를 과세하는 규정이어서 납세의무자인 국민의 재산권을 침해할 위험이 높은 규정이다. 따라서 증여의제 적용대상은 조세법률주의에 따라 법률에서 명확하게 적용대상으로 규정한 거래에 한하여 증여세를 과세할 수 있는 것으로 엄격하게 해석하여야 한다. 이와 같이 명확한 법률 규정이 없는 거래에 대해서 유추해석 내지 확대해석을 통하여 증여의제 과세대상을 확장하는 것은 조세법률주의의 원칙상 허용되지 아니한다.

위 다.항에서 본 바와 같이 개정 상증세법 시행일 전에 이루어진 거래에 대해 개정 상증세법에 의해 신설된 명의신탁 증여의제규정을 적용하여 증여세를 과세하기 위해서는 개정 상증세법 부칙에 개정 전 상증세법 부칙 제9조와 같은 의제규정을 명문으로 두어야 한다. 그런데, 개정 상증세법은 그 시행일인 2004. 1. 1. 이전에 소유권을 취득한 주식으로서 주식등변동상황명세서에 실제 소유자와 명의자를 다르게 기재한 경우나 주식등변동상황명세서에 실제 소유자 명의로 기재를 하지 아니한 경우(기재 미이행)에 관한 경과규정을 두지 아니하였다. 개정 법률 시행 전 취득한 주식에 대한 의제규정인 개정 전 상증세법 부칙 제5조 및 제9조와 비교하여 볼 때, 개정 상증세법 부칙 제10조는 그 시행일 전에 취득한 주식에 대한 증여의제시기를 규정한 것이 아니라, 단지 개정규정을 개정 상증세법 시행일인 2004. 1. 1. 이후 주식등변동상황명세서를 제출하는 분부터 적용하여 주식등변동상황명세서로 명의개서 여부를 판정한다는 의미이고, 이는 개정 법률의 일반적 적용례에 따라 2004. 1. 1. 이후 이루어진 주식 거래에 대해 적용된다는 의미임을 알 수 있다.

따라서 개정 상증세법 제45조의2의 증여의제 과세대상은 ① 주주명부가 작성된 법인의 주식을 취득하여 타인 명의로 주주명부에 명의개서를 한 경우, ② 주주명부가 작성된 법인의 주식을 취득하고도 주주명부에 명의개서를 하지 아니한 경우(명의개서 미이행), ③ 개정 상증세법 시행일인 2004. 1. 1. 이후에 주주명부가 작성되지 아니한 법인의 주식을 취득하여 주식등변동상황명세서에 실제 소유자와 다른 자를 기재한 경우, ④ 2004. 1. 1. 이후 주주명부가 작성되지 아니한 법인의 주식을 취득하여 주식등변동상황명세서에 실제 소유자로 기재하지 아니한 경우(명의개서 미이행)이다.

3. 증여의제규정의 신설시 적용대상과 적용시기의 규정례 및 해석원칙

증여의제로 증여세를 과세하기 위해 상증세법을 개정하는 경우 납세의무자의 법적 안정성과 예측가능성을 보장하기 위하여 개정법에서는 반드시 새로이 추가되는 증여의제 규정의 적용대상과 적용시기에 대한 명문의 규정을 두고 있다. 즉, 신설되는 증여의제의 적용대상은 개정법 시행일 이후 발생하는 거래이고, 그 신설된 증여의제 규정의 적용시기는 개정법 시행일 이후부터 적용하는 것으로 규정하고 있다.

이러한 입장에서 2002. 12. 18. 법률 제6780호로 개정된 개정 전 상증세법 제41조의2에서 새로이 추가된 명의신탁 증여의제 과세대상인 '주주명부에 명의개서를 하지 아니한 경우'는 개정 전 상증세법 시행일인 2003. 1. 1. 이후 최초로 소유권을 취득하는 분부터 적용하도록 규정한 것이고,[13] 개정 전 상증세법 시행일인 2003. 1. 1.

이전에 소유권을 취득하고도 주주명부에 명의개서를 하지 아니한 주식[14]에 대해 증여의제 규정을 적용하기 위하여 그러한 주식에 대해서는 개정 전 상증세법 시행일인 2003. 1. 1. 소유권을 취득한 것으로 의제하는 명문의 규정[15]을 두어 신설된 증여의제규정의 적용대상과 적용시기를 명확하게 하였던 것이다.

위와 같은 증여의제규정의 입법방식은 그 이후 이루어진 상증세법 개정에서도 엄격하게 지켜지고 있다.

즉, 2011. 12. 31. 법률 제11130호로 개정된 상증세법 제45조의3은 소위 일감몰아주기에 대한 증여의제규정을 신설하였는데, 신설된 증여의제 규정의 적용시기에 대하여 부칙 제3조는 "…, 제45조의3, … 의 개정규정은 이 법 시행 후 최초로 개시하는 사업연도부터 발생하는 특수관계법인과의 거래분부터 적용한다"고 규정하여 개정법 시행일 이후에 발생하는 거래부터 적용하는 것으로 규정하고 있다.

또한 2015. 12. 15. 법률 제13557호로 개정된 상증세법 제45조의4는 소위 일감떼어주기에 대한 증여의제규정을 신설하였는데, 부칙 제4조는 "제45조의4의 개정규정은 이 법 시행 이후 개시하는 사업연도에 사업기회를 제공받는 경우부터 적용한다"고 규정하여 개정법 시행일 이후에 발생하는 거래분부터 적용하도록 명시하고 있다.

이와 같이 증여의제 규정을 신설하는 입법을 하는 경우에는 그 개정법률의 적용시기를 규정하는 부칙에서 증여의제 규정을 신설하는 개정법 시행일 이후에 발생하는 거래분부터 적용하도록 규정함으로써 소급과세를 방지하고 납세의무자의 법적 안정성과 예측가능성을 보장하고 있다. 증여의제규정은 납세의무자의 재산권을 침해

13) 부칙 제5조.

14) 소유권 취득 당시 주주명부가 있음에도 불구하고 명의개서를 하지 아니한 주식을 말한다.

15) 부칙 제9조.

할 위험이 크기 때문에 그 적용대상과 적용시기를 명문으로 규정하고, 반드시 증여의제규정을 신설하는 개정법의 시행일 이후에 발생하는 거래부터 적용하는 것으로 규정하고 있다.

한편, 명의신탁 증여의제 규정은 실제는 증여가 아님에도 불구하고 상증세법이 증여로 의제하여 증여세를 과세하는 것으로서 증여세의 본질에도 반한다. 따라서 명의신탁 증여의제규정의 해석과 적용에 있어서는 조세법률주의와 그 내용인 조세법규엄격해석의 원칙에 따라 유추해석과 확장해석이 허용되지 아니한다.16)

4. 소급입법 관련 법리

가. 관련 법리

헌법 제13조 제2항은 '모든 국민은 소급입법에 의하여 재산권을 박탈당하지 아니한다'고 규정하고 있고, 헌법 제38조는 '모든 국민은 법률이 정하는 바에 의하여 납세의무를 진다'고 규정하는 한편, 헌법 제59조는 '조세의 종목과 세율은 법률로 정한다'고 규정하여 조세법률주의를 선언하고 있다. 이는 납세의무가 존재하지 않았던 과거에 소급하여 과세하는 입법을 금지하는 원칙을 포함하는 것이다. 이러한 소급입법 과세금지원칙은 조세법률관계에 있어서 법적 안정성을 보장하고 납세자의 신뢰이익을 보호한다. 따라서 새로운 입법으로 과거에 소급하여 과세하거나 또는 이미 납세의무가 존재하는 경우에도 소급하여 중과세하는 것은 소급입법 과세금지원칙에 위반된다.17)

---

16) 대법원 2014. 5. 16. 선고 2011두11099 판결, 대법원 2017. 1. 12. 선고 2014두43653 판결, 대법원 2017. 2. 21. 선고 2011두10232 판결, 대법원 2018. 3. 29. 선고 2012두27787 판결.

17) 헌법재판소 2004. 7. 15. 선고 2002헌바63 결정, 헌법재판소 2008. 9. 25. 선

소급입법은, 신법이 이미 종료된 사실관계에 작용하는지(과거에 완성된 사실 또는 법률관계를 규율대상으로 하는지), 아니면 과거에 시작되었으나 아직 완성되지 아니하고 현재 진행 중에 있는 사실관계에 작용하는지에 따라 이른바 '진정소급입법'과 '부진정소급입법'으로 구분되는데, 전자는 헌법적으로 허용되지 않는 것이 원칙인 반면, 후자는 원칙적으로 허용되지만 소급효를 요구하는 공익상의 사유와 신뢰보호의 요청 사이의 교량과정에서 신뢰보호의 관점이 입법자의 형성권에 제한을 가하게 된다.[18] 한편, 진정소급입법은 개인의 신뢰보호와 법적 안정성을 내용으로 하는 법치국가원리에 의하여 특단의 사정이 없는 한 허용되지 아니하는데, 국민이 소급입법을 예상할 수 있었거나 법적 상태가 불확실하고 혼란스러워 보호할 만한 신뢰이익이 적은 경우와 소급입법에 의한 당사자의 손실이 없거나 아주 경미한 경우, 그리고 신뢰보호의 요청에 우선하는 심히 중대한 공익상의 사유가 소급입법을 정당화하는 경우 등에는 예외적으로 진정소급입법이 허용된다고 보고 있다.[19] 진정소급과세와 달리 기간과세 세목인 법인세 등에 있어서 과세기간 진행 중에 개정, 시행된 세법을 과세기간 개시일에 소급하여 적용토록 하는 것은 부진정 소급입법으로서 허용된다.[20]

헌법재판소는 위와 같은 법리에 따라, '양도소득세 이월과세 배제에 관한 구 조세특례제한법(2013. 1. 1. 법률 제11614호로 개정되고, 2014. 12. 23. 법률 제12853호로 개정되기 전의 것) 제32조 제5항

고 2007헌바74 결정 등.

18) 헌법재판소 2003. 4. 24. 선고 2002헌바9 결정, 헌법재판소 2008. 5. 29. 선고 2006헌바99 결정, 헌법재판소 2011. 7. 28. 선고 2009헌바311 결정, 헌법재판소 2016. 7. 28. 선고 2014헌바372 결정, 헌법재판소 2017. 7. 27. 선고 2016헌바275 결정 등.

19) 헌법재판소 1999. 7. 22. 선고 97헌바76 결정 등.

20) 헌법재판소 1998. 11. 26. 선고 97헌바58 결정 등.

제2호는 법인 설립일부터 5년 이내에 주식 등을 처분하는 사유가 발생하면 이월과세액을 처분일이 속하는 과세연도의 과세표준신고를 한 때 양도소득세로 납부하도록 규정하고 있다. 따라서 위 법 시행 전 이미 처분한 주식 등에 대하여 위 규정을 적용하는 것은 개정된 법률을 그 개정 이전에 완성된 사실 또는 법률관계에 적용하는 것이어서 진정소급입법에 해당하여 허용되지 않는다'고 판시하였다.[21]

나. 관련 판결

대상 판결에서 문제되는 개정 상증세법 제45조의2 제3항의 소급적용과 관련하여 아래와 같은 선례가 있다.

서울행정법원 2013. 5. 24. 선고 2012구합20441 판결은 소외 회사의 대표이사가 1998. 11.경, 1999. 1.경, 2000. 11.경 원고들의 명의를 빌려 주식을 양수하거나 소외 회사의 유상증자시 신주를 취득하였는데 과세관청이 이를 증여로 의제하여 원고들에게 1998년, 1999년 및 2000년 귀속 증여세를 부과한 사안에서, "부칙 제10조는 '위 개정규정(개정 상증세법 제45조의2 제3항)은 2004. 1. 1. 이후 위 법인세법 규정에 의하여 주주등에 관한 서류 및 주식등변동상황명세서를 제출하는 분부터 적용한다'고 규정하고 있으므로, 2004. 1. 1. 이후 주식등변동상황명세서가 제출된 2004년 이후 증여분에 대하여는 위 규정을 적용할 수 있으나, 그 이전의 증여분에 대하여는 위 규정을 소급적용할 수 없다"고 판시하였다. 위 판결에 대하여 과세관청이 항소하였으나 기각되었고,[22] 과세관청이 다시 대법원에 상고하였으나 과세관청 스스로 과세처분이 위법하다는 점을 인식하고 해당 과세처분을 직권으로 취소하였으며, 대법원은 소를 각하하였다.[23]

---

21) 헌법재판소 2017. 7. 27. 선고 2016헌바275 결정.
22) 서울고등법원 2014. 3. 20. 선고 2013누20501 판결.
23) 대법원 2014. 7. 24. 선고 2014두5880 판결.

이와 같이 법원은 이미 대상 판결 이전에 개정 상증세법 제45조의2 제3항을 소급적용할 수 없다는 결론을 내린 선례가 있다. 소급입법 관련 법리에 비추어 볼 때 서울행정법원의 위 2012구합20441 판결은 타당하다.

다. 결어

위에서 본 바와 같이 소급입법 관련 법리상 이미 종료된 사실에 대해 그 이후 개정된 법률을 적용하는 진정소급입법은 허용되지 아니한다. 한편, 이 사건에서 문제되고 있는 개정 상증세법 제45조의2 제3항을 소급적용할 수 있는지 여부에 대해서는 그 개정 전에 취득한 주식에 대해서는 적용될 수 없고, 2004. 1. 1. 이후 취득한 주식에 대해 적용된다고 판단한 선례가 있고, 이는 소급입법 관련 법리와 조세법률주의에 부합하는 타당한 해석이다.

Ⅳ. 대상 판결의 검토

1. 명의신탁 증여의제 규정의 개정 연혁에 비추어 본 대상 판결의 문제점

가. 이 사건 거래에 적용되는 법률

이 사건 거래는 2003. 12. 1., 같은 달 2., 같은 달 3. 각각 이루어졌고, 원고들이 이때 이 사건 주식의 소유권을 취득하였으며, 그 거래가 종료되었다. 따라서 이 사건 거래에 대해서는 2002. 12. 18. 법률 제6780호로 개정되어 2003. 12. 30. 법률 제7010호로 개정되기 전의 개정 전 상증세법 제41조의2가 적용된다.

나. 이 사건 거래 당시 유효하게 적용되던 개정 전 상증세법의 명의신탁 증여의제 과세대상

이 사건 거래가 이루어진 2003. 12. 1., 같은 달 2., 같은 달 3. 당시 적용되던 개정 전 상증세법 제41조의2는 명의신탁 증여의제 과세대상을 '주주명부가 작성되어 있는 법인에서, 주주명부에 실제 소유자와 명의자가 다르게 기재된 경우(타인 명의로 명의개서를 한 경우)와 주주명부에 명의개서를 하지 아니한 경우(명의개서 미이행)'의 두 가지만을 규정하고 있었다. 따라서 주주명부가 없는 법인의 주식을 취득한 경우에는 개정 전 상증세법 제41조의2 제1항 본문 중 괄호부분이 적용될 여지도 없고, 명의개서 미이행이 적용될 수도 없어서 주식등변동상황명세서에 실제 소유자와 명의자가 다르게 기재되거나 주식등변동상황명세서에 실제 소유자로의 기재를 이행하지 아니한 경우에도 명의신탁 증여의제 과세대상이 되지 아니하였다.[24]

한편, 2003. 12. 30. 법률 제7010호로 개정된 개정 상증세법 제45조의2 제3항은 주주명부가 작성되어 있지 않은 법인의 경우에도 주식등변동상황명세서에 실제 소유자와 명의자가 다르게 기재된 경우에는 이를 명의신탁 증여의제 과세대상으로 추가하는 내용을 신설하였고, 이 법률은 2004. 1. 1.부터 시행되었다. 그러나 개정 상증세법은 개정 전 상증세법과 달리 개정 상증세법 부칙에 그 시행일 이전에 소유권을 취득한 주식으로서 주식등변동상황명세서에 실제 소유자와 명의자가 다르게 기재된 경우 또는 그 기재를 이행하지 아니한 경우를 과세대상으로 하는 경과규정[25]을 두지 아니하였다.

---

24) 대법원 1993. 4. 27. 선고 93누3103 판결, 대법원 1994. 2. 22. 선고 93누14196 판결, 대법원 2004. 2. 27. 선고 2003두13762 판결, 대법원 2007. 2. 8. 선고 2005두10200 판결 등 다수.

25) 개정 전 상증세법 부칙 제5조, 제9조와 같은 규정을 말한다.

조세법률주의에 의할 때, 2003. 12. 초경에 이루어진 이 사건 거래에 대해서는 그 거래 당시 적용되던 개정 전 상증세법 제41조의2에 의하여 명의신탁 증여의제 과세대상 여부를 판단하여야 한다. 이에 따르면, 개정 전 상증세법 시행 당시 명의신탁 증여의제 과세대상은 (i) 주주명부가 작성되어 있어야 하고, (ii) 주주명부에 실제 소유자와 명의자를 다르게 기재하거나 또는 (iii) 주주명부에 실제 소유자로 명의개서를 이행하지 아니한 경우로 한정된다.

다. 개정 전 상증세법 시행 당시 원고들이 소유권을 취득한 이 사건 주식이 명의신탁 증여의제 과세대상이 되는지 여부

조세법률주의에 따르면 어떠한 거래에 대해 과세를 하기 위해서는 그 거래 당시 유효하게 적용되는 세법에서 정한 과세요건을 충족하여야 한다. 만약 거래 당시 적용되던 조세법령을 적용하여 과세할 수 없었는데, 그 거래가 종료된 이후에 새로운 입법을 하여 이미 종료된 거래에 대해 소급과세하는 것은 조세법률주의에 정면으로 위반하는 처분으로서 위법한 처분이 된다.

한편, 주식의 취득(양도)시기를 보면, 주권이 발행된 주식의 양도는 주권을 교부한 때에 양도의 효력이 발생하고,[26] 주권발행 전의 주식은 지명채권양도의 일반원칙에 따라 당사자 사이의 의사의 합치만으로 양도의 효력이 발생하므로,[27] 매매계약시에 주식 양도의 효력이 발생한다.[28]

이 사건에서 원고들은 2003. 12. 초경 이 사건 주식을 매매로 취득하는 이 사건 거래를 하였다. 원고들이 이 사건 주식을 취득할 당

---

26) 상법 제336조 제1항.
27) 대법원 1993. 12. 28. 선고 93다8719 판결, 대법원 2006. 9. 14. 선고 2005다45537 판결, 대법원 2012. 11. 29. 선고 2012다38780 판결 등.
28) 대법원 2013. 3. 14. 선고 2011두24842 판결.

시 시행 중이던 개정 전 상증세법 제41조의2는 주주명부의 존재를 전제로 하고 있었는데, 이 사건 거래 당시 소외 회사에는 주주명부가 작성되어 있지 않았다. 이와 같이 주주명부가 없는 상태에서 이루어진 이 사건 거래는 주주명부의 명의개서 또는 주주명부 명의개서 미이행이라는 증여의제요건을 충족할 수 없었으므로 개정 전 상증세법 제41조의2의 명의신탁 증여의제에 따른 증여세 과세대상이 되지 아니한다.

이 사건 거래 당시 주식등변동상황명세서의 명의변경은 증여세 과세요건으로 규정되어 있지 않았고, 따라서 주주명부가 없는 이 사건 거래에서 주식등상황변동명세서의 명의가 실제 소유자와 다른 자의 명의로 기재되어 있었다거나 실제 소유자 명의로 기재를 하지 아니하였다고 하더라도 개정 전 상증세법 제41조의2의 명의신탁 증여의제 과세대상이 되지 아니한다.[29] 이러한 점에서 2003. 12. 초경 이루어진 이 사건 거래에 대해 개정 전 상증세법 제41조의2가 아닌 2004. 1. 1. 이후 시행된 개정 상증세법 제45조의2 제3항을 적용하여 한 이 사건 처분은 위법한 처분이 된다. 이런 점에서 대상 판결은 명의신탁 증여의제 규정의 개정 연혁에 비추어 볼 때 문제가 있다.

2. 소급입법의 법리에 비추어 본 대상 판결의 문제점

이 사건 거래는 개정 상증세법 제45조의2가 시행되기 전인 2003. 12. 초경 종료되었다. 따라서 그 이후인 2003. 12. 30. 개정되어 2004. 1. 1.부터 시행[30]된 개정 상증세법을 이 사건 거래에 적용하는 것은

29) 대법원 1993. 4. 27. 선고 93누3103 판결, 대법원 1994. 2. 22. 선고 93누14196 판결, 대법원 2004. 2. 27. 선고 2003두13762 판결, 대법원 2007. 2. 8. 선고 2005두10200 판결 등 다수.

30) 부칙 제1조.

진정소급입법으로서 원칙적으로 허용되지 아니한다. 또한 개정 상증세법 제45조의2 제3항을 소급적용할 수 있는 예외적 사유가 있는지 여부에 대하여 보면, 이 사건의 경우 국민들은 개정 상증세법 제45조의2 제3항이 소급입법이 된다는 점을 예상할 수 없었고, 소외회사와 같이 주주명부가 작성되지 아니한 법인의 주식은 명의신탁증여의제 과세대상이 되지 않는다는 것이 이 사건 거래 당시까지 확립된 판례였으며,[31] 소급입법을 하는 경우 국민들의 재산적 피해는 경미하다고 볼 수 없다. 또한 개정 상증세법 제45조의2 제3항을 소급적용하는 것을 정당화할 공익상 사유도 찾아보기 어렵다. 이와 같이 개정 상증세법 제45조의2 제3항에 대해 예외적으로 진정소급입법을 허용할 사유가 없다. 진정소급입법을 허용할 특단의 사정이 없고, 달리 개정 상증세법 제45조의2 제3항을 소급적용할 수 있다는 명문의 규정이 없음에도 불구하고 대상 판결과 같이 법원의 해석에 의하여 개정 법률을 그 시행 전 사안에 소급적용하는 것은 소급입법의 법리에 위반된다.

대상 판결은 '관련 규정의 입법 취지, 체계 및 내용'에 비추어 보면, 개정 상증세법 제45조의2 제3항을 그 시행일인 2004. 1. 1. 이전에 거래된 주식에 대해서도 소급적용할 수 있다고 판단하였다. 대상 판결이 소급적용의 근거로 제시한 '관련 규정의 입법 취지, 체계 및 내용'은 위 Ⅲ.의 4.항에서 본 소급입법의 법리와는 아무런 관련이 없다. 대상 판결은 소급적용에 관한 구체적인 근거를 제시하지 않고 막연히 소급적용된다고 해석한 것이다. 개정 상증세법 제45조의2 제3항은 위 Ⅲ.의 4. 나.항에서 본 서울행정법원 2012구합20441 판결과 같이 2004. 1. 1. 이후 이루어진 거래에 대하여 적용된다고 해석하는

31) 대법원 1993. 4. 27. 선고 93누3103 판결, 대법원 1994. 2. 22. 선고 93누14196 판결, 대법원 2004. 2. 27. 선고 2003두13762 판결, 대법원 2007. 2. 8. 선고 2005두10200 판결 등 다수.

것이 소급입법의 법리에 부합한다. 대상 판결대로 하면 심지어 개정 상증세법이 시행되기 1년 전인 2003. 1. 1. 취득한 주식에 대해서도 개정 상증세법 제45조의2 제3항을 적용하여 명의신탁 증여의제에 따른 증여세를 부과할 수 있다는 부당한 결론이 된다.

또한 대상 판결은 주주명부가 작성되지 아니한 법인 발행 주식을 주식등변동상황명세서에 의하여 명의개서 여부를 판정하는 경우 주식등변동상황명세서 제출일을 증여의제일로 보아야 한다는 대법원 2017. 5. 11. 선고 2017두32395 판결[32]을 근거로 하여 2004. 1. 1. 이후 관할 세무서장에게 주식등변동상황명세서를 제출하였다면, 그 제출일에 명의신탁 증여의제 요건이 완성되었다고 보아야 하므로, 2004.

---

32) 유철형, "주식등변동상황명세서에 의해 명의개서 여부를 판정하는 경우 증여의제일", 로앤비 천자평석(2017. 5. 29.) 참조. 대법원 2017. 5. 11. 선고 2017두32395 판결은 주주명부가 작성되지 아니하여 주식등변동상황명세서에 의하여 명의개서 여부를 판정하는 경우 관할 세무서장에게 주식등변동상황명세서를 제출한 날을 증여의제일로 보아야 한다고 판시하였다. 그러나 이러한 결론이 타당한지는 의문이다. 상증세법 제45조의2에 따른 명의신탁 증여의제는 실제 소유자와 명의자가 다른 경우 명의자로 등기 등을 한 날을 증여일로 의제하여 증여세를 과세하는 것이고, 주식의 경우 명의자가 주주명부에 주주로 기재된 날인 명의개서일이 증여의제일이 된다. 개정 상증세법 제45조의2 제3항은 "주주명부나 사원명부가 작성되지 아니한 경우 … 관할 세무서장에게 제출한 주주 등에 관한 서류 및 주식등변동상황명세서에 의하여 명의개서 여부를 판정한다."고 규정하고 있다. 위 조항은 명의개서 여부의 판정, 즉, 실제 소유자와 명의자가 다르게 기재되었는지 여부를 주식등변동상황명세서의 기재에 의하여 판정한다는 것이지, 증여일을 그 명세서를 제출한 날로 의제한다는 규정이 아니다. 주식등변동상황명세서에 주식 양도일이나 취득일이 기재되어 있지 않다고 하더라도 명의자의 주식 취득일이 증명된다면 그 날을 증여일로 의제하는 것이 타당하다. 위 2017두32395 판결이 법률상 근거가 없음에도 명의자의 주식 취득일과 관계 없이 주식등변동상황명세서의 제출일을 증여의제일로 해석하는 것은 조세법률주의에 반하는 해석으로 문제가 있다. 주식등변동상황명세서에 의하여 명의개서 여부를 판정하는 경우 증여의제일을 언제로 할 것인지에 대해서는 입법으로 보완되어야 할 것이다.

1. 1. 이전에 주식 등의 인도가 있었다고 하더라도 개정 상증세법 제45조의2 제3항이 적용되어 증여세를 과세할 수 있다고 판단하였다. 그러나 위 2017두32395 판결의 사안은 개정 상증세법 제45조의2 제3항이 시행된 이후에 이루어진 거래에 대한 것이어서 개정 상증세법 제45조의2 제3항의 소급적용 여부가 전혀 문제되지 아니하였다. 거래가 종료된 이후 세법을 개정하였는데, 그 거래가 개정된 세법에 따른 과세요건을 충족한다고 하더라도 개정된 세법에 따라 과세를 할 수 없다는 점은 소급입법의 법리상 이론의 여지가 없다. 이 사건에서 위 2017두32395 판결과 같이 주식등변동상황명세서 제출일을 증여의제일로 본다고 하더라도 개정 상증세법 제45조의2 제3항을 그 개정 전에 이루어진 거래에 소급적용할 수 있는지 여부는 소급입법의 법리에 따라 별도로 판단하여야 함에도 불구하고 대상 판결은 이에 대한 검토 없이 주식등변동상황명세서 제출일을 증여의제일로 본다는 위 2017두32395 판결의 결론만 원용하여 당연히 개정 상증세법 제45조의2 제3항이 소급적용된다는 결론을 내렸다는 점에서 문제가 있다.

3. 명의신탁 증여의제 규정을 제한적으로 해석하는 최근 판례의 경향에 반하는 문제점

명의신탁 증여의제 규정은 엄격하게 제한적으로 적용되어야 한다는 것이 대법원의 일관된 입장이다.[33] 명의신탁의 경우 해당 재산의 경제적 가치는 명의수탁자에게 이전되지 않고 명의신탁자에게 그대로 남아 있으므로, '타인에게 유형, 무형의 재산 또는 이익을 이

33) 대법원 2014. 5. 16. 선고 2011두11099 판결, 대법원 2017. 1. 12. 선고 2014두43653 판결, 대법원 2017. 2. 21. 선고 2011두10232 판결, 대법원 2018. 3. 29. 선고 2012두27787 판결.

전'하는 증여의 실질이 없는바, 원칙적으로는 증여세 부과대상에 해당하지 아니한다. 그럼에도 불구하고 명의신탁 증여의제 규정은 명의신탁이 있을 경우 각종 조세회피의 결과가 발생할 수 있다는 점을 고려하여, 실질과세원칙에도 불구하고 그 형식(명의)만을 기준으로 명의신탁을 증여로 의제하여 증여세를 과세하고 있다. 이와 같이 명의신탁 증여의제 규정은 순전히 정책적인 목적으로 세법이 증여로 간주하여 증여세를 과세하는 규정이어서 납세의무자인 국민의 재산권을 침해할 위험이 높은 규정이고, 이에 대한 학계와 실무계의 비판이 수없이 제기되어 왔다. 명의신탁 증여의제 규정은 회피되는 조세의 액수와 상관없이 명의신탁 재산의 가액에 비례하여 증여세를 부과한다는 점, 명의신탁을 통하여 별다른 이익을 얻지 못하고 비난 가능성도 적은 명의수탁자에게 1차적인 제재를 가한다는 점에서도 위헌의 소지가 있다.[34)]

이처럼 명의신탁 증여의제 규정은 납세자에게 과중한 불이익을 가할 소지가 있으므로, 조세법률주의에 따라 법률에서 명확하게 적용대상으로 규정한 거래에 한하여 증여세를 과세하여야 하고, 유추해석 내지 확대해석을 통하여 증여세 과세대상을 확장하는 것은 허용되지 아니한다.[35)]

같은 취지에서, 대법원은 명의신탁자가 사망하여 명의신탁 주식이 상속된 경우 명의수탁자가 실제 소유자인 상속인의 명의로 명의개서하지 않는 행위에 대하여 명의신탁 증여의제 규정을 적용하여

34) 윤지현, "주식의 명의신탁에 대한 증여세 과세에 있어서의 몇 가지 문제점에 관한 소고", 『조세법연구』, 제9-2집(2003), 143-146면; 강석훈, "명의신탁 주식의 증여의제에 관한 판례의 태도 및 해석론", 『특별법연구』, 제8권(2006), 550-551면.

35) 대법원 2014. 5. 16. 선고 2011두11099 판결, 대법원 2017. 1. 12. 선고 2014두43653 판결, 대법원 2017. 2. 21. 선고 2011두10232 판결, 대법원 2018. 3. 29. 선고 2012두27787 판결.

증여세를 과세할 수 있는지 여부와 관련하여, "명의신탁을 증여로 의제하거나 명의개서를 지연한 것을 명의신탁한 것과 마찬가지로 보아 증여로 의제하는 것은 재산보유의 실질과 명의를 일치시키고, 조세회피를 방지하는 등의 정책적 목표를 달성하기 위하여 증여의 실질이 없음에도 증여세를 부과하는 것으로서, 이는 조세 부과의 본질적 근거인 담세력의 징표가 되는 행위나 사실의 존재와 무관하게 과세하는 것이므로 그 관련 법령을 해석·적용할 때는 유추해석이나 확장해석은 엄격하게 절제되어야 한다"라고 전제한 다음, "주식이 명의신탁되어 명의수탁자 앞으로 명의개서가 된 후에 명의신탁자가 사망하여 주식이 상속된 경우에는 명의개서해태 증여의제 규정의 적용 대상에 해당하지 않는다고 봄이 타당하다"라고 판시하였다.[36)]

또한 대법원은 명의신탁 주식을 처분한 대금으로 주식을 취득하여 다시 동일한 명의수탁자 명의로 명의개서된 주식이 명의신탁 증여의제 과세대상이 되는지 여부와 관련하여, "이 사건 법률조항[37)]은 권리의 이전이나 그 행사에 등기 등을 요하는 재산에 관하여 실제 소유자와 명의자가 다른 경우에는 국세기본법 제14조의 규정에 불구하고 그 명의자로 등기 등을 한 날에 그 재산의 가액을 명의자가 실제 소유자로부터 증여받은 것으로 본다는 것이다. 그런데 ① 이는 조세회피목적의 명의신탁행위를 방지하기 위하여 실질과세원칙의 예외로서 실제 소유자로부터 명의자에게 해당 재산이 증여된 것으로 의제하여 증여세를 과세하도록 허용하는 규정이므로, 조세회피행위를 방지하기 위하여 필요하고도 적절한 범위 내에서만 적용되어야 하는 점, … 등을 고려할 때, 최초로 증여의제 대상이 되어 과세되었거나 과세될 수 있는 명의신탁 주식의 매도대금으로 취득하여

36) 대법원 2017. 1. 12. 선고 2014두43653 판결.

37) 구 상속세 및 증여세법(2007. 12. 31. 법률 제8828호로 개정되기 전의 것) 제45조의2 제1항.

다시 동일인 명의로 명의개서된 주식은 그것이 최초의 명의신탁 주식과 시기상 또는 성질상 단절되어 별개의 새로운 명의신탁 주식으로 인정되는 등의 특별한 사정이 없는 한 다시 이 사건 법률조항이 적용되어 증여세가 과세될 수는 없다고 봄이 타당하다"라고 판시하였다.[38]

대법원은 상법상 주식의 포괄적 교환을 통하여 명의수탁자가 완전모회사가 되는 회사로부터 배정받은 신주가 명의신탁 증여의제 과세대상이 되는지 여부에 대하여, '① 이 사건 법률조항[39]은 조세회피목적의 명의신탁행위를 방지하기 위하여 실질과세원칙의 예외로서 실제 소유자로부터 명의자에게 해당 재산이 증여된 것으로 의제하여 증여세를 과세하도록 허용하는 규정이므로, 조세회피행위를 방지하기 위하여 필요하고도 적절한 범위 내에서만 적용되어야 하는 점, ② 주식의 경우에 관하여 보면, 증여의제 대상이 되어 과세되었거나 과세될 수 있는 최초의 명의신탁 주식이 매도된 후 그 매도대금으로 다른 주식을 취득하여 다시 동일인 명의로 명의개서를 한 경우에 그와 같이 다시 명의개서된 다른 주식에 대하여 제한 없이 이 사건 법률조항을 적용하여 별도로 증여세를 과세하는 것은 증여세의 부과와 관련하여 최초의 명의신탁 주식에 대한 증여의제의 효과를 부정하는 모순을 초래할 수 있어 부당한 점, ③ 최초의 명의신탁 주식이 매도된 후 그 매도대금으로 취득하여 다시 동일인 명의로 명의개서되는 이후의 다른 주식에 대하여 각각 별도의 증여의제 규정을 적용하게 되면 애초에 주식이나 그 매입자금이 수탁자에게 증여된 경우에 비하여 지나치게 많은 증여세액이 부과될 수 있어서 형평에 어긋나는 점 등을 고려할 때, 최초로 증여의제 대상이 되어 과

---

38) 대법원 2017. 2. 21. 선고 2011두10232 판결.

39) 구 상속세 및 증여세법(2007. 12. 31. 법률 제8828호로 개정되기 전의 것) 제45조의2 제1항.

세되었거나 과세될 수 있는 명의신탁 주식의 매도대금으로 취득하여 다시 동일인 명의로 명의개서된 주식은 특별한 사정이 없는 한 다시 이 사건 법률조항이 적용되어 증여세가 과세될 수는 없다(대법원 2017. 2. 21. 선고 2011두10232 판결등 참조). 상법상 주식의 포괄적 교환의 경우에도 최초의 명의신탁 주식과 명의수탁자가 완전모회사가 되는 회사로부터 배정받은 신주에 대하여 각각 별도의 증여의제 규정을 적용하게 되면, 위와 같이 증여세의 부과와 관련하여 최초의 명의신탁 주식에 대한 증여의제의 효과를 부정하는 모순을 초래하고 형평에 어긋나는 부당한 결과가 발생하는 것은 마찬가지이므로, 원칙적으로 위 법리가 그대로 적용된다고 할 것'이라고 함으로써 명의수탁자가 주식의 포괄적 교환을 통하여 배정받은 신주는 명의신탁 증여의제 과세대상이 되지 아니한다고 판시하였다.[40]

이처럼 명의신탁 증여의제 규정은 실질과세원칙의 예외로서 증여의 실질이 없음에도 증여세를 부과하도록 허용하고 있으므로, 명의신탁 증여의제 규정의 적용대상은 엄격하게 제한적으로 해석하여야 한다는 것이 일관된 최근 판례의 경향이다. 그럼에도 불구하고 명시적인 소급적용에 관한 규정이 없는 이 사건에서 구체적인 근거도 없이 개정 상증세법 제45조의2 제3항의 소급적용을 허용한 대상판결은 명의신탁 증여의제 규정의 해석에 관한 최근 판례의 경향에도 반한다.

4. 여론 – 이 사건에서 대법원의 두 차례 환송판결의 문제점

대상 판결의 사안에서는 두 가지 쟁점이 문제되었다. 첫째는 소외 회사에 주주명부가 있는지 여부이고(예비적 처분사유), 둘째는

40) 대법원 2018. 3. 29. 선고 2012두27787 판결.

개정 상증세법 제45조의2 제3항을 이 사건 거래에 소급적용할 수 있는지 여부(주위적 처분사유)이다. 이 사건의 경우 첫째 쟁점과 관련하여 1차 환송판결이 있었고, 둘째 쟁점과 관련하여 2차 환송판결인 대상 판결이 있었다.

1차 환송판결인 대법원 2017. 5. 17. 선고 2016두55049 판결의 환송 전 제1심[41]과 제2심[42]은 관련 증거에 의하여 이 사건 주식 거래 당시 소외 회사에는 주주명부가 없었고, 따라서 원고들에게 명의신탁 증여의제에 관한 규정을 적용할 수 없다고 판단하였다. 또한 개정 상증세법 제45조의2 제3항은 그 신설 이전에 종료된 이 사건 거래에 대해서는 소급적용될 수 없다고 판단하였다.

법원은 변론 전체의 취지와 증거조사의 결과를 참작하여 자유로운 심증으로 사회정의와 형평의 이념에 입각하여 논리와 경험의 법칙에 따라 사실주장이 진실한지 아닌지를 판단하고,[43] 그 사실판단은 위와 같은 자유심증주의의 한계를 벗어나지 않는 한 사실심 법원의 전권에 속한다.[44] 그런데, 대법원은 1차 환송판결에서 사실심 법원의 전권에 속하는 사실판단에 개입하여 소외 회사에 주주명부가 있음에도 그 제출을 거부하고 있는 것은 아닌지 하는 의심이 드는데 원심 판결에 이에 대한 심리 미진의 위법이 있다는 이유로 파기환송하였다. 그러나 1차 환송판결 후의 환송심[45]은 환송 전 제1심 및 제2심과 마찬가지로 이 사건 거래 당시 소외 회사에는 주주명부가 존재하지 않았다고 판단하였다. 1차 환송판결에도 불구하고 환송심에서 다시 환송 전과 동일하게 사실인정을 하고 동일한 결론을 내린

41) 서울행정법원 2015. 10. 22. 선고 2015구합62842 판결.
42) 서울고등법원 2016. 9. 21. 선고 2015누66983 판결.
43) 행정소송법 제8조 제2항, 민사소송법 제202조.
44) 대법원 2016. 3. 24. 선고 2013두2303 판결, 대법원 2016. 8. 30. 선고 2015두51095 판결 등.
45) 서울고등법원 2018. 1. 23. 선고 2017누53233 판결.

것이다. 1차 환송판결은 환송 전 제1심과 제2심의 사실인정이 자유심증주의의 한계를 벗어난 것이라는 구체적인 근거를 제시하지 아니한 채 사실심의 전권에 속하는 사실인정을 뒤집었다는 점에서 문제가 있다.

한편, 둘째 쟁점과 관련하여 법원은 1차 환송판결 전 제1심과 제2심에서 개정 상증세법 제45조의2 제3항을 그 개정 전에 종료된 이 사건 거래에 소급적용하는 것은 납세자의 예측가능성과 법적 안정성을 침해하는 것으로서 허용될 수 없다고 판단하였다. 증여세 납세의무는 증여재산의 취득시기, 즉, 증여일에 성립하는데, 소외 회사가 2004. 3. 30. 피고에게 제출한 주식등변동상황명세서는 2003. 1. 1.부터 2003. 12. 31.까지의 소외 회사 주식 취득 상황을 나타내는 것이므로, 이에 의하더라도 이 사건 거래에 의한 명의개서일을 2004. 3. 30.으로 볼 수 없다는 것이다. 이 사건 주식의 증여의제일을 주식등변동상황명세서 제출일로 간주하려면 명시적인 법률 규정이 있어야 한다는 점에서 타당한 해석이다. 1차 환송판결 이후의 환송심도 위와 동일한 이유로 이 사건 거래에는 개정 상증세법 제45조의2 제3항을 소급적용할 수 없다고 판단하였다.

이와 같이 1차 환송판결 전의 제1심과 제2심, 2차 환송판결 후의 환송심 등 3회에 걸쳐 증여세 납세의무 성립시기와 소급입법에 관한 법리상 이 사건 거래에는 개정 상증세법 제45조의2 제3항이 소급적용될 수 없다는 판단이 있었음에도 불구하고 대상 판결은 구체적인 근거를 제시하지 아니한 채 "관련 규정의 입법 취지, 체계 및 내용"이라는 막연한 기준을 제시하면서 개정 상증세법 제45조의2 제3항이 그 개정 전에 종료된 이 사건 거래에도 소급적용된다고 판단한 것이다. 법률의 소급적용은 국민의 재산권을 침해하고 법적 안정성과 예측가능성을 침해하는 것으로서 엄격하게 제한됨[46]에도 불구하고 대상 판결은 그에 앞선 1차 환송판결 전의 제1심과 제2심, 그리고 환송심 등 세 차례의 판결과 달리 소급적용의 구체적인 근거를 제시하지 아니한 채 개정 상증세법 제45조의2 제3항의 소급적용을 허용하였다는 점에서 문제가 있다.

위와 같이 이 사건에서 대법원은 두 차례에 걸쳐 파기환송판결을 하였다. 1차 환송판결이 사실심 법원의 전권에 속하는 사실판단에 개입하였다는 문제점은 별론으로 하고, 대법원이 과세관청의 주위적 처분사유와 예비적 처분사유에 대해 판단하면서 주위적 처분사유를 먼저 판단하지 않고 예비적 처분사유로 1차 환송판결을 하고, 그 파기사유가 이유 없음이 밝혀지자 다시 주위적 처분사유를 이유로 2차 환송판결을 한 것은 심리방식에 있어서 문제가 있다. 이로 인하여 당사자들은 거의 1년 이상 불필요한 시간과 비용을 낭비하게 되었다. 이 사건과 같은 경우 소송경제면에서 볼 때 1차 환송판결시 주위적 처분사유와 예비적 처분사유를 한 번에 판단하는 것이 바람직하다.[47]

Ⅴ. 결론

개정 상증세법의 시행 이전인 2003. 12. 31.까지 적용된 개정 전 상증세법 제41조의2는 주주명부가 작성되어 있는 법인의 주식에 대

46) 헌법재판소 2003. 4. 24. 선고 2002헌바9 결정, 헌법재판소 2004. 7. 15. 선고 2002헌바63 결정, 헌법재판소 2008. 5. 29. 선고 2006헌바99 결정, 헌법재판소 2008. 9. 25. 선고 2007헌바74 결정, 헌법재판소 2011. 7. 28. 선고 2009헌바311 결정, 헌법재판소 2016. 7. 28. 선고 2014헌바372 결정, 헌법재판소 2017. 7. 27. 선고 2016헌바275 결정 등.

47) 물론 대법원이 사실심 법원의 전권에 속하는 사실인정에 관여하는 것은 잘못된 것이지만, 만약 대법원이 사실심의 사실인정에 대해서도 판단할 근거가 있다면 이런 방식으로 심리하는 것이 바람직하다는 것이다.

해서만 적용되었으므로 주주명부가 작성되어 있지 않은 법인의 주식을 타인 명의로 취득하여 조세를 회피하더라도 명의신탁 증여의제 규정을 적용할 수 없다는 문제가 제기되었다. 이러한 문제를 해결하고자 개정 상증세법 제45조의2 제3항을 신설하였다.

그런데, 개정 상증세법은 위 신설된 규정이 그 시행일 전에 이루어진 거래에 대해서도 적용되는지 여부에 대해 아무런 규정을 두지 아니하였다. 이에 따라 개정 상증세법 제45조의2 제3항을 그 개정 전에 이루어진 거래에도 소급적용할 수 있는지 여부가 문제되었는데, 대상 판결은 이 쟁점을 다루었다. 대상 판결은 개정 상증세법 제45조의2 제3항을 그 시행일인 2004. 1. 1. 이전에 이루어진 거래에도 적용할 수 있다고 해석하였으나, 이러한 해석은 조세법률주의와 증여의제 규정의 적용례, 소급입법의 법리, 명의신탁 증여의제 규정의 적용을 엄격하게 제한하는 최근 판례의 경향에 반하는 판결로서 문제가 있다.

첫째, 상증세법은 증여의제규정을 신설하는 경우 그 적용대상과 적용시기를 신설 이후에 이루어지는 거래부터 적용하도록 명시적인 규정을 두고 있다. 국민의 법적 안정성과 예측가능성을 보장하는 조세법률주의에 부합하는 입법방식이다. 그런데, 개정 상증세법 제45조의2 제3항에 대해서는 이러한 규정을 두지 않았다. 그렇다면, 그 개정 전에 이루어진 이 사건 거래에 대해서는 조세법률주의에 따라 거래 당시 적용되던 개정 전 상증세법 제41조의2를 적용하여야 함에도 대상 판결은 조세법률주의에 반하여 개정법의 소급적용을 허용하는 판단을 하였다.

둘째, 소급입법의 법리상 개정 상증세법 제45조의2 제3항을 그 개정 전에 종료된 거래에는 적용할 수 없다. 개정 상증세법

제45조의2 제3항은 그 시행일인 2004. 1. 1. 이후 이루어진 거래에 대해 적용된다고 해석하는 것이 소급입법의 법리에 부합한다. 한편, 이 사건 거래 당시인 2003. 12.경 적용되던 개정 전 상증세법 제41조의2에 의하면 소외 회사에 주주명부가 작성되지 아니한 이상 이 사건 거래는 명의신탁 증여의제 과세대상이 되지 아니한다. 대상 판결은 구체적인 근거도 제시하지 아니한 채 개정 상증세법 제45조의2 제3항을 그 개정 전에 이루어진 이 사건 거래에 적용할 수 있다고 해석하였으나, 이러한 해석은 조세법률주의에 반할 뿐만 아니라, 실질적으로 법원에 의한 입법작용이고 삼권분립의 원칙에 반하는 해석으로서 허용될 수 없다.

셋째, 명의신탁 증여의제 규정은 재산보유의 실질과 명의를 일치시키고, 조세회피를 방지하는 등의 정책적 목표를 달성하기 위하여 증여의 실질이 없음에도 증여세를 부과하는 것으로서, 이는 조세 부과의 본질적 근거인 담세력의 징표가 되는 행위나 사실의 존재와 무관하게 과세하는 것이므로 관련 법령을 해석·적용할 때 유추해석이나 확장해석은 엄격하게 절제되어야 한다는 것이 대법원의 확립된 입장이다. 이에 따라 대법원은 명의신탁 증여의제의 적용대상을 제한적으로 좁게 해석해 오고 있는데, 대상 판결은 이러한 최근 대법원 판례의 경향에도 어긋난다.

대상 판결은 2003. 12. 30. 법률 제7010호로 개정된 개정 상증세법에 관한 것이어서 이에 대한 평석이 개정시로부터 약 15년이 지난 현재 어떤 의미가 있는지 의문을 가질 수 있다. 이 글을 쓰게 된 이유는 개정 규정의 적용대상에 대한 부칙규정이 없는 세법을 해석함에 있어서 아무런 법적 근거 없이 국민에게 불리하게 실질적으로 새로운 입법을 하는 법원의 해석은 조세법률주의와 삼권분립의 원칙에 위반되는 문제가 있다는 점을 지적하고 이를 개선하고자 하는 데에 있다. 개정 규정의 소급적용에 관한 명시적인 규정이 없는 경우 대상 판결이 잘못된 선례가 되어 앞으로 유사한 개정 법령이 문제될 때 또 다시 관련 법리에 반하는 해석을 할 위험을 방지하고자 하는 것이다.

추론: 주 32)에서 주주명부가 작성되지 아니한 법인 발행 주식을 주식등변동상황명세서에 의하여 명의개서 여부를 판정하는 경우 주식등변동상황명세서 제출일을 증여의제일로 보아야 한다는 대법원 2017. 5. 11. 선고 2017두32395판결의 문제점을 지적하였는데, 최근 이와 관련한 상증세법의 개정이 있었다. 즉, 2019. 12. 31. 법률 제16846호로 개정된 상증세법 제45조의2 제4항은 "제1항을 적용할 때 주주명부 또는 사원명부가 작성되지 아니한 경우에는 「법인세법」 제109조 제1항 및 제119조에 따라 납세지 관할세무서장에게 제출한 주주 등에 관한 서류 및 주식등변동상황명세서에 의하여 명의개서 여부를 판정한다. 이 경우 증여일은 증여세 또는 양도소득세 등의 과세표준신고서에 기재된 소유권이전일 등 대통령령으로 정하는 날로 한다."고 하였고, 2020. 2. 11. 대통령령 제30391호로 개정된 상증세법 시행령 제34조의2는 "제45조의2 제4항 후단에서 "증여세 또는 양도소득세 등의 과세표준신고서에 기재된 소유권 이전일 등 대통령령으로 정하는 날"이란 다음 각 호의 순서에 따라 정한 날을 말한다. 1. 증여세 또는 양도소득세 등의 과세표준신고서에 기재된 소유권이전일, 2. 법 제45조의2 제4항 전단의 주식등변동상황명세서에 기재된 거래일"이라고 규정함으로써 주식등변동상황명세서 제출일을 증여의제일로 판단한 위 2017두32395 판결의 문제점을 바로잡고자 주식등변동상황명세서에 의해 명의개서 여부를 판정하는 경우의 증여일을 "주식등변동상황명세서에 기재된 거래일"이라고 법령에 명시하였다. 조세법률주의에 부합하는 타당한 입법이다. 이러한 개정 규정에 의하는 경우 대상 판결의 경우 2003. 12. 30. 법률 7010호로 개정된 개정 상증세법이 적용될 수 없어서 부과처분은 위법한 것이 되므로 결론이 달라진다.

참고문헌

강석훈, "명의신탁 주식의 증여의제에 관한 판례의 태도 및 해석론", 『특별법연구』 제8권(2006)

유철형, "주식등변동상황명세서에 의해 명의개서 여부를 판정하는 경우 증여의제일", 로앤비 천자평석(2017. 5. 29.)

윤지현, "주식의 명의신탁에 대한 증여세 과세에 있어서의 몇 가지 문제점에 관한 소고", 『조세법연구』 제9-2집(2003)

기업의 지방이전에 따른 조세특례 쟁점 정리

정 순 찬 변호사

Ⅰ. 기업의 지방이전에 대한 조세지원

1. 개요

우리나라의 인구와 기업은 수도권에 집중되어 있는데 이로인해 지방경제의 침체를 야기하는 등 국토의 균형발전을 저해하고 있어, 국가에서는 지역 간의 불균형을 해소하고 지역의 특성에 맞는 자립적 발전을 통하여 국민생활의 균등한 향상과 국가균형발전을 위해 노력하고 있다. 특히, 국가와 지방자치단체는 지방으로 이전하는 기업이 많도록 수도권 중 시·군·구별로 인구과밀·산업입지·산업집적 등을 고려하여 특정지역에 있는 기업이 지방으로 이전하는 경우 재정적·행정적 사항 등에 관한 지원을 할 수 있도록 하고 있다(국가균형발전 특별법 제19조 제1항). 그리고 재정적 지원의 한 수단으로 조세특례제한법(이하 '조특법'이라고 한다)[1] 및 지방세특례제한법(이하 '지특법'이라고 한다)에서는 기업이 지방[2]으로 이전하는 경우

1) 현행 조세특례제한법과 그 이전에 개정된 조세특례제한법을 약칭하여 각 조특법이라 한다. 다만 현행 법령이 아닌 경우 개정시기 또는 적용시기를 기재하기로 한다.
2) 본고에서의 지방은 특별한 정의를 하지 않는 한 수도권과밀억제권역 밖

발생할 수 있는 직접적인 조세부담을 덜어주는 등 다양한 지원제도를 갖춤으로써 수도권 외의 지역의 고용창출 및 경제활성화를 도모하고 있다.

한편, 본사나 공장을 지방으로 이전함에 따른 조특법상의 세제혜택을 살펴보면, 기업을 지방으로 이전한 후 소득이 최초로 발생하는 사업연도부터 5년(낙후지역으로 이전하는 경우는 7년)간 법인세나 소득세를 100% 면제해주고 그 후 2년(낙후지역으로 이전하는 경우는 3년)간은 법인세나 소득세의 50%를 감면해 줄 정도로 많은 혜택을 부여하고 있다(조특법 제63, 63조의2). 그리고 공장 및 본사의 양도차익에 대한 법인세 과세이연을 적용받는 경우(조특법 제63조의2 제5항) 최저한세의 적용을 받지만, 다른 경우는 최저한세의 제한도 받지 않는다(조특법 제132조). 조특법상 다른 세제혜택은 투자금액의 일정비율만 세액감면 해주고 있으며 많은 경우 최저한세가 적용되고 있음에 비추어 보면, 기업의 지방이전에 따른 세제혜택은 파격적이라 할 수 있다.

그런데, 위와 같은 엄청난 조세혜택에도 불구하고 조특법상 기업의 지방이전에 따른 감면요건에 불명확한 부분이 많아 납세자와 과세관청 사이 분쟁의 소지가 있다. 또한 최근 정부와 국회는 조특법을 개정하면서 지역의 고용창출 및 경제활성화라는 입법취지에 맞지 않게 감면요건을 이전보다 더 엄격하게 개정하여, 기업의 지방이전 유인을 감소시키고 있는 문제점도 발생하고 있다.

또는 수도권 외를 의미한다.

2. 조특법상 기업의 지방이전에 대한 특례[3]

조특법상의 지방이전에 대한 조세지원은 크게 공장·본사의 양도에 따라 발생하는 양도차익에 대한 분할과세 특례와 이전 후 사업을 하면서 발생하는 소득에 대한 법인세 및 소득세의 감면으로 나뉜다.

규정	주체	특례대상행위	과세특례	비고
공장의 대도시 밖 이전 (제60조)	내국법인	대도시[수도권 과밀억제권역(이하 '과밀억제권역')과 5대 광역시(단 산업단지 제외)]에 있는 공장의 지방(대도시 외)이전을 위해 공장의 대지와 건물을 양도	양도차익에 대하여 5년 거치 5년 분할 익금 산입	공장시설은 과세특례 대상이 아님
법인 본사 과밀억제권역 외 이전 (제61조)	내국법인	과밀억제권역 내 본사의 과밀억제권역 외 이전을 위해 본사의 대지와 건물을 양도	상동	
중소기업의 공장이전(제85조의8)	2년 이상 사업 영위 중소기업 (개인포함)	과밀억제권역 밖으로 이전하거나 동일 산업단지 내에서 이전하기 위하여 공장의 대지와 건물을 양도	• 양도소득: 5년 거치 5년 분할 익금산입. • 거주자 양도차익: 5년 거치 5년 분할 납부	산업단지로의 이전시 2년 이상 사업 영위 중소기업
중소기업의 공장을 과밀화 억제권역 외로 이전(제63조)	2년 이상계속 사업 영위 중소기업(개인 포함)	과밀억제권역 내 공장을 과밀억제권역 외로 이전(본점 등이 과밀억제권역에 있는 경우에는 본점 등도 같이 이전하여야 함)	중소기업의 이전 후 공장발생소득에 대하여 5년(낙후지역: 7년) 100%, 2년(낙후지역 : 3년) 50% 법인세 및 소득세 감면	

3) 해외 진출기업의 국내 복귀에 대한 세액감면은 조특법 제104조의24에서 규정하고 있다. 이 규정에 따른 조세혜택을 받기 위해서는, 내국인 등이 해외사업장 철수 방식 또는 해외사업장 유지방식에 의하여 해외진출기업을 과밀억제권역을 제외한 국내에 복귀시켜야 하며 업종의 동일성이 유지되어야 한다.

<table>
<tr>
<td rowspan="2">법인의 공장 및 본사를 수도권 밖으로 이전 (제63조의2)</td>
<td rowspan="2">3년 이상 계속 공장시설 또는 본사를 둔 법인</td>
<td>법인의 과밀억제권역 내 공장 및 본사를 수도권 밖(광역시의 경우에는 광역시 내 산업단지로 이전한 경우)으로 이전</td>
<td>• 공장·본사의 양도차익에 대하여 5년 거치 5년 분할 익금 산입
• 재산세 감경과 종합부동산세 제외</td>
<td rowspan="2">부동산업, 건설업, 소비성서비스업, 무점포 판매업 및 해운중계업 적용 제외</td>
</tr>
<tr>
<td>상동</td>
<td>기업의 이전 후 소득에 대하여 5년(낙후지역: 7년) 100%, 2년(낙후지역: 3년) 50% 법인세 및 소득세 감면</td>
</tr>
</table>

조특법 제63조에 의한 조세특례는 조특법 제63조의2의 조세특례와 유사하지만, 수도권에서 2년 이상 계속하여 사업을 영위한 중소기업에 한하여 적용되도록 하고 있으며, 공장이전에 따라 공장에서 발생하는 소득에 대한 특례만 규정하고 있다. 그리고 조특법 제63조의2는 법인에 대하여만 적용되지만 조특법 제63조는 개인기업에 대하여도 적용이 가능하다. 한편, 위 두 가지 특례 요건을 모두 충족하는 납세자는 유리한 규정을 선택하여 조세특례를 적용받을 수 있다.

또한 조특법 제63조와 제63조상의 조세특례는 조특법 제6조의 의한 창업중소기업 세액감면이 5년간 50% 감면되는 것과 비교하여 더 많은 감면율과 감면기간이 적용된다.

3. 지특법상 기업의 지방이전에 대한 특례

지특법은 기업의 지방이전에 대하여 취득세, 재산세 및 등록면허세 감면의 세제상 혜택을 부여하고 있다. 이와 같이 기업이 지방이전으로 이전하는 경우 지방자체단체는 취득세나 재산세의 감면으로 세수의 일실이 발생할 수 있지만, 반면 지방으로 이전한 기업으로부터 법인세나 소득세의 10%를 지방소득세로 거두어들일 수 있는 이점이 있다.

규정	주체	특례대상	과세특례	비고
법인의 지방이전에 대한 감면(지특법 제79조)	대도시내에서 대도시 외로 본점 등을 이전한 법인	본점 또는 주사무소를 이전하는 경우에 해당 사업을 직접 하기 위해여 취득하는 부동산	취득세 면제, 재산세 면제 또는 50% 경감(도시지역분 제외)	
		이전에 따른 법인 등기 및 부동산 등기	등록면허세 면제	
공장의 지방 이전에 따른 감면(지특법 제80조)	대도시내에서 대도시 외로 공장을 이전한 법인	해당 사업을 계속하기 위하여 취득하는 부동산	취득세 면제, 재산세 면제 또는 50% 경감(도시지역분 제외)	
이전공공기관 등 지방이전에 대한 감면(지특법 제81조)	이전공공기관	공공기관 지방이전에 따른 혁신도시 건설 및 지원에 관한 특별법 제4조에 따 국토교통부장관의 지방이전계획 승인을 받아 이전할 목적으로 취득하는 부동산	취득세 50% 감면(2016년 이전 면제), 재산세 면제 또는 50% 경감(도시지역분 제외)	
		법인 등기	등록면허세 면제	
	이전공공기관을 따라 이전하는 소속 임직원 등	• 전용면적 85㎡ 이하 주택 • 전용면적 85㎡ 초과 102㎡ 이하 주택 • 전용면적 102㎡ 초과 135㎡ 이하 주택	• 취득세 면제 • 취득세 75% 경감 • 취득세 62.5% 경감	1가구 1주택자에 적용

Ⅱ. 기업의 지방이전과 관련된 최근 조특법상 쟁점

기업의 지방이전과 관련된 쟁점은 이전할 지역의 지방자치단체가 통폐합 함으로 인한 이전지역 및 감면세액의 변경, 기업의 지방이전 후 적격분할을 한 경우 분할신설법인의 조세감면문제, 기업의 지방 이전 전후 업종의 동일성 유지, 일정기간 이상 사업의 영위 여부 등 여러 가지가 있다.

아래에서는 조특법상 지방이전에 대한 조세특례와 관련하여 주로 최근 법원에서 다투어졌던 쟁점에 대하여 살펴보기로 하겠다.

1. 기업의 지방이전 전·후 업종의 동일성

가. 사업의 확장과 업종 동일성

기업이 본사나 공장을 지방으로 이전할 때에는 사회간접자본(SOC)의 양호, 인력확보 용이성, 주력공장 인접 여부, 유사업종의 집중, 원자재 조달용이성, 물류비 감소, 저렴한 공장용지, 생활여건, 수도권 접근용이성, 법률의 규정에 의한 강제이전 등 다양한 이유를 고려하게 된다.

그런데, 기업을 지방으로 이전할 때 사업을 확장하려고 이전하는 경우도 많이 있는데, 기업이 지방으로 이전한 후 약간의 업종변동이 있는 경우에는 조특법상의 세제혜택를 누릴 수 없는 것인가? 즉, A 업종을 영위하다가 지방으로 이전한 후에는 A′업종을 영위하는 경우 업종의 동일성이 유지되는 것인지 문제될 여지가 있다.

나. 개정연혁 등

2011. 12. 31. 이전에는 조세특례제한법 시행령(이하 "조특령"이라고 한다)[4] 제54조 제2항에서 일괄하여 "법 제60조·법 제63조 및 법 제63조의2의 규정에 의한 공장이전에는 한국표준산업분류상의 세분류[5]를 기준으로 이전전의 공장에서 영위하던 업종과 이전후의 공장에서 영위하는 업종이 동일하여야 한다."고 규정하고 있었다.

---

4) 현행 조세특례제한법 시행령과 그 이전에 개정된 조세특례제한법 시행령을 약칭하여 각 조특법 시행령이라 한다. 다만 현행법령이 아닌 경우 개정시기 또는 적용시기를 기재하기로 한다.

5) 한국표준산업분류는 대 - 중 - 소 - 세 -세세 등 5단계로 분류하고 있는데, 이 중 4번째 단계인 세분류까지는 같아야 한다.

그런데 위 조특령은 법률의 위임없이 규정되어 있는 문제점이 있어 2011. 12. 31. 조특법 제60조 제3항, 제63조 제5항, 제63조의2 제10항을 개정하여 공장이전에 따른 양도차익의 이연 및 공장이전 후의 소득에 대한 감면을 받기 위해서는 대통령령으로 정하는 분류를 기준으로 이전 전의 공장에서 영위하던 업종과 이전 후의 공장에서 영위하는 업종이 같아야 한다고 명문화하였다. 그리고 여기에서의 대통령령으로 정하는 분류는 한국표준산업분류상의 세분류를 의미한다(조특령 제54조 제2항, 제60조 제6항).

이후 2014. 12. 23. 본사나 주사무소 이전에 따른 양도차익에 대한 과세이연특례를 적용받기 위해서도 이전 전·후 업종동일성을 유지하여야 하는 것으로 개정하였으며(조특법 제61조 제4항), 2015. 12. 15.에는 본사이전 후 발생하는 소득에 대한 법인세 감면을 받기 위해서도 이전 전·후 업종동일성을 유지하도록 개정하였다(조특법 제63조의2 제10항). 그리고 공장이전의 경우와 마찬가지로 업종동일성 여부는 한국표준산업분류상의 세분류를 기준으로 판단한다(조특령 제57조 제12항, 제60조의2 제16항)

다. 업종동일성 요건을 조특법에 규정하기 전의 논의[6]

과세관청에서는 본사의 이전에 따른 법인세 등의 감면과 관련하여 본사를 지방으로 이전한 후 업종을 확장·변경하는 경우까지 감면요건에 해당한다고 보는 것은 지방에서 창업하는 것과 경제적 실

6) 조특법에서는 법인세 감면의 요건으로 공장 이전 전·후 동일한 업종을 유지할 것을 규정하고 있지 않을 뿐더러 하위 법령에서 정하도록 위임하고 있지 않음에도 불구하고, 조특령에서 업종의 동일성 요건을 규정하여 납세자에게 불리한 방법으로 조세감면 범위를 확장하는 것은 조세법률주의 원칙에 위반되어 무효라고 할 것이다. 따라서 공장이전 전·후 업종의 동일성을 조특법에 규정하기 전의 사안에 대하여는 업종동일성을 조세감면의 요건이라고 할 수 없다.

질이 동일함에도 불구하고 과도한 감면혜택을 부여하게 되어 위 입법취지에 정면으로 반하는 결과(=지방창업기업을 역차별)를 초래한다는 이유로 새로이 추가하는 업종에서 발생한 소득은 조세특례제한법 제63조의2 제1항 제1호 및 동법 시행령 제54조 제2항 및 제60조의2의 규정에 의하여 감면대상소득에 해당하지 아니한다고 하고 있었다(기획재정부 재조예-859, 2004. 12. 28., 기획재정부 재조특-1192, 2011. 12. 26. 등 다수).[7]

하지만 대법원은 본사를 지방으로 이전한 후의 새로운 업종에서 발생한 소득에 대해서도 조특법 제63조의2에 따라 감면받을 수 있다고 판시하였다(대법원 2014. 11. 13. 선고, 2014두38965 판결). 대법원이 이와 같이 해석한 것은 "① 관련 법령의 문언을 살펴보아도 감면대상과세표준의 대상이 되는 소득을 본사 이전 전부터 영위한 업종과 동일한 업종에서 발생한 것으로 한정하고 있다고 볼 근거가 없는 점, ② 개정 전 조특법 제63조의2 등의 취지는 법인의 수도권 외 지역으로의 이전을 장려하여 수도권 외 지역의 고용창출 및 경제활성화를 도모하기 위한 것인데, 수도권 외의 지역으로 본사를 이전한 법인이 이전 후에 새로운 영업을 개시하여 사업을 확장하고 추가적인 소득을 거두는 것이 위와 같은 취지에 반한다고 보기도 어려운 점 등을 근거로 한 것이다.

최근에는 조세심판원도 대법원 판시의 취지를 받아들여 추가된 업종에서 발생한 소득도 감면대상이 되는 것으로 결정하였으며(조심 2015전4932, 2016. 9. 21.), 기획재정부 역시 기존의 입장을 변경하

---

7) 국세청은 이전 후 추가된 업종에서 발생하는 소득은 조특법 제63조의 공장이전에 따른 조세감면의 대상에서 제외하는 것으로 해석하였으며(서면2팀-1076, 2007. 6. 1.), 조특법 제60조의 공장이전에 따른 양도차익의 이연과세와 관련하여서도 동일한 취지로 해석한 바 있다(법인 46012-1154, 1997. 4. 24.).

였다(기획재정부 조세특례제도과-578, 2018. 7. 23.).

사실 지방에서 창업을 한 경우 중소기업에 한하여 최초로 소득이 발생한 과세연도와 그 다음 과세연도의 개시일부터 4년 이내에 끝나는 과세연도까지 해당 사업에서 발생한 소득에 대한 소득세 또는 법인세의 50%를 감면받을 수 있으므로(조특법 제6조), 기업이 추가된 업종을 영위하는 새로운 법인을 별도로 이전하는 지방에 설립하는 경우에는 중소기업이 아니라면 별다른 세제상의 혜택을 받지 못함에도 이전하는 기업에서 추가된 사업을 영위하는 경우에는 파격적인 세제상의 혜택을 받도록 하는 것은 형평성 측면에서 문제를 야기할 수 있다. 특히 별도의 기업을 설립할 것인지 아니면 기업내의 별도 사업부를 둘 것인지는 기업의 선택에 달려 있다는 점에서 이러한 지적은 일리가 있다. 하지만, 납세자가 두 가지 방법 중 자신에게 유리한 방법을 선택한 것을 두고 비난을 할 수는 없으며, 수도권에서 공장시설을 갖추어 사업을 하다가 지방으로 이전하는 경우 직원들의 생활 근거지가 변경되어 불편함이 수반되고 영업환경이 달라져 사업의 존속 자체가 문제될 수도 있으며 고액의 자본이 들어간 공장시설을 지방으로 이전할 때 부담이 되는 상당한 비용을 지방 균형 발전을 위하여 보전해 주는 것이므로 처음부터 수도권 밖에서 창업을 한 경우와는 다르며, 기업의 지방이전을 장려하는 방향으로 해석을 하는 것이 입법취지에 부합하다는 측면에서 이전 후 추가된 업종에서 발생하는 소득에 대하여도 소득세 또는 법인세가 감면된다고 해석하는 것이 타당할 것이다.

라. 업종동일성 요건을 조특법에 규정한 이후의 논의

조특법에서는 한국표준산업분류의 세분류를 기준으로 이전 전의 공장 또는 본점(주사무소 포함)에서 영위하던 업종과 이전 후의 공장 또는 본점(주사무소)에서 영위하는 업종이 같아야 한다고 규정하고 있다(제60조 제3항, 제61조 제4항, 제63조 제5항, 제63조의2 제10항). 이와 같이 조특법에서 기업의 지방이전 후 조세감면을 받기 위해서는 이전 전·후 기업이 업종이 동일하여야 하다고 규정하였으므로 논의에 종지부를 찍었다고 볼 수도 있지만, 구체적인 문제에 있어서는 여전히 견해의 대립이 발생할 수 있다. 예를들어 A 업종을 영위하다가 지방이전 후에는 B 업종을 영위하는 경우에는 업종의 동일성이 없으므로 이전 후 발생한 소득에 대하여 감면을 받을 수 없다. 하지만, A 업종을 영위하다가 지방으로 이전한 후에 A, B 업종 영위하는 경우나 반대로 A, B 업종을 영위하다가 이전한 후에 A 업종만 영위하는 경우 여전히 동일업종을 영위하고 있다고 할 수 있는지 문제될 수 있다.

본사 또는 주사무소 이전의 경우 업종동일성 요건을 규정하고 있는데, 문언 그대로 해석하게 되면 업종이 추가되는 경우에는 이전 전·후 영위하는 사업을 전체적으로 보았을 때 업종의 동일성 요건을 충족하지 못하므로 조세특례의 적용이 되지 않는다는 견해가 있을 수 있다. 하지만, 과세관청이 새로운 업종을 추가한 경우에 추가한 업종에서 발생하는 소득에 한정하여 감면규정을 적용을 받지 못하는 것으로 해석해왔고(기획재정부 재조예-859, 2004. 12. 28., 기획재정부 재조특-1192, 2011. 12. 26., 조특법 기본통칙 63-60…2, 서면법규-65, 2014. 1. 23., 서면법인-0903. 2017. 12. 8.), 본사이전의 경우 판례가 위와 같은 유권해석과는 달리 판단하고 있는 것에 대한 반발로 조특법에 본사 이전의 경우에도 업종동일성 요건이 규정되었으며, 지방이전에 따른 법인세 또는 소득세 등의 감면취지가 수도권 외 지역으로의 이전을 장려하여 수도권 외 지역의 고용창출 및 경제활성화를 도모하기 위한 것이라면 조세특례의 적용 자체를 부정하는 것은 타당하지 않다. 반면, 조특법 개정에도 불구하고 업종의 동일성

요건은 특례를 적용받을 수 있는 적격요건이고, 업종 소득이 감면소득에서 제외되어야 한다는 것은 감면소득 계산의 방법 또는 범위와 관련된 것이므로 양자는 별개의 사항인데, 감면소득의 범위나 사후관리 규정에 대한 변동은 없었으므로 이전 후 추가된 업종에서 발생한 소득은 여전히 감면소득에 포함되어야 한다는 견해가 있다.[8)]

추가된 업종에서 발생한 소득에 대하여 조세감면을 배제할 의도였다면, 조특법을 개정하면서 업종동일성 요건을 두는 것 보다는 감면소득 계산의 방법과 관련하여 이전 후 추가된 업종에서 발생한 소득은 감면대상에서 제외하는 것으로 규정하였으면 논의의 여지가 없겠지만, 현행 조특법과 같이 개정된 상황에서는 불명확한 점이 있다. 종합하면, 종래 유권해석 등에 비추어 추가된 경우 업종동일성 요건 자체가 충족되지 않았다고 보는 것은 무리가 있지 않나 생각되며, 다만 업종이 추가된 경우에도 추가된 업종에서 발생한 소득에 대하여도 감면을 하는 것이 타당하지와 관련하여 판례가 어떻게 정립될지 지켜볼 필요가 있어 보인다. 다만, 개정된 조특법으로 인하여 기업의 지방이전이나 이전 후 사업다각화 및 M&A의 저해요인으로 작용할 가능성이 높아진 것은 아쉽다.

한편, 본사나 주사무소는 하나밖에 없지만 공장은 여러 개 있을 수 있으므로 본사 또는 주사무소 이전에 따른 업종 동일성 여부와 공장의 이전에 따른 업종 동일성 여부를 좀 달리 할 필요가 있다.

공장은 기업이 가동하는 공장 전부가 아니라 제조 또는 사업단위로 독립한 것을 의미하며(조특령 제54조 제1항), 두 가지 이상의 제품(제조공정이 서로 무관한 제품에 한한다)을 생산하는 내국인이 동일부지 내에 각 제품별로 제조설비 및 공장건물을 별도로 설치하고 있는 경우에는 각 제품별 제조설비를 갖춘 장소와 그 부속토지를 각

8) 최문진, 『조세특례제한법 해석과 사례』, 전면개정 4판(영화조세통람, 2018), 1055면

각 독립된 제조장단위로 한다(조세특례제한법 기본통칙 60-54…1). 따라서 공장이전에 따른 업종동일성 요건 충족여부는 독립된 공장단위로 판단하는 것이 타당할 것이다. 아울러 조특법 제63조와 제63조의2가 적용되기 위해서는 공장시설의 전부를 이전하여야 하는데, 조특법 기본통칙 63-0…1[9]에 비추어 공장시설 전부를 이전하였는지 여부도 독립된 공장을 기준으로 판단하는 것이 타당할 것이다.

2. 본사의 지방이전 후 기존 사업을 양수하는 경우의 감면세액 계산

가. 문제점

본사나 공장을 이전하면서 기존에 지방에 있던 동일한 사업을 양수하거나 동일한 사업을 영위하는 회사를 합병할 수 있다. 이 경우 기존 사업을 양수하거나 합병한 사업에서 소득이 발생하는 경우 이 소득에 대하여도 세제상의 혜택을 부여하여야 하는지에 대하여 다툼이 있었다. 이는 기존 사업을 양수하더라도 기업이전 전후 업종의 동일성은 유지되므로 업종 동일성과는 다른 쟁점의 논의이다.[10]

나. 견해의 대립

(1) 과세관청의 견해

과세관청은 법인 본사가 지방으로 이전한 후에 합병 또는 사업의

---

9) 63-0…1【공장시설 전부이전의 범위】법 제63조 및 제63조의2 제1항 제2호의 규정에서 "공장시설의 전부이전"은 서로 다른 여러 종류의 제품 중 한 제품만을 생산하는 독립된 공장시설을 완전히 이전하고 당해 공장건물을 사무실이나 창고 등으로 사용하는 경우에는 동 부분에 한하여 공장시설을 전부 이전한 것으로 본다.

10) 2018. 12. 24. 법률 제16009호로 조특법이 개정되기 전의 논의이다.

양수를 통하여 기존사업을 승계 또는 인수하는 경우에는 승계 또는 인수한 사업부문에서 발생하는 소득은 조특법 제63조의2 규정에 의한 감면대상이 아니라고 하고 있다(기획재정부 조세특례제도과-475, 2018. 6. 19, 재조예 46019-42, 2001. 3. 7.). 이는 합병이나 사업양수의 경우 사업주체만 달라질 뿐 기존의 소득창출 구조 및 인적자원 등이 그대로 승계되는 성격을 가지므로, 수도권 외의 지역에서 사업을 영위하면서 지방경제 활성화에 기여하고 있는 법인을 양수하는 경우는 수도권 과밀화에 따른 부작용을 해소하고 수도권 외 지역에서 새로운 고용창출이나 새로운 투자 등이 이루어질 수 있는 경우가 아니기 때문에 조특법 제63조의2의 입법취지에 부합하지 않는다는 점을 고려한 해석이다.

(2) 법원의 입장

하급심은 ① 구 조특법 제63조의2 등 관계법령의 문언을 살펴보아도 사실상의 사업양수[11])로 인계받은 사업으로 발생한 소득에 대해 법인세 감면적용 대상에서 배제하는 근거를 도저히 찾아보기 어렵고, ② 구 조특법 제63조의2의 규정의 입법취지는 공장 또는 본사를 지방으로 이전하도록 유도함으로서 수도권 과밀화에 따른 부작용을 해소하고 수도권 기능의 지방 분산을 통한 지역 간의 균형발전을 도모하고자 함에 있고, 여기에 지방 이전을 통해 반드시 새로운 고용창출이나 새로운 투자 등이 이루어져야하는 것까지 포함된다고 단정하기 어려우며, ③ 지방이전법인이 한계상황에 몰린 지방 소재 기업을 합병하거나 그러한 기업으로부터 기존 사업을 양수하여 이를 건실하게 운영해 나가는 순기능을 무시할 수 없으며, 지방이전법

11) 특수관계법인으로부터 거래처 및 직원을 인계받은 것을 사실상 영업양수에 해당한다고 판단하였다.

인이 이전 후에 합병이나 사업양수를 통해 새롭게 사업을 확장하고 추가적인 소득을 거두는 것이 앞서 본 구 조특법 제63조의2 규정의 입법취지에 반한다고 보기도 어려우므로, 구 조특법 제63조의2 제2항 제2호 가목의 '해당 과세연도의 과세표준'을 '지방이전법인이 사실상의 사업양수를 통해 발생한 사업소득을 제외한 과세표준' 또는 '본사의 지방 이전 전에 하던 사업을 계속하여 얻은 과세표준'으로 제한 해석하는 것은 세법의 엄격해석 원칙에 반하여 허용되지 않는다고 판단하였다(대전고등법원 2016. 10. 12. 선고 2016누10334 판결).[12]

이러한 입장은 조특법 제63조의 입법취지를 수도권외의 지역에서의 새로운 고용창출이나 경제활성화에 국한하지 않고 수도권 과밀화에 따른 부작용을 해소 및 수도권 기능의 지방 분산을 통한 지역 간의 균형발전을 도모함에 있다고 보아, 가급적 기업의 지방이전에 따른 세제혜택을 넓게 인정하려는 것으로 보인다.

다. 검토

이 쟁점은 지방이전에 따른 세제혜택을 부여하는 취지를 어떻게 이해하느냐과 밀접한 관련이 있다. 그리고 납세자가 조세회피의 목적으로 위와 같은 방법을 동원하여 악용할 여지도 있기 때문에 이를 제한할 필요성도 부인할 수 없다. 하지만, 납세의무자가 경제활동을 함에 있어 동일한 경제적 목적을 달성하기 위해 여러 가지의 법률관계 중 하나를 선택해 거래행위를 하였다면 과세관청으로서는 그것이 가장행위에 해당한다는 등의 특별한 사정이 없는 한 납세의무자가 선택한 법률관계를 존중하여야 필요가 있으며, 사업양수도 또는 합병을 통하여 사업을 확장하는 이유는 반드시 조세회피 목적만이

---

12) 대법원에서 심리불속행 기각되었다(대법원 2017. 2. 24. 선고 2016두58130 판결).

아니라 다른 이유에서도 이루어질 수 있으므로 사업확장으로 인한 조세혜택을 원칙적으로 배제할 수는 없다. 또한 거래처를 확보할 수 있는 인력을 개별적으로 입사시켜 수익을 창출할 수 있으며 이러한 방식을 사용한 경우 조세혜택을 받을 수 있는데, 사실상의 사업양수 방법을 사용하여 발생한 소득만을 감면소득에서 제외하는 것 역시 조세형평에 맞지 않는다. 만약 제한을 할 것이라면 일정 기준을 정하여 입법적으로 해결하여야 할 것이지[13], 기존에 지방에 있던 기업을 양수·합병하여 양수·합병된 사업이나 발생하는 소득을 감면대상 소득에서 배제하는 것으로 해석하는 것은 구 조특법 제63조의2의 가능한 세법문언의 범위를 넘어서 해석하는 것으로 타당하지 않다.

3. 이전본사 근무인원의 계산

가. 의의

공장이전의 경우에는 그 공장에서 발생하는 소득 전부에 대하여 감면을 하고 있다. 반면, 본사이전의 경우에는 아래와 같이 감면소득의 범위가 다르게 규정되어 있으며, 이전본사 인원 수 비율이 높을수록 감면소득이 많아지게 된다.

감면 소득[14]	=	양도차익 등 제외 과세표준	×	이전본사 인원수 비율[15]	×	위탁가공무역 외 매출비율

13) 2018. 12. 24. 법률 16009호로 개정된 조특법 제63조의2에서는 지방이전 후 합병·분할·현물출자 또는 사업의 양수를 통하여 사업을 승계하는 경우 승계한 사업장에서 발생한 소득을 감면대상 소득에서 제외하고 있다.

14) 2017. 12. 31. 조특법을 개정하기 전 본사를 이전한 경우의 감면소득은 (해당과세연도의 과세표준 - 부동산 양도차익 등) × 이전비율 × 위탁가공무

이전본사(移轉本社)는 수도권 밖으로 이전한 본사를 의미하며, 이전본사 근무인원은 이전본사에서 본사업무에 종사하는 상시근무인원을 뜻한다. 조특법에서는 수도권 내의 인력이 이전본사로 순차적으로 이전을 할 수 있도록 이전본사 근무인원을 계산함에 있어서 이전본사에서 본사 업무에 종사하는 상시 근무인원의 연평균인원에서 이전일로부터 소급하여 3년이 되는 날이 속하는 과세연도에 이전본사[16]에서 본사 업무에 종사하던 상시 근무인원의 연평균인원을 빼도록 하고 있다. 따라서 본사 이전일을 기준으로 소급하여 3년이 되는 날이 속하는 과세연도 후 이전본사가 될 곳으로 이전한 근무인원은 이전본사 근무인원에 포함된다. 예를 들어 사업연도가 1. 1. ~ 12. 31.인 법인이 2018년에 본사를 수도권 외의 지역으로 이전한 경우에는 2015년이나 그 이전에 이전본사가 될 곳으로 이전하여 계속적으로 근무하는 인원들은 이전본사 근무인원에서 제외되지만, 2016. 1. 1.부터 이전본사가 될 곳으로 이전하여 근무하는 인원들은 이전본사 근무인원에 포함된다. 다만, 이전일로부터 소급하여 2년이 되는 날이 속하는 과세연도 이후[17] 수도권 외의 지역에서 본사업무에 종사하는 근무인원이 이전본사가 될 곳으로 이전하여 근무한 경우는 이전본사 근무인원에서 제외한다. 위의 예에서 2016. 1. 1.부터 이전본사가 될 곳으로 이전하여 근무하는 인원 중 수도권 외의 지역

역 외의 매출비율이며, 여기에서의 이전비율은 Min(① 이전급여비율, ②이전본사 인원 수 비율)을 의미한다. 그리고 이전급여비율은 (이전본사 근무인원의 이전후 급여총액/법인 전체인원의 연간급여총액)이며, 이전본사 인원 수 비율은 (이전본사 근무인원/법인 전체 근무인원)을 의미한다.

15) 이전본사 근무인원 수 / 법인 전체 근무인원 수

16) 본사의 이전일을 기준으로 소급하여 3년 전에는 본사를 수도권외의 지역으로 이전하기 전이므로 여기에서의 이전본사라 함은 이전본사가 될 곳을 의미한다.

17) '기준이 되는 때를 포함하여 그보다 뒤'라는 의미이므로 이전일로부터 소급하여 2년이 되는 날이 속하는 과세연도를 포함한다.

에서 이전한 인원은 이전본사 근무인원에서 제외된다. 이러한 인원은 이전하더라도 어차피 수도권 과밀화 해소에 도움이 되지 않으므로 이전본사 근무인원에서 제외한 것으로 보인다. 결국, 위의 예에서 수도권의 지역에서 근무하던 자가 2016. 1. 1.부터 이전본사가 될 곳으로 이전하여 근무하고 있는 자가 이전본사 근무인원이 된다.

나. 이전본사 근무인원의 구체적 판단

판례는 이전본사 근무인원에 해당하는지 여부는 구체적인 사건에서 당해 직원들의 근무장소, 근무형태, 업무내용 및 업무의 지시복명 관계 등 제반 사정을 종합하여 판단하여야 한다고 하고 있는데(대법원 2008. 10. 23. 선고 2008두7830 판결 등 참조), 이전본사 근무인원인지를 판단함에 있어 여러 가지 요소를 고려하여야 하므로 그 기준이 명확하지 않는 점이 있다. 일용근로자나 사외이사는 상시 근무하는 것은 아니므로 이전본사 근무인원에서 제외된다. 기간제근로자라고 하더라도 근로계약기간이 1년 이상인 경우나 노조전임자도 이전본사 근무인원에 해당될 수 있다(사전법령법인-368, 2016. 3. 11.) 수도권 내에 소재하는 거래처에 파견한 직원은 이전본사 근무인원에 해당하지 않으며(서면2팀-1190, 2005. 7. 22.), 본사업무를 위하여 해외현지법인에 월 15일 이상 체류한 장기해외출장직원들도 이전본사 근무인원에서 제외된다(대전지방법원 2017. 8. 9. 선고 2016구합105908 판결). 조특법 기본통칙 63의2-0…2에서는 기업부설연구소의 연구전담요원은 이전본사 근무인원에서 제외되는 것으로 규정하고 있지만, 하급심 판결에서는 이들도 이전본사 근무인원에 해당된다고 판단한 바 있다(부산고법(창원) 2019. 1. 16. 선고 2018누10067 판결)

유의할 점은, 이전본사 근무인원에는 수도권 본사에서 이전한 인원뿐만 아니라 이전본사에서 신규채용한 인원도 포함된다는 점이다(대전지방법원 2016. 10. 5. 선고 2015구합100128 판결[18]). 신규채용하는 인력으로 인하여 수도권 외 지역의 고용을 창출할 수 있을 뿐만 아니라 지역경제 활성화에도 도움이 되는 점을 고려하여 신규채용인원을 이전본사 근무인원에 포함되는 것으로 한 것으로 보인다(기획재정부 발간 2006년 개정세법 해설 참고). 따라서 본사가 지방이전 후 신규채용하는 인원이 많다면 그만큼 본사의 지방이전에 따른 세제혜택을 받을 수 있다. 신규채용 인원을 산정할 때 다른 법인에서 이직해 온 자는 배제하여야 하는가? 조특법 제63조의 입법취지를 수도권 외의 지역의 고용창출을 위한 것이라고 한다면 이 경우 별도의 고용창출이 없었기에 배제하여야 할 것이지만, 이전본사 근무인원이 정의에 따르더라도 이전일 기준 3년 전부터 이전할 본사에서 근무해왔던 인원이나 수도권외의 지역이지만 같은 법인에서 근무하던 인원이 이전본사로 이전한 경우에는 이전본사 근무인원에서 제외하지만 신규채용인원(다른 기업에서 근무했던 인원을 신규채용한 경우 포함)을 배제하고 있지 않으므로 이와 같이 해석하는 것이 타당하다. 하급심도 조특법 제63조의2 제2항 제2호 나목 및 다목 소정의 감면비율 산정시 기존의 수도권 외에 있던 법인으로부터 승계받은 근로자의 인원 및 급여를 제외하여 계산한 것은 아무런 근거법령이 없는 것으로서 조세법률주의에 반한다고 한 바 있다(대전고등법원 2016. 10. 12. 선고 2016누10334 판결). 그리고 다른 법인에서 이직해 온 자의 범위에는 사업양수 또는 합병을 통하여 이직해 온 자도 포함된다고 할 것이다.

---

18) 항소심은 '이전본사 근무인원'에 이전본사에서 신규채용한 인원이 포함된다는 점을 전제로, 다툼이 있는 근로자가 이전본사에서 근무하였다고 인정하기에 부족하고, 달리 이를 인정할 만한 증거가 없다고 판시하였다(대전고등법원 2017. 3. 23. 선고 2016누13074 판결).

4. 조세감면요건으로서의 공장(시설)이전

가. 공장이전의 방식 및 이전의 의미

공장의 지방이전에 따른 조세특례를 적용받기 위해서는 공장을 지방으로 이전하여야 한다. 그런데, 조특법에서는 조세감면요건으로 대통령령으로 정하는 바에 따라 수도권과밀억제권역 밖으로 공장시설의 전부이전을 규정하고 있고(조특법 제63조 제1항, 제63조의2 제1항), 사후관리요건으로 대통령령으로 정하는 바에 따라 공장을 수도권 밖으로 이전하여 사업으로 개시하는 것을 규정하여(조특법 제63조 제2항 제2호, 제63조의2 제7항 제2호) 공장시설의 이전과 공장이전을 혼용하여 사용하고 있다. 그리고 조특령에서는 공장을 수도권과밀억제권역 밖으로 이전하여 사업을 개시한 경우로서 아래 표와 같은 요건을 구비하도록 하고 있다(조특령 제60조 제1항 및 제4항, 제60조의2 제4항 및 제10항).

구분	선이전 → 후양도·철거(폐쇄)	선양도·철거(폐쇄) → 후이전
조특령 제60조	공장이전일로부터 1년 이내 구 공장을 양도하거나 구 공장의 공장시설을 전부 철거 및 폐쇄하여 조업이 불가능한 상태가 될 것	공장을 양도 또는 폐쇄한 날[19]부터 1년(신공장을 신설하는 경우에는 3년) 이내 이내에 수도권과밀억제권역 밖에서 사업을 개시할 것
조특령 제60조의2	공장이전일로부터 2년 이내 구 공장을 양도하거나 구 공장의 공장시설을 전부 철거 및 폐쇄하여 조업이 불가능한 상태가 될 것	공장을 양도 또는 폐쇄한 날부터 2020년 12월 31일까지 수도권 밖에서 사업을 개시하거나 공장을 신축하여 이전하는 경우에는 2020년 12월 31일까지 부지를 취득(부지를 보유하고 있는 경우를 포함)하고 2023년 12월 31일까지 사업을 개시할 것

공장의 이전에 따른 조세감면을 받기 위해서는 공장시설 전부를 이전하여야 하는데, 일반적으로 이전이라고 함은 어떤 물체의 공간적 이동을 전제로 하는 것으로 이해된다. 하지만 위에서 본바와 같이 조특법상의 조세감면사유로서의 공장(시설)이전의 의미는 반드시 기존 시설을 공간적으로 신규 공장으로 옮겨야 하는 것은 아니다. 오히려 기존 공장시설을 철거만하여도 상관없으며, 사용을 하지 못하도록 폐쇄를 하여 당해 공장시설에 의한 조업이 불가능하게 하여도 된다. 따라서 노후 생산라인 1기를 폐기하고 신규라인을 수도권 밖의 이전한 공장에 설치하여 이전 전과 동일한 제품을 생산하는 경우 동 라인에서 발생하는 소득도 감면대상소득이다(법인-1009, 2010. 10. 29.). 이렇게 보는 것이 기업의 지방이전에 따른 조세특례를 규정하는 입법취지에 부합한다.

나. 기존 공장의 사용과 조세감면 요건 충족 여부

조세감면요건으로 공장(시설)이전과 관련하여 공장을 이전하고 난 다음에 원래 공장이 있던 그 곳에서 새롭게 공장시설을 설치한 경우 구 공장시설을 철거 또는 폐쇄하지 아니한 상태로 구 공장을 양도한 경우에도 공장이전에 따른 조세감면을 받을 수 있는 것인지 살펴보기로 하겠다.

먼저, 공장을 지방으로 이전한 기업이 공장시설을 철거 폐쇄하였으나 공장자체를 철거하지 않은 상태에서 임차인이 공장에 새롭게 공장시설을 설치한 경우 공장이전에 따른 세액감면을 적용받을 수 있는가? 이에 대하여 법원은 공장시설이라고 함은 일반적으로 영업을 목적으로 물품의 제조, 가공, 수선 등의 목적에 사용할 수 있도록

19) 공장의 대지·건물을 임차하여 자기공장 시설을 갖추고 있는 경우에는 공장이전을 위하여 조업을 중단한 날을 말한다.

한 공장의 생산시설과 설비만을 의미하며 공장건물 자체까지 포함되지는 않으므로, 공장 자체를 철거하지 않았다고 하더라도 공장시설을 철거, 폐쇄하면 족하며 공장건물을 임차한 자가 새롭게 공장시설을 설치하여 공장용도로 사용하는 경우에도 조특법상의 특례를 적용받을 수 있다고 하였다(서울고법 2006. 2. 15. 2005누14563 판결).[20] 그리고 이러한 판단을 함에 있어서는 조특령 제60조 제1항에서 보는 바와 같이, 세액감면을 받고자 하는 구 공장시설의 소유자로서는 이전 후 1년 이내에 공장을 다른 사람에게 양도하기만 하면 되지, 그 양수인이 여전히 공장을 운영하는지 여부 혹은 공장시설의 철거, 폐쇄로 조업이 불가능한지의 여부는 따질 필요가 없으므로, 임대의 경우에도 동일하게 해석하여야 하는 점을 고려하였다.

다음으로 수도권과밀화억제권역 밖으로 공장을 이전하여 사업을 개시하고 구 공장을 이전일로부터 1년 또는 2년 내에 양도함으로써 조세감면을 받고자 하는 경우 공장시설도 전부 이전하거나 폐기하여야 공장이전에 따른 조세감면의 혜택을 받을 수 있는 것인가? 조특법에서는 대통령령이 정하는 바에 따라 공장시설을 전부 이전하도록 요건을 시행령에 위임하고 있지만(조특법 제63조 제1항, 제63조의2 제1항), 조특령에서는 공장을 양도하면 족하다고 하고 있지 공장시설 자체를 이전하는 것을 요건으로 하고 있지는 않다(조특령 제60조 제1항, 제60조의2 제4항). 위 서울고법 2005누14563 판결에서도 구 공장양도 요건을 충족하였는지 여부를 판단함에 있어 공장시설의 철거, 폐쇄로 조업이 불가능한지 여부는 따질 필요가 없다고 하였는바, 문언상 공장을 양도하면 족하며 공장시설을 철거하거나 폐쇄하고 공장을 양도하여야 하는 것은 아니라고 판단된다. 구 공장을 양도요건과 구 공장의 공장시설을 전부 철거 및 폐쇄 요건을 대

20) 조세심판원도 위 판례와 동일하게 결정하고 있다(조심 2015중4129, 2016. 7. 6., 조심 2017중1001, 2017. 6. 12.).

등하게 규정하고 있음에 비추어 더더욱 이렇게 해석하는 것이 타당하다고 보인다.

III. 기업의 지방이전과 관련된 최근의 지특법상 쟁점

1. 이전공공기관의 법인등기에 대한 감면

가. 문제점

구 지특법(2015. 12. 29. 법률 제13637호로 개정되기 전의 것) 제81조 제2항(이하 '이 사건 조항'이라 한다)은 공공기관 지방이전에 따른 혁신도시 건설 및 지원에 관한 특별법(이하 '혁신도시법'이라 한다) 제2조 제2호에 따른 "이전공공 기관의 법인등기에 대하여는 2015. 12. 31.까지 등록면허세를 면제한다"라고 규정하고 있다.

이와 관련하여 최근에 공공기관이 지방이전과 관련하여 증자를 하는 것이 아니라 공사가 지방으로 이전하고 난 후 증자한 경우에도 등록면허세가 면제되는지 문제된 바 있다.

나. 대법원의 입장

대법원은 "이 사건 조항은 이전공공기관의 법인등기의 사유를 묻지 않고 전부 등록면허세의 면제대상으로 삼고 있다. 이는 지방세특례제한법이 시행되기 전 구 지방세법(2010. 3. 31. 법률 제10221호로 전부개정되기 전의 것) 제274조의2에서 등록세가 면제되는 이전공공기관의 법인등기를 '그 이전에 따른 법인등기'로 제한하여 규정하고 있는 것이나, 이전공공기관에 대한 취득세 및 재산세 감면에 관하여 규정하고 있는 구 지방세특례제한법 제81조 제1항이 그 감면 대상을 이전공공기관이 '이전할 목적으로 취득하는 부동산'에 한정하고 있는 것과 구별된다. 이러한 이 사건 조항의 취지, 내용 및 체계 등에 비추어 보면, 이전공공기관의 법인등기에 해당하는 이상 이 사건 조항에 의하여 그 사유를 불문하고 그 정한 기한까지 등록면허세가 면제된다고 해석함이 타당하다"고 판시하였다(대법원 2017. 12. 22. 선고 2017두45063 판결).

다. 검토

지특법 제81조의 표제는 이전공공기관등 지방이전에 대한 감면이다. 따라서, 지방이전에 대한 감면은 지방이전이 원인이 됨으로써 발생하는 지방세에 대하여 감면을 해주겠다는 취지로 보이기도 한다. 그리고 지특법 제79조(법인의 지방 이전에 대한 감면) 제2항은 대도시에 등기되어 있는 법인이 대도시 외의 지역으로 본점 또는 주사무소를 이전하는 경우에 그 이전에 따른 법인등기 및 부동산등기에 대하여는 등록면허세를 면제한다고 규정하고 있다. 사기업과의 형평을 고려한다면, 공공기관의 경우에도 지방이전이 원인이 되는 법인등기에 대하여만 지방세를 감면하여야 한다고 해석할 여지가 있다. 한편, 지특법 제85조의2(지방공기업 등에 대한 감면) 제1항 제2호에서는 그 원인을 불문하고 법인등기에 대하여 등록면허세의 100분의 50에 지방자치단체의 주식소유비율을 곱한 금액을 감경하도록 하고 있다. 지방공기업의 경우 법인등기의 사유를 불문하고 혜택을 부여하고 있는바, 수도권에서 수도권이 아닌 곳으로 이전하는 공공기관에 대하여는 지방공기업보다 더 큰 혜택을 부여할 수도 있다고 보인다.

그런데, 지특법 제81조 제2항을 문언대로 엄격해석을 하면 이전공공기관이 법인등기를 하는 경우에는 이유를 불문하고 등록면허세를 면제해 주겠다는 의미로 보인다. 그리고, 위 규정의 토대였던 구 지방세법(2010. 3. 31. 법률 제10221호로 전부개정되기 전의 것) 제274조의2(공공기관 지방이전에 따른 감면)에서는 그 이전에 따른 법인등기에 대한 등록세를 면제한다고 규정하여 이 사건 조항과 명백히 다르게 규정되어 있다. 결국 ① 조세법 해석의 기본원칙(엄격해석의 원칙), ② 지특법 제81조 제2항은 구 지방세법 제274조의2 및 지특법 제79조와 명백히 달리 규정한 점, ③ 지방공기업의 법인등기에 대한 지방세 감면과의 형평성 등을 고려하면, 지특법 제81조 제2항은 이전공공기관의 경우 지방이전이 원인이 된 법인등기에 국한해서가 아니라 그 이유를 불문하고 법인등기에 대하여 지방세 감면의 혜택을 부여한 것으로 해석하는 것이 좀 더 타당한 해석이라 사료된다.[21]

2. 이전공공기관 등의 소속 임직원 주거용 부동산에 대한 감면

이전공공기관을 따라 이주하는 소속 임직원이 해당 지역에 거주할 목적으로 주택을 취득함으로써 대통령령으로 정하는 1가구1주택

---

21) 조세심판원은 지방이전과 관련없는 등기는 지특법 제81조 제2항의 법인등기에 해당되지 않는다고 결정하였는데(조심 2016지98, 2016. 6. 17.), 이후 유권해석은 '등기'라 함은 부동산의 특정, 권리내용의 명시, 물권변동의 사실과 내용을 등기부에 기재함으로써 거래관계에 대해서는 제3자에 대해 그 권리의 내용을 명백히 알도록 하여 거래의 안전을 보호하기 위한 제도이며, 이중'법인등기'라 함은 설립등기, 변경등기, 분사무소 설치 등기, 사무소이전 및 해산등기 등을 지칭하는 것이라 할 것이라면서, '법인등기'에 관하여 지방세 관계법에서 위와 같은 일반적인 법리와는 다른 별도의 정의 규정을 두고 있지 아니한 이상, 회사의 자본을 늘리는 '자본증가 또는 출자증가'는 자본의 증자인 '변경등기' 사항으로서 이전공공기관의 '법인등기'에 해당한다 할 것이므로 등록면허세를 감면하는 것이 타당하다고 해석하고 있다(지방세특례제도과-2472, 2016. 9. 9.)

이 되는 경우에는 전용면적에 따라 취득세를 감경받는다(지특법 제81조 제3항). 그리고 감면대상기관의 소속 임직원 또는 공무원으로서 해당 지역에 거주할 목적으로 주택을 취득하기 위한 계약을 체결하였으나 취득 시에 인사발령으로 감면대상기관 외의 기관에서 근무하게 되어 취득세를 감면을 받지 못한 사람이 3년 이내에 근무기간을 종료하고 감면대상기관으로 복귀하였을 때에는 이미 납부한 세액에서 감면을 적용하였을 경우의 납부세액을 뺀 금액을 환급한다(지특법 제81조 제5항).

이와 관련하여 감면대상기관 소속의 공무원이 주택을 취득하기 전의 인사발령으로 감면대상기관외에서 근무하다고 감면대상기관으로 복귀를 하였는데 주택취득일로부터는 3년 이내에 복귀하였지만 감면대상기관외에서 3년 이상 근무하고 복귀를 한 경우에는 취득세 감면을 해 주어야 하는가? 지특법 제81조 제5항을 해석함에 있어 ① 3년 이내의 (감면대상 외의 기관에서의) 근무기간을 종료하고 감면대상기관으로 복귀하였을 때 취득세를 감면하는 것으로 보아야 한다는 견해와 ② 취득시에 인사발령으로 취득세 감면을 받지 못한 사람이 (취득시로부터) 3년 이내의 근무기간을 종료하고 감면대상으로 복귀하였을 때 취득세를 감면하여야 한다는 견해가 있을 수 있으며, 어느 해석도 법문의 문언상 한계를 넘어서는 확장해석 내지 유추해석이라고 단정하기는 어렵다. 이와 같은 사안에서 "법원은 이 사건 감면조항[22)]이 신설되기 이전에 구 법 제81조 제3항을 적용한 결과, 부동산 취득시에 인사발령으로 일시적으로 감면대상 외의 기관에 소속되게 되었으나 이후 다시 감면대상기관으로 복귀한 사람에 대하여는 취득세 감면의 혜택이 부여될 수 없게 되었는데, 이에 대한 반성적 고려에 의하여 또는 위와 같은 사람에 대해서도 취득세

22) 지특법 제81조 제5항

감면의 혜택을 부여하기 위한 목적으로 이 사건 감면조항이 신설된 점, 그 근무기간에 관하여 3년의 제한을 둔 것은 인사이동 공무원의 통상적인 근로기간 등을 염두에 둔 것으로 보이기는 하지만, 감면대상 외의 기관에서 근무한 기간이 3년을 초과하기만 하면 부동산 취득시기 등에 관계없이 일률적으로 취득세 감면의 혜택을 부여하지 않을 특별한 이유가 없는 점 등에 비추어, 부동산을 취득한 시점으로부터 3년 이내에 감면대상기관으로 복귀한 사람에 대하여 이 사건 감면조항을 적용하는 것이 상당하다고 할 것이다"라고 판단하였다(대전지방법원 2016. 9. 8. 선고 2016구합100460 판결[23]). 이는 문언해석의 한계를 넘지 않는 범위내에서 적용법령의 입법취지 등을 고려하여 판단한 것으로 보인다.

Ⅳ. 결론

조특법상의 공장 및 본사의 지방이전으로 인한 조세감면혜택은 다른 어떠한 감면혜택보다 크다. 이러한 조특법상의 규정은 기업의 지방이전을 촉진하고 지방도 고르게 경제발전이 이루어지도록 기여한 바가 크다. 그리고 지방이전에 따른 감면을 해주는 입법취지를 보는 시각에 있어서도 납세자와 과세관청간에 많은 차이를 보이고 있었는데, 이러한 견해 차이의 근간에는 지방이전에 따른 조세혜택의 입법취지를 보는 관점의 차이와 처음부터 지방에서 창업한 경우와의 형평성에 있다. 법원은 기업의 지방이전에 따른 조세감면의 취지를 수도권 외 지역으로의 이전을 장려하여 수도권 외 지역의 고용창출 및 경제활성화를 도모하기 위한 것에 있다면서, 가급적 지방이

23) 대법원 2017. 4. 13. 2017두30450 심리불속행 판결로 확정되었다

전에 따른 조세감면을 범위를 넓혀 해석하여 왔다. 그런데, 지방의 균형발전을 위하여 대법원의 판결취지를 살려야 함에도 불구하고 최근 조특법을 개정하여 기업의 지방이전에 따른 감면혜택을 축소하는 것은 아쉬움이 많이 남는다. 하지만 조세감면요건이 불명확한 부분이 많이 있어 앞으로도 조세감면요건의 충족여부와 관련하여 지속적으로 납세자와 과세관청간의 여러 가지 다툼이 발생할 것으로 보이며, 향후 발생할 수 있는 구체적 분쟁이 있을 경우 수도권 외 지역의 고용창출 및 경제활성화를 도모하기 위한 입법취지가 많이 반영되기를 기대해 본다.

참고문헌

윤충식·장태희·박재혁, 『조세특례제한법 해설과 실무』, 개정증보판(삼일인포마인, 2015).

최문진, 『조세특례제한법 해설과 사례』, 전면개정 4판(영화조세통람, 2018).

박광현, 『지방세 이해와 실무』, 2018년판, 삼일인포마인

조세포탈죄에서 '적극적 은닉의도'의 자리매김

조 일 영·장 성 두 변호사

Ⅰ. 문제의 제기

조세포탈죄는 '사기 기타 부정한 행위'[1])로서 조세를 포탈한 경우에 성립한다. 다만 어떠한 행위가 '사기 기타 부정한 행위'에 해당하는지에 관하여는 그 정의 규정을 두고 있지 않고 판례의 해석을 통하여 정립되어 왔는데, 2010. 1. 1. 조세범 처벌법이 전면 개정(이하 '개정 조세범 처벌법'이라고 한다)되면서 판례에 의하여 인정된 내용을 조세범 처벌법에서 그대로 명문화하고 부정행위의 행위 태양을 유형화하여 규정하였다.

'사기 기타 부정한 행위'는 조세포탈죄의 핵심적 구성요건으로서 그 해당 여부에 따라 조세포탈과 그 외 단순 조세탈루행위를 구분하는 중요한 기준이 된다. 그러나 '사기 기타 부정한 행위'는 '부정'이라는 의미에서 내포하듯이 가치판단이 수반되는 추상적, 규범적인 개념이므로, 개정 조세범 처벌법하에서도 구체적 사안에서 어떠한 행위가 부정행위에 해당하는지가 명확하지 않고 단순히 어떠한 객

---

1) 2010. 1. 1. 개정된 조세범 처벌법에서는 '사기나 그 밖의 부정한 행위'라고 되어 있으나 그 내용은 동일하므로 이하에서는 양자를 구별하지 않고 '사기 기타 부정한 행위'라고 하거나 '부정행위'라고 약칭한다.

관적 행위태양의 존재만으로 부정행위의 해당 여부를 일률적으로 판단하기는 어렵다.

따라서 대법원도 '사기 기타 부정한 행위'에 관하여, '조세의 부과와 징수를 불가능하게 하거나 현저히 곤란하게 하는 위계 기타 부정한 적극적 행위'라고 하면서, 그러한 행위가 '조세포탈의 목적' 또는 '조세를 포탈하려는 적극적 은닉의도'에서 비롯되어야만 '사기 기타 부정한 행위'에 해당한다고 판시하여 왔다(대법원 2018. 11. 9. 선고 2014도9026 판결 등). 이는 부정행위 여부는 단지 행위의 외형만을 가지고 일률적으로 판단할 것이 아니라 그러한 행위에 이르게 된 행위자의 '의도'를 따져보아야 한다는 것으로 이해된다.

그러나 '조세포탈의 목적 내지 의도'는 조세범 처벌법에서 조세포탈죄의 구성요건으로 명문으로 규정되어 있는 개념이 아니다. 또한 그 동안 대부분의 조세포탈 사건은 문제된 행위에 이르게 된 행위자의 의도가 무엇인지가 다투어지기 보다는 그러한 행위가 조세의 부과와 징수를 '불가능'하게 하거나 '현저히 곤란'하게 하는 '적극적 행위'에 해당하는지 여부가 주로 다툼의 대상이 되었기 때문에, 판례가 부정행위를 판단함에 있어 조세를 포탈하려는 적극적 은닉의도에 의한 것인지를 중요한 판단기준으로 삼고 있으면서도 그 의미 및 판단요소, 조세포탈죄 성립에 있어서의 역할 및 체계적 지위가 어떠한지에 관하여는 판례상으로도 명확하지 않고, 이에 관하여 학계에서 충분히 논의된 바도 없는 것으로 보인다.

이에 본 논문에서는 조세포탈죄의 부정행위를 판단함에 있어 판례상 인정되고 있는 '조세포탈의 목적 내지 의도', '조세포탈을 위한 적극적 은닉의도'(판례에서 여러 표현을 사용하고 있으나 이하에서 별도의 언급이 필요한 경우를 제외하고는 모두 '적극적 은닉의도'라고 약칭한다)의 의미 및 그 판단요소는 어떠하고, 조세포탈범의 전체적 체계 속에서 어떻게 자리매김 되어야 하는지에 관하여 살펴보기로 한다.

논의의 전개를 위해서 먼저, 조세포탈죄의 성립요건인 '사기 기타 부정한 행위'의 의미 및 성립요건을 설명하고, 조세포탈죄의 성립과 관련하여 우리 판례상 인정되는 '적극적 은닉의도'와 같은 주관적 요건(행위자의 의도)을 요구하고 있는 입법례를 살펴보기로 한다. 이를 바탕으로 '사기 기타 부정한 행위'의 구성요소인 '적극적 은닉의도'에 관한 그 동안의 판례의 태도를 구체적으로 확인해 보고, 조세포탈죄의 주관적 구성요건요소인 '고의'와의 관계, 목적범에서 '목적'과의 비교 등을 통하여 '적극적 은닉의도'의 체계적 지위에 관하여 살펴보기로 한다.

Ⅱ. 조세포탈죄의 성립요건인 '사기 기타 부정한 행위'

1. 조세범 처벌법 관련 규정 등

구 조세범 처벌법(2010. 1. 1. 법률 제9346호로 개정되기 전의 것)은 제9조 제1항에서 사기 기타 부정한 행위로써 조세를 포탈하는 경우를 조세포탈로 처벌한다고 규정하면서도 사기 기타 부정한 행위에 대한 정의 규정을 두고 있지 않았다. 그렇지만 대법원은 오래 전부터 '사기 기타 부정한 행위'란 "조세포탈을 가능하게 하는 행위로서 사회통념상 부정이라고 인정되는 행위"(대법원 1988. 12. 27. 선고 86도998 판결 등) 또는 "조세의 부과 또는 징수를 불능 또는 현저하게 곤란케 하는 위계 기타 부정한 적극적인 행위를 말한다"라는 일관된 입장을 확립하여 왔다(대법원 1999. 4. 9. 선고 98도667 판결 등).

이후, 2010. 1. 1. 전면 개정된 조세범 처벌법(개정 조세범 처벌법)

제3조 제6항[2)]은 기존 판례의 입장을 그대로 반영하여 본문에서 '사기나 그 밖의 부정한 행위'란 "다음 각 호의 어느 하나에 해당하는 행위로서 조세의 부과와 징수를 불가능하게 하거나 현저히 곤란하게 하는 적극적 행위를 말한다"라고 규정하면서 종래 판례에 의하여 인정되어 온 부정행위의 행위태양을 유형화하여 각 호에서 규정하기에 이르렀다.

이러한 법 문언 및 종래 판례의 입장 등에 의하면, 개정 조세범 처벌법 제3조 제6항 각 호의 행위에 해당한다는 것만으로 부정행위가 되는 것이 아니라 그러한 행위로서 '조세의 부과와 징수를 불가능하게 하거나 현저히 곤란하게 하는 적극적 행위'라고 볼 수 있는 경우에 한하여 부정행위가 인정된다.[3)]

2) 제3조(조세포탈 등) ① 사기나 그 밖의 부정한 행위로써 조세를 포탈하거나 조세의 환급·공제를 받은 자는 2년 이하의 징역 또는 포탈세액, 환급·공제받은 세액(이하 "포탈세액등"이라 한다)의 2배 이하에 상당하는 벌금에 처한다.(단서 생략)
⑥ 제1항에서 "사기나 그 밖의 부정한 행위"란 다음 각 호의 어느 하나에 해당하는 행위로서 조세의 부과와 징수를 불가능하게 하거나 현저히 곤란하게 하는 적극적 행위를 말한다.
1. 이중장부의 작성 등 장부의 거짓 기장
2. 거짓 증빙 또는 거짓 문서의 작성 및 수취
3. 장부와 기록의 파기
4. 재산의 은닉, 소득·수익·행위·거래의 조작 또는 은폐
5. 고의적으로 장부를 작성하지 아니하거나 비치하지 아니하는 행위 또는 계산서, 세금계산서 또는 계산서합계표, 세금계산서합계표의 조작
6. 「조세특례제한법」 제5조의2제1호에 따른 전사적 기업자원 관리설비의 조작 또는 전자세금계산서의 조작
7. 그 밖에 위계(僞計)에 의한 행위 또는 부정한 행위

3) 대법원은 장기부과제척기간의 적용 및 중과세율에 의한 가산세 부과의 기준이 되는 '사기 그 밖의 부정한 행위', '부당한 방법' 또는 '부정행위'도 조세범 처벌법상 조세포탈죄의 구성요건이 되는 '사기 기타 부정한 행위'와 동일한 개념으로 보고 있다(대법원 2013. 11. 28. 선고 2013두12362 판

그러나 부정행위는 '부정'이라는 의미에서 내포하듯이 가치판단적, 규범적 요소를 포함하고 있는 개념이므로, 위와 같은 구체적 규정이 있다고 하더라도 부정행위의 의미 자체는 여전히 추상적이고, 특히 조세범 처벌법 제3조 제6항 제7호에서 '그 밖에 위계에 의한 행위 또는 부정한 행위'라고 포괄적 규정을 두고 있으므로, 어떠한 행위가 부정행위에 해당하는지는 일률적으로 정의하기는 어렵다.

2. '사기 기타 부정한 행위'의 성립요건

납세자의 어떠한 행위가 조세포탈죄에 해당하기 위해서는, 조세채무의 성립을 전제로 '사기 기타 부정한 행위'를 하여 조세포탈의 결과가 발생하고, 그러한 부정행위와 조세포탈의 결과 사이에 인과관계가 존재하여야 하며, 조세포탈의 고의(범의)가 있어야 한다.

그리고 그 행위가 조세포탈죄의 성립요건인 '사기 기타 부정한 행위'에 해당하기 위해서는, 먼저 (i) 조세범 처벌법 제3조 제6항 각 호에 해당하는 행위가 존재하여야 하고, 나아가 그러한 행위가 본문의 '조세의 부과와 징수를 불가능하게 하거나 현저히 곤란하게 하는 적극적 행위'에 해당하여야 한다. 그리고 (ii) 대법원은 위 '조세의 부과와 징수를 불가능하게 하거나 현저히 곤란하게 하는 적극적 행위'가 있었는지 여부와 관련하여, 그러한 행위가 '조세포탈의 목적' 내지 '조세포탈의 의도'에서 비롯되었을 것을 요구하고 있다.[4] 즉, 대법원은 뒤에서 보는 바와 같이 납세자의 행위의 외형이 위 (i)의 객관적 요건에 해당하더라도 그것만으로는 부족하고 그러한 행위가

결, 서울고등법원 2008. 7. 10. 선고 2007누31197 판결 등 참조).

4) 대법원 2018. 11. 9. 선고 2014도9026 판결, 대법원 2018. 3. 29. 선고 2017두69991 판결, 대법원 2017. 4. 13. 선고 2015두44158 판결, 대법원 2015. 9. 15. 선고 2014두2522 판결, 대법원 1999. 4. 9. 선고 98도667 판결 등.

'조세포탈의 목적' 내지 '조세를 포탈하려는 적극적 은닉의도'에서 이루어졌음이 인정되어야 부정행위의 요건이 충족된다는 것이다.

외국의 경우에도 조세포탈죄의 성립과 관련하여 우리 판례상 인정되는 '적극적 은닉의도'와 같은 주관적 요건(행위자의 의도)을 요구하고 있다. 이하에서 미국과 일본의 사례를 먼저 살펴보고, 우리 판례의 입장을 구체적으로 확인해 보기로 한다.

Ⅲ. 외국의 입법례

1. 미국[5)]

가. 구성요건

미국의 연방소득세법(The Internal Revenue Code: I.R.C.) 제75장에서는 조세범에 관하여 아래와 같이 처벌규정(I.R.C.§7201)을 두고 있다.

"그 방법을 불문하고 고의로(willfully) 이 법에 의해 부과된 조세 또는 그 납부를 회피하거나 무효화시키려 한 자는 법에서 규정하고 있는 다른 재제와는 별개로 중죄(felony)의 유죄가 되며, 그와 같은 유죄판결에 따라 10만 달러 이하(법인의 경우에는 50만 달러 이하)의 벌금 또는 5년 이하의 징역에 처하며, 이 경우 벌금과 징역은 병과될 수 있고, 어느 경우이든 소추비용은 행위자 자신이 부담한다[Any person who willfully attempts in any manner to evade or defeat any tax imposed by this title or the payment thereof shall, in addition to other penalties provided by law, be guilty of a felony and, upon conviction thereof, shall be fined not more than

5) 이하 미국의 입법례는 이승식, "조세포탈죄의 구성요건에 관한 연구", 경희대학교 박사학위 논문(2013. 8.) 44~51면에서 주로 인용하였다.

$100,000($500,000 in the case of a corporation), or imprisoned not more than 5 years, or both, together with the costs of prosecution]"

위 미국 연방소득세법 §7201가 우리 조세포탈죄에서 말하는 '사기 기타 부정한 행위'와 같은 특정한 행위반가치 표지를 명시적으로 요구하고 있지는 않지만, 미국 연방대법원은 오랫동안 연방소득세법 §7201로 처벌되기 위해서는 조세를 포탈하거나 침해하기 위한 적극적인 시도(positive attempt)가 필요하다고 해석하였다. 여기서 조세를 포탈하거나 침해하기 위한 행위란 통상 부작위라기보다는 작위를 의미하므로, 고의로 신고서를 제출하지 않는 행위(a willful failure to file a return)만으로는 조세를 포탈하기 위한 어떤 적극적 행위(affirmative act)가 수반되지 않는 이상 연방소득세법 §7201 위반죄가 성립하지는 않는다. 따라서 미국 연방소득세법상 조세포탈죄가 성립하기 위해서는 (i) 조세의 미납 또는 과소납부(tax deficiency), (ii) 조세를 회피하기 위한 적극적 행위(affirmative act), (iii) 고의(willfully)가 있을 것이 요구된다.[6]

이 중 (i) 요건인 '조세의 미납 또는 과소납부'는 이미 납세의무가 발생한 세금을 납부하지 않거나 아니면 적게 납부한 경우를 의미하는 것이므로, 우리 조세포탈죄에서 '사기 기타 부정한 행위'와 특별한 관련성은 없다. 이하에서는 (ii), (iii) 요건을 보다 구체적으로 살펴본다.

나. 조세를 회피하기 위한 적극적 행위(Affirmative Act)

미국 연방소득세법상 조세포탈죄가 성립하기 위해서는 피고인이 조세를 회피하기 위한 적극적 행위(affirmative act)를 했을 것이 요구

---

6) 이승식, 앞의 논문, 45~46면.

된다. 그리고 여기서 적극적 행위(affirmative act)라 함은 과세관청으로 하여금 과세의 근거가 되는 진실한 정보를 얻지 못하도록 하는데 지향되어 있는 행위를 의미한다.

따라서 조세를 회피하거나 무효화하려는 시도라고 할 수 없고, 단지 다른 범죄의 발견을 어렵게 하기 위한 행위가 있었던 것에 불과한 경우 등에는 조세포탈죄가 성립하지 않는다.

예컨대, *United States v. Mesheski* 사안에서 미국 제7순회 연방 항소법원은 피고인인 Mesheski에게 이러한 적극적 행위가 없었다는 이유로 조세포탈죄의 성립을 부정한 바 있다.[7] 이 사안에서 피고인인 Mesheski는 의뢰인들의 세금신고서 작성을 대행해 주는 일을 하고 있었는데, Mesheski는 의뢰인들의 세금신고서를 대신 작성해 주고 그들을 대신하여 국세청(Internal Revenue Service: IRS)에 세금을 납부해주겠다는 명목으로 각각의 세액에 해당하는 돈을 받고는 세금신고서를 제출하지도 않고, 세금을 납부하지도 않았다. 소추기관은 Mesheski가 다른 사람들을 대신하여 세금신고서를 작성하고 그 세액에 해당하는 돈을 현금 또는 수표로 받고는 자기 자신의 명의로 특정 국세청 직원을 수취인으로 하는 수표를 발행하고 이를 그 국세청 직원이 수취인으로 표시되어 있는 봉투에 넣어 의뢰인들에게 보여주었다는 점에서 조세포탈죄에서의 적극적 행위가 인정된다고 주장했다. 그러나 이에 대해 제7순회 연방 항소법원은 이와 같은 일련의 행위는 횡령(embezzlement)이라는 범죄의 발견을 어렵게 하기 위한 행위일 뿐, 조세를 회피하거나 무효화하려는 시도라고 볼 수 있는 적극적 행위에는 해당하지 않는다고 판시하였다.

---

7) United States v. Mesheski, 286 F.2d 345 (7th Cir. 1961).

다. 고의(Willfulness)

미국에서 (조세포탈죄를 포함하여) 조세범죄의 주관적 성립요건으로서 고의는 다른 범죄의 그것과는 다른 특별한 의미를 갖는다. 즉 조세범죄에 있어서 고의는 "이미 알고 있는 법적 의무에 대한 자발적이고 의도적인 위반(voluntary, intentional violation of a known legal duty)"을 의미한다.[8)]

미국에서 가장 권위있는 법률용어 사전인 Black's Law Dictionary에 의하면,[9)] "intention"이란 "The willingness to bring about something planned or foreseen; the state of being set to do something(계획되거나 예지하는 무언가를 하려는 의지; 무언가를 하도록 계획된 상태"를 의미하고, "intentional"은 "Done with the aim of carrying out the act(특정한 목표를 가지고 행위하는 것)"을 의미한다. 그리고 "voluntarily"는 "intentionally"와 유사한 의미를 갖는 것으로 이해되고 있다.

나아가 위 Black's Law Dictionary 876면에는, "It is necessary…to distinguish between producing a result intentionally and producing it knowingly. Intention and knowledge commonly go together, for he who intends a result usually knows that it will follow, and he who knows the consequences of his act usually intends them. But there may be intention without knowledge, the consequences being desired but not foreknown as certain or even probable. Conversely, there may be knowledge without intention, the consequence being foreknown as the inevitable concomitant of that which is desired, but being itself an object of repugnance rather than desire, and therefore not intended. When King David ordered Uriah the Hittite to be set in the forefront of the hottest battle, he i ntended the

8) 대표적으로 Cheek v. United States, 498 U.S. 192, 201(1991) (이승식, 앞의 논문, 50면에서 재인용).

9) Black's Law Dictionary (7thedition, 1999) 814,1569면.

death of Uriah only, yet he knew for a certainty that many others of his men would fall at the same time and place[어떠한 결과를 의도하는 것과 인식하는 것은 구분할 필요가 있다. 어떠한 결과를 의도하는 사람은 통상 그 결과를 알고 있고, 어떠한 결과를 알고 있는 사람은 통상 그러한 의도로 행위하므로, 의도와 인식은 결부되는 경우가 통상적이다. 그러나 어떠한 결과를 의욕하면서도 그 결과가 발생할 것인지를 확실하게(또는 개연성있는 정도로도) 알지 못하는 경우 의도는 있지만 인식은 없을 수 있다. 역으로, 어떠한 결과가 의욕된 행위에 불가피하게 수반되는 것이지만, 그 결과 자체는 의욕된 것이 아니라 오히려 바라지 않던 것이었던 경우, 인식은 있지만 의도는 없을 수 있다. 다윗왕이 히타이트인인 우리아에게 가장 격렬한 전투의 선봉에 서게 하였을 때 그는 우리아의 죽음만을 의도한 것이지만, 다른 부하들도 같은 장소 같은 시간에 죽을 것이라는 점을 확실히 인식하고 있었다]"라고 기재되어 있다.

이처럼 미국세법상 조세포탈죄의 주관적 성립요건으로서 '고의'는 계획된 무언가를 하거나 특정한 목표를 가지고 있는 것을 의미하는 것으로서, 단순한 결과에 대한 인식과는 구분되고, 어떠한 결과가 다른 의도에서 비롯된 행위에서 불가피하게 수반된 것에 불과한 경우에는 '고의'가 있다고 볼 수 없다. 이러한 점에서 미국세법상 조세포탈죄에서 '고의'의 의미는 우리 대법원 판례에서 '사기 기타 부정한 행위'의 주관적 요소로 인정되고 있는 '적극적 은닉의도'와 그 의미가 유사하다고 볼 수 있다.

2. 일본

일본 조세법의 규정은 우리와 비슷하게 중가산세, 장기부과제척기간, 조세포탈의 세 영역에서 부정행위가 요건이 된다. 중가산세에 있어서는 '납세자가 국세의 과세표준 등 또는 세액 등의 계산 기초가 되는 사실의 전부 또는 일부를 은폐 또는 가장하는 것'을 요건으로 하고, 장기부과제척기간의 경우에는 '위계 기타 부정한 행위'가 그 핵심요건이다. 조세포탈죄의 핵심요건도 '위계 기타 부정한 행위'이다.[10] 구체적으로 일본의 경우는 개별 세법이 조세포탈죄를 규정하고 있는데, 대표적으로 일본 소득세법 제238조 제1항을 보면 "위계 기타 부정한 행위에 의해서…소득세를 면제하거나 환급받는 행위"를 처벌하도록 규정하고 있다.[11]

이와 같이 일본에서도 조세포탈죄의 성립과 관련하여 '위계 기타 부정한 행위'의 해석이 결정적인 의미를 갖는다. 이와 관련하여 일본 최고재판소는 조세포탈죄의 법적 성격을 탈세자의 부정행위가 갖는 반사회성 또는 반의도성에 대한 제재로 보면서, '위계 기타 부정한 행위'에 대하여 "포탈의 의도를 가지고, 그 수단으로써 조세의 부과징수를 불능 또는 현저히 어렵게 하는 등의 위계 그 밖의 공작(工作)을 하는 것을 말한다"고 판시하고 있다.[12] 보다 구체적으로는 장부서류의 허위기재, 이중장부의 작성, 그 밖에 사회통념상 부정으로 인정되는 행위를 의미하며 단순한 무신고는 이에 해당하지 않는 것으로 보고 있다.[13][14]

이와 같은 일본 최고재판소의 입장은 결국 조세포탈죄의 구성요건인 '사기 기타 부정한 행위'가 있다고 하려면 '조세포탈의 의도'가 요구되고, '조세포탈의 의도'가 아닌 다른 의도하에서 이루어진 행위에 대해서는 설사 은닉행위 등과 같은 '사기 기타 부정한 행위'의

10) 박성욱·오문성, "조세법상 '사기 기타 부정한 행위'의 해석기준에 관한 고찰", 세무학연구 제33권 제3호(2016. 9.), 345면 참고.
11) 이승식, 앞의 논문, 53면 등 참고.
12) 일본 최고재판소 1967. 11. 8. 대법정 판결(刑集 21권 9호, 1197면).
13) 일본 최고재판소 1949. 7. 9. 판결(刑集 3권 8호, 1213면) 등.
14) 이상 이승식, 앞의 논문, 53, 54면에서 재인용.

객관적 행위 태양에 속하는 행위가 있다고 하더라도 조세포탈죄는 성립하지 않는다는 것으로 이해된다.[15]

3. 소결

앞서 본 바와 같이, 미국의 경우 조세포탈죄의 성립과 관련하여 '고의'의 의미 자체를 다른 범죄와 달리 보거나, 조세회피에 지향되어 있는 적극적 행위(affirmative act)가 필요하다고 보고 있고, 일본의 경우는 최고재판소가 우리 대법원과 유사한 취지로 '적극적 은닉의도'가 있어야 '사기 기타 부정한 행위'가 성립한다고 판시하고 있다.

즉, 각 입법체계에 따라 체계적 지위는 다르지만 조세포탈죄와 관련하여 우리 판례상 인정되는 '적극적 은닉의도'와 같은 납세자 행위의 '부정성' 판단요소를 고려하고 있다고 할 수 있다.

---

15) 반면, 중가산세의 요건에 있어서 일본 최고재판소 1987. 5. 8. 판결은 '중가산세는 각종의 가산세를 부과하여 납세의무위반사실이 은폐 또는 가장 등의 부정한 방법에 따라 행하여졌을 경우 위반자에 대하여 부과되는 행정상의 조치이며 고의로 납세의무를 위반한 것에 대한 제재는 아니므로, 중가산세를 부과하기 위해서는 납세의무자가 고의로 과세표준 또는 세액 등의 계산의 기초가 되는 사실을 은폐 또는 가장하거나 그 은폐 또는 가장행위를 원인으로 과소신고의 결과가 발생한 것이라면 충분하고, 더 나아가 납세자가 과소신고를 행하는 것의 인식을 가지고 있는 것까지 필요로 하는 것은 아니다'라고 판시하여, 중가산세의 경우 조세면탈의 인식까지는 요구되지 않는다는 입장으로 이해된다(박성욱·오문성, 앞의 논문, 345~346면 참고).

Ⅳ. '사기 기타 부정한 행위'의 구성요소인 '적극적 은닉의도'

1. 들어가며

대법원은 조세포탈죄의 고의에 관하여, "조세포탈범은 고의범이지 목적범이 아니므로 피고인에게 조세를 회피하거나 포탈할 목적까지 가질 것을 요하는 것은 아니다"라고 판시하면서도(대법원 2013. 9. 26. 선고 2013도5214 판결 등), 부정행위의 성부를 판단함에 있어서는 그러한 행위가 '조세회피 내지 조세포탈의 목적'에서 비롯되었을 것을 요구하여 행위자의 '의도'를 중요한 판단기준으로 삼고 있다(대법원 2017. 4. 13. 선고 2015두44158 판결 등).

언뜻 보면 위 판례들의 내용이 서로 상충되는 것은 아닌가 오해할 여지도 있고, 구체적인 사안에서 '적극적 은닉의도'의 존부를 판단하는 것도 쉽지 않다. '적극적 은닉의도'는 오랫동안 판례를 통하여 정립되어 온 개념이므로 '적극적 은닉의도'에 관한 판례의 기본적 입장을 살펴본 후, 판례상 나타난 사례들을 일별하면서 조세포탈죄에서 '적극적 은닉의도'가 갖는 의미와 체계적 지위를 살펴보기로 한다.

2. '적극적 은닉의도'에 관한 판례의 기본적 입장

판례의 기본적인 입장은, 조세포탈죄에서 '사기 기타 부정한 행위'라 함은 "조세의 포탈을 가능하게 하는 행위로서 사회통념상 부정이라고 인정되는 행위, 즉 조세의 부과와 징수를 불가능하게 하거나 현저히 곤란하게 하는 위계 기타 부정한 적극적인 행위를 말하고, 다른 어떤 행위를 수반함이 없이 단순히 세법상의 신고를 하지 아니하거나 허위의 신고를 함에 그치는 것은 여기에 해당하지 않는다"는 것이다(대법원 2000. 4. 21. 선고 99도5355 판결, 대법원 2018. 11. 9 선고 2014도9026 판결 등). 다만, "과세대상의 미신고나 과소신고와 아울러 수입이나 매출 등을 고의로 장부에 기재하지 않는 행위 등 적극적 은닉의도가 나타나는 사정이 덧붙여진 경우에는 조세의 부과와 징수를 불능 또는 현저히 곤란하게 만든 것으로 인정할 수 있다"(대법원 2014. 2. 21. 선고 2013도13829 판결 등)는 것이고, 또한 "납세자가 명의를 위장하여 소득을 얻더라도, 명의위장이 조세포탈의 목적에서 비롯되고 나아가 여기에 허위 계약서의 작성과 대금의 허위지급, 과세관청에 대한 허위의 조세 신고, 허위의 등기·등록, 허위의 회계장부 작성·비치 등과 같은 적극적인 행위까지 부가되는 등의 특별한 사정이 없는 한, 명의위장 사실만으로 '사기 기타 부정한 행위'에 해당한다고 볼 수 없다"는 것이다(대법원 2018. 11. 9 선고 2014도9026 판결, 대법원 2017. 4. 13. 선고 2015두44158 판결 등).

이처럼 대법원은 일견 은닉행위가 있는 것처럼 보이는 사건에서도 그러한 행위가 조세포탈의 목적에서 행해진 것이 아니라면 '사기 기타 부정한 행위'로 볼 수 없다는 것으로, '조세포탈을 위한 적극적 은닉의도'를 부정한 행위의 주요한 판단기준으로 삼고 있다. 결국 대법원의 판단은 부정행위가 인정되기 위해서는 단순한 '은닉의도'가 아니라 '조세를 포탈하기 위한' 적극적 은닉의도가 있어야 하고, 조세포탈의 의도가 아닌 다른 의도하에 이루어진 은닉행위에 대해서는 부정행위를 인정할 수 없다는 것이다. 특히 최근 대법원은 뒤에서 보는 바와 같이 '주식 상장'이나 '경영권 확보'를 위하여 차명으로 주식을 보유한 사실을 은닉한 사안들에서 '조세포탈을 위한 적극적 은닉의도'가 없다는 이유로 부정행위를 인정하지 않았다.

나아가 대법원은 "적극적 은닉의도가 객관적으로 드러난 것으로 볼 수 있는지 여부는 수입이나 매출 등을 기재한 기본 장부를 허위로 작성하였는지 여부뿐만 아니라, 당해 조세의 확정방식이 신고납세방식인지 부과과세방식인지, 미신고나 허위신고 등에 이른 경위 및 사실과 상위한 정도, 허위신고의 경우 허위 사항의 구체적 내용 및 사실과 다르게 가장한 방식, 허위 내용의 첨부서류를 제출한 경우에는 그 서류가 과세표준 산정과 관련하여 가지는 기능 등 제반사정을 종합하여 사회통념상 부정이라고 인정될 수 있는지 여부에 따라 판단하여야 한다"고 판시하여(대법원 2014. 2. 21. 선고 2013도13829 판결 등), '적극적 은닉의도'의 구체적인 판단기준도 제시하고 있다.

따라서 대법원은 조세포탈죄의 구성요건인 '사기 기타 부정한 행위'가 성립하기 위해서는 위와 같은 판단기준 등 제반 사정을 고려할 때 행위자에게 조세포탈을 위한 '적극적 은닉의도'가 있었는지 여부를 중요한 판단요소로 삼고 있다고 할 것이다.

3. 조세포탈죄에서의 '적극적 은닉의도'에 관한 대법원 판례의 흐름

가. 사회통념상 부정이라고 인정되는 행위 - 부정행위의 기본적 개념 표지

조세포탈은 행위의 반사회성·반윤리성을 이유로 행위자의 책임을 묻는 것이라는 것이 일반적인 통설이고, 조세포탈의 보호법익은 국가의 과세권이다.

앞서 본 바와 같이, 판례는 '사기 기타 부정한 행위'란 "조세의 포탈을 가능하게 하는 행위로서 사회통념상 부정이라고 인정되는 행위"라고 하여 '사회통념상 부정'이라고 인정되는 행위를 부정행위의 기본적 판단기준으로 제시하고 있으나, 이 또한 추상적 개념인 '부정'이라는 용어를 사용하고 있어 그 의미 자체에서 가치판단적·

규범적 요소를 포함하고 있다.

따라서 부정행위의 '부정'이란 형식적인 법령 위배가 아니라 실질적인 사회적 규범에 대한 위배를 말하는 것으로서 부정행위의 해당 여부는 그러한 사회적 규범에 비추어 판단할 수밖에 없고, 결국 부정행위란 조세면탈행위 중 납세윤리에 반하는 강한 사회적 비난을 받을 만한 행위, 즉 불법성이 강한 행위를 의미한다.[16] 적극적 은닉행위가 수반되지 아니한 허위신고는 부정행위에 해당하지 않는다고 보는 판례의 해석[17] 또한 국가의 과세권을 침해하는 강도가 높고 뚜렷한 정도의 윤리적 비난가능성이 있는 행위를 처벌의 대상으로 삼는다는 취지로 이해된다.

결국 납세자의 어떠한 행위가 부정행위에 해당하는지 여부는 일률적·정형적 기준에 의하여 판단할 수 있는 것이 아니라 개별적 사안에 따라 가치판단이 요구되는 것인바, 판례는 납세자의 행위가 어떠한 의도에서 비롯된 것인지를 부정행위를 인정함에 있어 중요한 판단기준으로 삼아 왔다. 그렇다면 그러한 행위에 이르게 된 행위자의 의도가 무엇인지 또한 구체적 행위의 동기나 경위를 살펴 사회통념에 따라 판단될 수밖에 없다.

나. '적극적 은닉의도에 관한 대법원 판례의 개관

> **대법원 1983. 9. 13. 선고 83도1231 판결**
>
> "양도소득금액이 있는 피고인이 타인 명의로 한 양도차액확정신고는 납세의무자로서 법에 의한 양도소득과세표준의 확정신고를 한 것으로는 볼 수 없고 조세를 포탈할 목적으로 사위 기타 부정한 수단으로 법에 의한 과세표준을 신고하지 아

---

16) 안대희, 조세형사법 최신개정판, 도서출판 평안, 323-324면.

17) 대법원 2011. 3. 24. 선고 2010도13345 판결, 대법원 2003. 2. 14. 선고 2001도3797 판결 등 다수.

니함으로써 당해 세목의 과세표준을 정부가 결정 또는 조사결정을 할 수 없게 한 경우에 해당"

<u>대법원 1983. 11. 8. 선고 83도510 판결</u>
"피고인 명의로 사업자등록을 하였지만 실제로는 피고인의 친형이 자금을 대고 영업을 하며 매출가액의 과소신고로써 조세를 포탈한 경우 사업자등록을 피고인 명의로 하였다는 사실만으로는 피고인에게 조세포탈의 목적이 있다고 볼 수 없다"

<u>대법원 1985. 9. 24. 선고 85도80 판결, 대법원 1983. 9. 13. 선고 83도1220 판결</u>
"구 조세범 처벌법 제9조에서 말하는 '사기 기타 부정한 행위'라 함은 조세포탈의 의도를 가지고 그 수단으로서 조세의 부과징수를 불능 또는 현저하게 곤란하게 하는 위계 기타 부정한 적극적 행위가 있음을 의미하는 것이고, 그러한 행위가 수반됨이 없이 단순히 세법상의 신고를 하지 아니하거나 과세표준을 과소신고하여 이에 대한 조세를 납부하지 아니한 사실은 부정행위에 해당되지 아니한다"

<u>대법원 1999. 4. 9. 선고 98도667 판결</u>
"과세대상의 미신고나 과소신고와 아울러 장부상의 허위기장 행위, 수표 등 지급수단의 교환반복행위 기타의 은닉행위가 곁들여져 있다거나, 차명계좌의 예입에 의한 은닉행위에 있어서도 여러 곳의 차명계좌에 분산 입금한다거나 순차 다른 차명계좌에의 입금을 반복하거나 단 1회의 예입이라도 그 명의자와의 특수한 관계 때문에 은닉의 효과가 현저해 지는 등으로 적극적 은닉의도가 나타나는 사정이 덧붙여진 경우에는 조세의 부과징수를 불능 또는 현저히 곤란하게 만든 것으로 인정할 수 있을 것"

<u>대법원 2000. 2. 8. 선고 99도5191 판결</u>
"피고인이 거래 상대방에게 금을 공급함에 있어 부가가치세를 포탈할 의도로 세금계산서를 교부하지 아니하였다가 부가가치세 확정신고시에 고의로 그 매출액을 신고에서 누락시켰다면 이는 조세의 부과와 징수를 불가능하게 하거나 현저하게 곤란하게 하는 적극적행위로서 '사기 기타 부정한 행위'에 해당한다"

<u>대법원 2007. 2. 15. 선고 2005도9546 전원합의체 판결</u>
"피고인들은 처음부터 부가가치세의 징수를 불가능하게 하거나 현저히 곤란하게 할 의도로 거래상대방으로부터 징수한 부가가치세액 상당 전부를 유보하지 아니한채 사기 기타 부정한 행위를 하는 일련의 과정에서 형식적으로만 부가가치세를 신고한 것에 지나지 아니하여 그 실질에 있어서는 부가가치세를 신고하지 아니한

것과 아무런 다를 바가 없고, 그에 따라 국가가 그 부가가치세를 징수하지 못한 이상 피고인들의 행위는 앞에서 본 법리에 따라 조세포탈죄에 해당하는 것"

대법원 2009. 5. 29. 선고 2008도9436 판결
"차명계좌의 예입에 의한 은닉행위에 있어서도 여러 곳의 차명계좌에 분산 입금한다거나 순차 다른 차명계좌에의 입금을 반복하거나 단 1회의 예입이라도 그 명의자와의 특수한 관계 때문에 은닉의 효과가 현저해지는 등으로 적극적 은닉의도가 나타나는 사정이 덧붙여진 경우에는 조세의 부과징수를 불능 또는 현저히 곤란하게 만든 것으로 인정할 수 있겠으나, 이러한 행위가 '사기 기타 부정한 행위'에 해당하는지 여부는 조세납부의무의 존재를 당연히 전제로 하는 것이다"

이와 같이 대법원은 오래 전부터 납세자의 행위가 조세포탈의 목적 또는 의도에서 비롯된 경우에 '사기 기타 부정한 행위'가 인정된다고 판시하여 왔다. 특히, 최근에 선고된 대법원 판결은 일견 소득의 은닉행위가 있는 것처럼 보이는 경우에도 그 행위가 기본적으로 조세포탈과 관련이 없는 목적에서 비롯된 경우[예컨대, 매출과대계상, 해운업계의 관행, 주식상장, 경영권 확보 등]에는 부정행위가 인정될 수 없으므로 그 당연한 귀결로서 조세포탈죄가 성립할 수 없다고 분명하게 판시하고 있다.

대법원 2013. 11. 28. 선고 2013두12362 판결 (이른바 경남기업 사건)
"부당과소신고가산세의 요건인 '부당한 방법으로 한 과세표준의 과소신고'란 국세에 관한 과세요건사실의 발견을 곤란하게 하거나 허위의 사실을 작출하는 등의 부정한 적극적인 행위에 의하여 과세표준을 과소신고하는 경우로서 그 과소신고가 누진세율의 회피, 이월결손금 규정의 적용 등과 같은 조세포탈의 목적에서 비롯된 것을 의미 … 과소계상한 행위는…작업진행률을 조작하여 익금을 과다계상한 결과로 행해진 것으로서 새롭게 부정한 적극적인 행위가 있다고 하기 어려울 뿐 아니라 그 행위가 조세포탈의 목적에서 비롯된 것으로 단정하기도 어려워보이므로…"

<u>대법원 2015. 6. 11. 선고 2015도1504 판결</u>
"차명계좌의 예입에 의한 은닉행위에 있어서도 여러 곳의 차명계좌에 분산 입금한다거나 순차 다른 차명계좌에의 입금을 반복하거나 단 1회의 예입이라도 그 명의자와의 특수한 관계 때문에 은닉의 효과가 현저해지는 등으로 적극적 은닉의도가 나타나는 사정이 덧붙여진 경우에는 조세의 부과징수를 불능 또는 현저히 곤란하게 만든 것으로 인정할 수 있겠으나 … (중략) … 피고인 2는 신용불량상태에 있어 처인 공소외 6 명의로 봉안당 사업에 참여하는 바람에 그 사업으로 인한 정산금을 공소외 6 명의의 계좌로 수령한 것에 불과하여 적극적인 소득은닉의도가 있었다고 보기 어려운 점 등에 비추어 보면, 위 피고인들이 사기 기타 부정한 행위로써 종합소득세를 포탈하였다고 보기는 어렵다"

<u>대법원 2016. 2. 18. 선고 2014도3411 판결 (이른바 선박왕 사건)</u>
"명의를 위장하여 소득을 얻더라도, 비거주자 또는 외국법인의 명의사용 등과 같이 명의위장이 조세회피의 목적에서 비롯되고 나아가 허위 계약서의 작성과 대금의 허위지급, 과세관청에 대한 허위의 조세 신고, 허위의 등기·등록, 허위의 회계장부 작성·비치 등과 같은 적극적인 행위까지 부가되는 등의 특별한 사정이 없는 한, 명의위장 사실만으로 구 조세범 처벌법 제9조 제1항에서 정한 '사기 기타 부정한 행위'에 해당한다고 할 수 없다…주식을 명의신탁한 행위나 피고인 1과 그 가족들 명의로 보유하던 국내 자산을 양도하는 등 비거주자가 되기 위하여 행한 행위들이 조세를 포탈하기 위한 적극적인 사기 기타 부정한 행위에 해당한다고 볼 수 없다"

<u>대법원 2017. 4. 13. 선고 2015두44158 판결 (이른바 진로발효 사건)</u>
" '사기, 그 밖의 부정한 행위'라고 함은 조세의 부과와 징수를 불가능하게 하거나 현저히 곤란하게 하는 위계 기타 부정한 적극적인 행위를 말하고, 적극적 은닉의도가 나타나는 사정이 덧붙여지지 않은 채 단순히 세법상의 신고를 하지 아니하거나 허위의 신고를 함에 그치는 것은 여기에 해당하지 않는다. 또한 납세자가 명의를 위장하여 소득을 얻더라도, 명의위장이 조세포탈의 목적에서 비롯되고 나아가 여기에 허위 계약서의 작성과 대금의 허위지급, 과세관청에 대한 허위의 조세 신고, 허위의 등기·등록, 허위의 회계장부 작성·비치 등과 같은 적극적인 행위까지 부가되는 등의 특별한 사정이 없는 한, 명의위장 사실만으로 구 국세기본법 시행령 제27조 제2항 제6호에서 정한 '사기, 그 밖의 부정한 행위'에 해당한다고 볼 수 없다… 명의신탁행위로 양도소득세가 과세되지 못하였고 종합소득세와 관련하여 세율 구간 차이에 따라 산출세액에서 차이가 발생하였더라도, 갑의 주식 명의신탁행위와 이에 뒤따르는 부수행위를 조세포탈의 목

적에서 비롯된 부정한 적극적인 행위로 볼 수 없다"

<u>대법원 2018. 4. 12 선고 2016도1403 판결, 서울고등법원 2016. 1. 13. 선고 2015노791 판결</u>
"차명계좌의 예입에 의한 은닉행위에 있어서도 여러 곳의 차명계좌에 분산 입금한다거나, 순차 다른 차명계좌에의 입금을 반복하거나, 단 1회의 예입이라도 그 명의자와의 특수한 관계 때문에 은닉의 효과가 현저해지는 등으로 적극적 은닉의도가 나타나는 사정이 덧붙여진 경우에는 조세의 부과·징수를 불능 또는 현저히 곤란하게 만든 것으로 인정할 수 있다"

<u>대법원 2018. 11. 9 선고 2014도9026 판결 (이른바 완구왕 사건)</u>
"납세자가 명의를 위장하여 소득을 얻더라도, 명의위장이 조세포탈의 목적에서 비롯되고 나아가 여기에 허위 계약서의 작성과 대금의 허위지급, 과세관청에 대한 허위의 조세 신고, 허위의 등기·등록, 허위의 회계장부 작성·비치 등과 같은 적극적인 행위까지 부가되는 등의 특별한 사정이 없는 한, 명의위장 사실만으로 위 조항에서 정한 '사기 기타 부정한 행위'에 해당한다고 볼 수 없다"

그 동안 판례를 통하여 나타난 조세포탈죄에서의 '적극적 은닉의도'의 기능 내지 역할은 사안에 따라 다소 다른 것으로 보이는데, 이를 정리하면 아래 두 가지 정도로 볼 수 있다.

먼저 대법원은 ① 원칙적으로 부정한 적극적 행위가 수반되지 아니한 단순 미신고나 허위신고는 그 자체로는 부정행위에 해당하지 않지만, 적극적 은닉의도가 나타난 사정이 덧붙여진 경우에는 미신고나 허위신고 행위가 부정행위에 해당할 수 있다고 보아, 신고납세방식의 조세포탈죄에 대하여는 부정행위의 폭을 넓히는 것으로 이해할 수 있다. 이러한 사안의 경우는 대부분 객관적으로 드러난 행위태양이 조세범 처벌법 제3조 제6항 각 호에서 규정하고 있는 요건을 충족하기에 다소 부족하더라도 드러난 객관적 사정에 의하여 조세를 포탈하려는 적극적 은닉의도가 명백히 인정되는 경우에는 조세포탈죄가 성립한다는 것이다.

반면, 최근 대법원은 ② 일응 은닉행위라고 볼 수 있는 행위가 있다고 하더라도 그러한 행위가 조세포탈의 목적에서 비롯된 것이 아닌 경우에는 부정행위에 해당하지 않는다고 보고 있다. 즉, 그러한 행위가 조세포탈이 아닌 다른 의도에서 이루어지거나 그 다른 의도에 부수되거나 수반되는 행위 정도로는 조세포탈을 위한 적극적 은닉의도에서 이루어진 것으로 볼 수 없어, 조세포탈죄로 처벌할 수 없다는 것이다. 행위자가 어떠한 의도에서 그러한 행위에 나아간 것인지를 부정행위 판단의 중요한 요소로 고려하고 있고, 따라서 그러한 행위에 이르게 된 행위자의 의도, 즉 '조세포탈을 위한 적극적 은닉의도'가 인정되지 않는 경우에는 은닉행위가 있더라도 부정행위가 성립하지 않는다는 것이다. 이러한 대법원의 입장은 행위의 반사회성·반윤리성을 이유로 행위자의 책임을 묻는 것이라는 조세포탈의 본질에 비추어 보더라도 타당하다고 생각된다.

이와 같이 판례는 부정행위의 인정 범위를 넓히는 경우든, 제한하는 경우든 모두 '사기 기타 부정한 행위'를 판단함에 있어서 '조세포탈을 위한 적극적 은닉의도'를 가장 중요한 핵심요소로 삼고 있다고 보인다.

다. 적극적 은닉의도의 구체적 판단기준

1) 납세자의 행위가 일련의 연속된 행위로 이루어진 경우

가) 납세자의 행위가 일련의 연속된 행위로 이루어진 경우, '적극적 은닉의도'의 존부를 어떻게 판단할 것인지가 문제된다. 구체적으로 조세포탈의 결과와 직접적으로 연결된 행위만을 따로 떼어내어 이를 기준으로 평가할 것인지, 아니면 납세자의 연속된 행위 전체를 기준으로 평가할 것인지 여부가 문제된다.

이와 관련하여 대법원은 납세자의 행위가 일련의 연속된 행위로 구성되는 경우 구체적 행위의 동기 및 경위를 살펴 일련의 행위를 전체적으로 평가하여 조세포탈을 위한 적극적 은닉의도가 나타나는 사정이 있는지를 판단하여야 한다는 입장이다(대법원 1999. 4. 9. 선고 98도667 판결 등).

나) 구체적으로, 소득세법상 대주주의 상장주식 양도에 대한 양도소득세 과세규정이 신설되기 이전에 차명계좌를 이용하여 주식을 취득하였다가 위 과세규정이 신설된 이후에 차명계좌로 보유하던 주식을 매도하여 조세포탈죄의 성립 여부가 문제되었던 사안에서, 대법원은 "차명계좌의 예입에 의한 은닉…(중략)…행위가 '사기 기타 부정한 행위'에 해당하는지 여부는 조세납부의무의 존재를 당연히 전제로 하는 것이다…(중략)…피고인 1이 1998. 12. 31. 이전에 차명계좌를 이용하여 주식을 취득할 당시에는 대주주의 상장주식 양도로 인한 양도소득세 납세의무에 대하여 예견할 수 없었고, 상장주식 양도소득세 과세규정이 시행된 1999. 1. 1. 이후에 그 주식을 차명계좌에 보유하다가 매도하는 행위가 있었을 뿐이므로, 양도소득세 과세대상에 해당하는 점과는 별도로 조세포탈죄의 사기 기타 부정한 행위라고 볼 수 없다"고 판시하였다(대법원 2009. 5. 29. 선고 2008도9436 판결).

즉, 대법원은 ① 과세규정이 신설되기 이전에 주식을 취득(선행행위)할 당시에는 향후 주식의 양도에 대하여 과세가 이루어질 것을 예상할 수 없었으므로 부정행위에 해당하지 아니하고(선행행위의 부정행위 부정), ② 과세규정이 신설된 이후에 차명으로 보유하던 주식을 양도하는 경우 그 양도 당시에는 대주주의 주식 양도가 소득세법상 과세대상에 해당하여 회피되는 세액이 발생한다는 것을 알 수 있었다고 하더라도 이는 차명형태로 주식을 취득할 당시 이미 예정되었던 것으로서 선행행위(주식취득 행위)에서 비롯된 부수적 행위에 불과하므로 별도로 조세포탈죄의 부정행위로 볼 수 없다고 판단하였는바(후행행위의 적극성 부정), 이와 같이 납세자의 행위가 일련의 연속된 행위로 이루어진 경우에는 일련의 행위를 전체적으로 평가하여 '조세포탈을 위한 적극적 은닉의도'가 있는지 여부를 판단하고 있는 것이다.

이러한 대법원의 입장은 그 이후로도 동일하게 유지되고 있다. 대법원 2013. 9. 26. 선고 2013도5214 판결에서도, "피고인들이 1998. 12. 31. 이전에 차명계좌를 이용하여 주식을 취득할 당시에는 대주주의 상장주식 양도로 인한 양도소득세 납세의무에 대하여 예견할 수 없었고, 상장주식 양도소득세 과세규정이 시행된 1999. 1. 1. 이후에 그 주식을 차명계좌로 보유하다가 매도하는 행위가 있었을 뿐이므로, 양도소득세 과세대상에 해당하는 점과는 별도로 이를 조세포탈죄의 사기 기타 부정한 행위라고 볼 수 없다"라고 판시하였다.

다) 또한, 대법원은 2000사업연도 내지 2002사업연도에 작업진행률을 과다하게 조작하여 법인세를 과다하게 신고한 결과로 2003사업연도 내지 2008사업연도의 법인세를 과소신고한 사안에서, "원고는 2003사업연도 내지 2008사업연도의 법인세에 관하여 종전의 사업연도에 이미 과다하게 익금에 산입한 금액을 공제하는 소극적인 방법으로 그 과세표준을 과소신고하였을 뿐 새롭게 과세요건사실의 발견을 곤란하게 하거나 허위의 사실을 작출하는 등의 행위를 한 바 없고, 원고가 작업진행률을 과다하게 조작하여 2000사업연도 내지 2002사업연도의 익금을 실제보다 많이 산입한 것은 해당 사업연도의 매출액을 늘려 수익이 실제보다 많이 발생한 것처럼 가장하려는 것으로서…(중략)…이는 일반과소신고에 해당할 뿐 '부당한 방법'으로 과세표준을 과소신고한 경우에 해당한다고 할 수 없다"고 판시하였다(대법원 2013. 11. 28. 선고 2013두12362 판결).

위 대법원 2013두12362 판결도 ① 2000사업연도 내지 2002사업연도에 이익을 부풀리는 분식행위(선행행위)는 매출액을 늘려 수익이 실제보다 과대 발생한 것처럼 보이기 위한 것이지 조세포탈의 목적에서 비롯되었다고 볼 수 없으므로 부정행위에 해당하지 아니하고(선행행위의 부정행위 부정), ② 이후 2003사업연도 내지 2008사업연도에 익금을 과소계상하여 당해 사업연도에 법인세가 회피되는 결과가 발생하였다고 하더라도 이는 당초 이루어진 분식회계 행위에 수반되어 분식회계를 정리(사후 대응조정)하는 소극적 행위에 불과하므로 새롭게 부정한 적극적인 행위를 한 것으로 볼 수 없다고 판단한 것으로 이해된다(후행행위의 적극성 부정).

라) 이와 같은 대법원 판례의 입장에 비추어 보면, 조세포탈과 관련된 납세자의 행위가 일련의 연속된 행위로 구성되는 경우, ① 납세자가 선행행위를 할 당시에 납세의무를 예견할 수 없었거나 조세포탈의 의도가 없어 이를 부정행위로 볼 수 없다면, ② 이후 선행행위에서 예정되었던 후행행위를 하여 회피되는 세액이 발생하였다고 하더라도 이는 선행행위에서 비롯된 부수적 행위에 불과하므로 새로운 '조세포탈을 위한 적극적 은닉의도'가 있다고 볼 수 없고, 따라서 그와 별개의 '조세포탈을 위한 적극적 은닉의도'가 새롭게 발생하였다는 점에 관한 입증이 필요하다고 할 것이다.

2) 조세포탈이 아닌 다른 의도와 목적에서 이루어진 행위임이 인정되는 경우

가) 조세포탈이 아닌 다른 의도와 목적에서 이루어진 행위가 조세포탈의 결과를 발생시키는 경우, '적극적 은닉의도'의 존부에 대한 판단을 어떻게 할 것인지가 문제된다.

이에 관하여 명시적으로 판시하고 있는 대법원 판례는 찾아보기 어렵지만, 대법원은 이미 오래 전부터 부정행위가 인정되기 위해서는 단순한 '은닉의도'가 아니라 '조세를 포탈하기 위한' '적극적' 은닉의도가 있어야 하고, 조세포탈의 의도가 아닌 다른 의도하에 이루어진 은닉행위에 대해서는 부정행위가 인정되지 않는다는 입장을 밝혀오고 있다. 특히, 최근 대법원 판결은 아래와 같이 납세자의 주된 동기나 의도가 주식상장, 경영권 확보 등에 있었던 경우, 일견 소득을 은닉하는 행위가 있다고 하더라도 부정행위는 인정되지 않는다는 점을 분명하게 밝히고 있다.

나) 대법원 2017. 4. 13. 선고 2015두44158 판결(이른바 '진로발효 사건')

진로발효 사건은 진로발효라는 주식회사의 최대주주가 위 회사를 계열분리하여 코스닥 시장에 상장하기 위하여 독점규제 및 공정거래에 관한 법률 등 관련 법령에서 규정하는 요건에 맞추어 지분을 분산시킬 필요가 있어 회사 임직원 등에게 위 회사 주식을 명의신탁하고 주식을 상장시켰고, 이후 명의신탁 주식의 관리를 위하여 증권회사에 명의수탁자들 명의로 계좌를 개설하고 그 계좌를 통하여 주식을 거래하면서, 배당 및 이자에 대한 종합소득세를 제대로 신고·납부하지 아니하고, 명의신탁 주식의 양도차익에 대한 양도소득세도 신고·납부하지 아니한 사안이다.

이에 대하여 과세관청은 주식 명의신탁행위로 인하여 양도소득세가 과세되지 못하였고 종합소득세와 관련하여 세율 구간 차이에 따라 산출세액에서 차이가 발생하게 되자 주식소유자를 숨기는 은닉행위가 부정행위에 해당한다고 보아 부당과소신고가산세를 부과하였다.

그러나 법원은, ① 계열분리 및 기업공개를 위한 필요에서 진로발효 주식 중 일부를 명의신탁하였고, 조세포탈의 목적에서 위와 같이 명의신탁을 하였다거나 유지한 것으로 볼 만한 사정은 발견되지 않는 점, ② 명의수탁자 명의로 증권계좌를 개설한 것도 코스닥에 상장된 주식을 거래하거나 이자 및 배당소득 등의 관리를 위한 필요에 의한 것으로 주식 명의신탁에 수반된 통상적인 부수적 후속행위로 보이는 점, ③ 2007년과 2008년 명의수탁자 명의의 주식 양도 당시 양도소득세를 납부하지 않은 것은 당시에는 위 명의수탁자 명의의 주식 지분이 5% 미만이 되어 양도소득세 과세대상이 되지 않았기 때문이므로, 양도소득세를 신고하지 않은 사실만으로는 조세포탈의 목적에서 비롯된 부정한 적극적인 행위에 해당한다고 보기 어려운 점, ④ 명의수탁자 명의로 종합소득세 신고를 한 것 또한 명의신탁관계가 해소되지 않은 상황에서 진로발효에서 이자 및 배당소득이 명의수탁자들의 증권계좌에 입금되고 그에 따라 소득세가 명의수탁자 명의로 자동으로 공제된 데에 기인한 것이므로, 이를 명의신탁행위와 별도로 조세포탈의 목적에서 비롯된 부정한 적극적인 행위에 해당한다고 보기도 어려운 점 등을 근거로, 조세포탈의 목적에서 비롯된 부정한 적극적인 행위가 인정되지 않는다고 판단하였다.

위 판례의 사안에서, 계열분리 및 기업공개를 목적으로 주식을 명의신탁한 것이라고 하더라도, 명의수탁자 명의로 증권계좌를 별도로 개설하고 명의수탁자 명의의 주식 지분이 과세대상 지분율인 5% 미만이 되어 양도소득세 과세대상이 되지 않도록 관리한 이상, 이로 인하여 위 증권계좌에서 발생하는 이자 및 배당소득, 양도소득 등과 관련한 조세탈루의 결과가 발생할 수 있다는 점은 충분히 인식할 수 있었고, 부수적으로나마 그러한 의도도 있었다고 볼 수 있다. 그러나 법원은 명의신탁의 주된 동기나 의도가 계열분리 및 기업공개에 있었고, 명의신탁에 수반된 통상적인 후속행위 외에 조세포탈의 목적에서 비롯된 부정한 적극적인 행위도 없었던 이상, 단지 조세탈루에 관한 부수적인 인식이나 의도만으로는 조세포탈죄의 성립을 위하여 요구되는 '적극적 은닉의도'는 인정되지 않는다고 본 것이다.

다) 대법원 2018. 4. 12. 선고 2016도1403 판결('N사 사건')

N사 사건은 N사의 대주주가 경영권 확보를 위하여 회사 임직원 등에게 일부 주식을 명의신탁하였고, 그 과정에서 총 45개의 차명 주식계좌를 이용하였는데, 각 차명계좌의 주식이 상장주식 양도소득세 과세대상 대주주 요건인 지분율 3% 미만이어서 양도차익에 대한 양도소득세를 납부하지 않은 사안이다. 검사는 N사의 대주주가 '사기 기타 부정한 행위'로 양도소득세를 포탈하였다는 이유로 기소하였다.

N사 사건에서 1심은 "피고인이 차명 주식계좌를 개설하여 주식거래를 한 목적에는 이 사건 주식양도 과세규정을 회피하기 위한 목적이 포함되어 있었던 것으로 보인다"고 하면서, '사기 기타 부정한 행위'가 인정된다고 판시하였다.

그러나 항소심 및 상고심은 ① 피고인이 차명주식의 거래를 통한 양도 차익 등의 이익을 도모한 것이 아니라, 주로 경영권 확보·유지를 위하여 차명주식을 취득·관리하였던 것으로 보이는 점, ② 차명주식의 보유기간이 약 8년 내지 11년의 장기에 이르고, 그 매각 경위를 보면 피고인의 이익실현 등을 위한 것이 아니라 모두 명의인 측의 요청에 따른 불가피한 사정에 기한 것인 점, ③ 차명주식에 관하여 자본시장법상의 보고의무 등을 이행하지 않은 것은 명의신탁의 목적상 실질적인 소유관계를 드러내지 않기 위한 것이었으므로, 그러한 보고의무를 이행하지 않았다는 사정만으로 '차명주식을 보유하고 있다'는 의미를 넘는 '적극적인 부정행위'가 있었다고 볼 수 없는 점, ④ 피고인이 각 차명 주식계좌의 주식을 발행주식의 3% 미만이 되도록 분산하였다고 하더라도, 차명주식의 보유에는 일반적으로 '주식소유관계의 분산'이라는 의도가 내포되어 있다고 할 수 있어, 1인의 차명주주로 하여금 3% 이상의 주식을 보유한 대주주가 되도록 하는 것 자체로 그러한 차명주식 보유의 목적에 반하므로, 그러한 사정만으로는 '차명주식의 보유'라는 의미를 넘는 '적극적인 부정행위'가 있었다고 단정하기는 어려운 점, ⑤ 차명주주들은 대부분 전직 직원이나 협력업체 임원 등으로서, 이들은 세무조사 등의 경우 우선적인 검토대상이 될 가능성이 커 은닉의 효과가 현저해지는 경우라고 볼 수도 없는 점 등을 근거로, '사기 기타 부정한 행위'로 양도소득세를 포탈하였다는 점이 합리적 의심의 여지 없이 입증된 것으로 볼 수 없다고 판시하였다.

N사 사건 역시, 주로 경영권 확보·유지를 위하여 차명주식을 취득·관리한 것이지만, 차명계좌를 별도로 개설하고 각 차명계좌의 보유주식도 3% 미만이 되도록 관리하였으므로, 이자 및 배당소득, 양도소득 등과 관련한 조세탈루의 결과가 발생할 수 있다는 점은 충분히 인식할 수 있었다(N사 사건에서 항소심도 "피고인은 차명주식의 거래를 통한 양도차익 등의 이익을 도모한 것이 아니라, 주로 경영권 확보·유지를 위하여 차명주식을 취득·관리하였던 것으로 보인다"고 판시하여, 부수적으로는 다른 의도가 있을 수 있음을 인정하고 있다). 그럼에도 대법원은 행위자의 주된 의도나 동기가 경영권 확보·유지에 있었고, 이를 넘어서는 '적극적인 부정행위'가 없었다는 이유로 '사기 기타 부정한 행위'는 인정되지 않는다고 판단한 것이다.

라) 이와 같은 대법원 판례들에 비추어 보면, 결국 납세자의 행위가 조세포탈이 아닌 다른 뚜렷한 의도에서 이루어졌음이 인정되는 이상, 은닉행위가 있다고 하더라도 사기 기타 부정한 행위가 인정된다고 볼 수 없고, 당초의 의도를 넘어서는 별개의 조세포탈의 의도

를 인정할 만한 적극적 은닉행위나 다른 구체적인 사정들이 입증되어야 조세포탈죄의 성립을 인정할 수 있을 것이다.

Ⅴ. 주관적 구성요건요소인 '고의', 목적범의 '목적' 등과의 구분

1. 범죄의 구성요건요소

범죄행위는 '구성요건에 해당하고 위법하며, 행위자에게 책임이 인정되는 행위'로 그 개념이 규정되어 왔고, 구성요건해당성은 특정의 행위가 형벌법규의 적용대상이 된다는 것을 의미한다.

이러한 구성요건의 요소는 기술적·규범적 요소[18]와 객관적·주관적 요소로 구분된다. 객관적 구성요건요소로는 행위주체, 행위의 태양, 행위객체, 결과, 인과관계 등이 이에 속하고, 주관적 구성요건요소로는 고의와 과실이 있으며, 특수한 주관적 구성요건요소로는 목적범의 '목적', 경향범의 '경향', 표현범의 '표현' 등을 들 수 있다.

2. 주관적 구성요건요소인 '고의'와의 관계

가) 형법 제13조는 범의(犯意)라는 제목하에 "죄의 성립요소인 사실을 인식하지 못한 행위는 벌하지 아니한다"라고 규정하여 원칙적

18) 기술적 요소는 가치판단을 거치지 않고 단순한 사실적 인식만으로 확인될 수 있는 요소를 말하고, 규범적 요소는 사실적 인식만으로는 부족하고, 규범적 가치판단을 통해서 확정되는 요소를 말하는 것으로서, '재물의 타인성', '공문서' 등과 같이 법규범에 의하여 평가되는 것과 '추행', '음란', '명예' 등과 같이 사회적·문화적 규범에 의하여 평가되는 것의 두 가지 종류가 있다(형법 주석서 총칙 (1), 한국사법행정학회, 228-229면).

으로 고의범만을 처벌하도록 규정하고 있다. 여기서 고의란 구성요건사실 및 결과발생에 대한 인식과 이러한 결과발생을 용인하는 내심의 의사가 있음을 요한다[19](통설, 판례[20]).

통설, 판례에 의하면, 고의가 성립하기 위해서는 지적 요소(인식적 측면)로서의 행위주체, 객체, 방법, 상황, 결과 등 객관적 구성요건적 사실에 대한 인식 및 의지적 요소(의사적 측면)로서의 구성요건적 결과발생에 대한 의욕 또는 인용이 필요하다. 여기서 구성요건적 결과발생에 대한 의욕이 있는 경우를 확정적 고의, 구성요건적 결과발생에 대한 의욕은 없고 인용만이 있는 경우를 미필적 고의라고 한다. 결과발생을 인식은 하였으나, 의욕도 인용도 하지 않았으면 인식있는 과실이 된다.

나) 조세포탈죄의 구성요건사실은 납세의무자 등이 '사기 기타 부정한 행위'로 '조세를 포탈'하는 것이므로, 조세포탈죄의 고의는 행위자가 사기 기타 부정한 행위에 해당하는 사실 및 조세포탈의 결과발생 사실에 대한 인식 및 이러한 결과발생을 용인하는 의사가 있

---

19) 고의의 본질에 관하여는, 인식설(구성요건사실 및 결과에 대한 인식이 있으면 고의가 된다는 견해), 의사설(구성요건사실 및 결과에 대한 인식으로는 부족하고 나아가 결과발생을 의욕해야 한다는 견해로, 고의의 의지적 요소를 강조하는 입장), 인용설(구성요건사실 및 결과에 대한 인식이 필요하지만 결과발생을 의용할 필요까지는 없고, 결과발생을 인용하면 족하다는 견해) 등이 있다(형법 주석서 총칙 (1), 한국사법행정학회, 231-233면).

20) 판례는 인식설에 따른 듯한 판결들도 있으나 "범죄구성요건의 주관적 요소로서 미필적 고의라 함은 범죄사실의 발생 가능성을 불확실한 것으로 표상하면서 이를 용인하고 있는 경우를 말하고, 미필적 고의가 있었다고 하려면 범죄사실의 발생 가능성에 대한 인식이 있음은 물론, 나아가 범죄사실이 발생할 위험을 용인하는 내심의 의사가 있어야 한다"(대법원 2008. 9. 25, 선고 2008도5618 판결 등)고 하여 인용설을 따르고 있는 것으로 보인다.

어야 한다.

같은 취지에서 대법원도 조세포탈범의 주관적 요소로서의 고의(범의)에 관하여, "조세포탈죄에 있어서 범의가 있다고 함은 납세의무를 지는 사람이 자기의 행위가 '사기 기타 부정한 행위'에 해당하는 것을 인식하고, 그 행위로 인하여 조세포탈의 결과가 발생한다는 사실을 인식하면서 부정행위를 감행하거나 하려고 하는 것이다"라고 판시하여(대법원 2013. 9. 26. 선고 2013도5214판결, 대법원 1999. 4. 9. 선고 98도667 판결 등), 조세포탈죄의 고의(범의)에는 '조세포탈의 결과발생'에 대한 인식과 함께 '사기 기타 부정한 행위' 즉, 문제된 행위가 '조세범 처벌법 제3조 제6항 각 호에 해당하는 행위로서 조세의 부과와 징수를 불가능하게 하거나 현저히 곤란하게 하는 적극적 행위'에 대한 인식이 포함됨을 분명히 하고 있다.

다) 한편, 대법원은 조세포탈죄에서 '사기 기타 부정한 행위'라 함은 "조세의 포탈을 가능하게 하는 행위로서 사회통념상 부정이라고 인정되는 행위, 즉 조세의 부과와 징수를 불가능하게 하거나 현저히 곤란하게 하는 위계 기타 부정한 적극적인 행위를 말하고, 다른 어떤 행위를 수반함이 없이 단순히 세법상의 신고를 하지 아니하거나 허위의 신고를 함에 그치는 것은 여기에 해당하지 않는다"고 판시하거나(대법원 2000. 4. 21. 선고 99도5355 판결, 대법원 2018. 11. 9 선고 2014도9026 판결 등), "과세대상의 미신고나 과소신고와 아울러 수입이나 매출 등을 고의로 장부에 기재하지 않는 행위 등 적극적 은닉의도가 나타나는 사정이 덧붙여진 경우에는 조세의 부과와 징수를 불능 또는 현저히 곤란하게 만든 것으로 인정할 수 있다"고 판시하는 등(대법원 2014. 2. 21. 선고 2013도13829 판결 등), '사기 기타 부정한 행위'가 있었는지를 판단함에 있어서는 그러한 행위가 '적극적 은닉의도'에서 비롯되었을 것을 요구하고 있다.

이는 대법원이 단지 조세포탈죄의 구성요건(조세탈루의 결과와 부정행위)에 대한 인식을 의미하는 '고의'와 부정행위의 주관적 구성요소인 '적극적 은닉의도'를 명확히 구분하고 있음을 보여주는 것이다.

요컨대, 조세포탈죄에서 '고의'란 '사기 기타 부정한 행위' 및 '조세탈루의 결과 발생'을 인식하면서 '부정행위를 감행하거나 하려고 하는 것'을 의미하는데 비하여, '적극적 은닉의도'는 '조세포탈의 결과 발생'을 용인 내지 의욕하는 것이 아니라 부정행위에 있어서의 부정성 판단의 요소로서 그러한 행위가 '세원이 되는 소득을 은닉하고자 하는 의도에서 비롯되었는지 여부'를 의미한다는 점에서 '고의'와는 명확히 구분된다고 볼 수 있다.

3. 목적범의 '목적'과의 구별

가) 목적범이란 주관적 구성요건으로 '고의' 외에 일정한 행위의 '목적'이라는 주관적 심리상태가 더 요구되는 범죄유형이라고 정의하고 있다. 목적범의 '목적'과 '고의'는 양자가 모두 주관적 구성요건요소라는 점에서 공통적이지만, '고의'는 구성요건의 객관적 요소인 사실에 대한 인식 내지는 의사인데 반하여, 목적범의 '목적'은 고의의 대상인 사실을 수단으로 하여 실현되는 결과나 목표에 대한 인식 내지 의욕을 의미한다. 즉 '고의'는 당해 범죄유형이 요구하는 외부적, 객관적 사실을 그 인식대상으로 삼고 있는데 대하여, '목적'은 고의의 대상 이상의 별개의 독립된 행위나 사실을 향한 인식 내지 의욕이라는 점[21]에서 양자는 구별된다. 이런 점에서 목적을 '초과

---

21) 예컨대, 사문서위조죄(형법 제231조)에 있어서는 행위자가 '행사할 목적'으로 타인의 문서를 위조할 것이 요구되는데, 이 경우 '목적'의 대상인 '행사'는 그 죄의 객관적 구성요건요소로 요구되는 것은 아니며, '행사할

주관적 구성요건요소'('초과 주관적 위법요소'라고도 한다)[22]라고 한다. 목적범의 목적은 넓은 의미에서는 범죄의 '동기' 속에 포함될 수 있지만, 이 경우의 목적은 형법상 행위의 요소가 되는데 비하여, 동기는 통상 범죄의 성립과는 무관하고 단지 행위자의 책임을 판단함에 있어서 참작될 수 있을 뿐인 점에서 양자는 구별된다.

내란죄(형법 제87조)나 내란목적 살인죄(제88조)의 '국토를 참절하거나 국헌을 문란할 목적', 사문서위조죄(제231조)의 '행사할 목적', 명예훼손죄(제309조 제1항)의 '사람을 비방할 목적', 무고죄(제156조)의 '타인으로 하여금 형사처분 또는 징계처분을 받게 할 목적' 등이 여기에 해당한다.

나) 대법원은 "조세포탈범은 고의범이지 목적범이 아니므로 피고인에게 조세를 회피하거나 포탈할 목적까지 가질 것을 요하는 것은 아니다"라고 판시하고 있는바(대법원 2013. 9. 26. 선고 2013도5214 판결 등), 이러한 판례의 태도에 의하면 조세포탈죄의 성립 여부에 있어서 행위자에게 조세포탈의 고의가 인정된다면 '조세포탈의 목적이나 의도'가 있었는지 여부는 고려의 대상이 아닌가라는 의문이 있을 수 있다.

그러나 위 판례에서 말하는 '조세를 회피하거나 포탈할 목적'이라는 것은 형법에서 말하는 목적범의 '목적' 즉, 목표 또는 결과지향적인 확실한 의욕을 말하는 것으로서, 이는 조세포탈죄의 성립요건인 '사기 기타 부정한 행위'의 구성요소로서의 '행위자의 의도' 즉,

---

목적'이라는 초과주관적 구성요건요소의 존재에 의하여 비로소 객관적 구성요건요소인 '위조'에 대하여 불법성이 인정된다.

22) 대법원 1992. 3. 31. 선고 90도2033 전원합의체 판결("…목적은 초과주관적 위법요소로서 고의 외에 별도로 요구되는 것이므로 행위자는 제5항 소정의 행위 및 객체에 대한 인식 외에 제1항 내지 제4항 소정의 이적행위를 함에 대한 의욕 내지 인식이 있음을 요한다").

'조세포탈을 위한 적극적 은닉의도'와는 다른 영역의 개념이다. 목적범의 '목적'은 범죄성립을 위한 초과주관적 위법요소로서 고의 외에 별도로 요구되는 것인 반면(대법원 1992. 3. 31. 선고 90도2033 판결 등), '적극적 은닉의도'는 통상의 주관적 구성요건인 '고의' 외에 조세포탈죄의 성립을 위하여 추가되는 '사기 기타 부정한 행위' 주관적 구성요건요소로서 초과주관적 구성요건요소인 '목적'과는 다르다고 할 수 있다.

대법원 역시 앞서 본 바와 같이 조세포탈범은 목적범이 아니므로 조세를 회피하거나 포탈할 '목적'까지 가질 것을 요하지는 않는다고 보면서도, '사기 기타 부정한 행위'가 있었는지를 판단함에 있어서는 그러한 행위가 '조세회피 내지 조세포탈의 목적'에서 비롯되었을 것을 요구하여, 양자가 다른 개념임을 전제로 하고 있다.

4. 기타–명의신탁으로 인한 증여세 부과요건인 '조세회피의 목적'과의 구분

권리의 이전이나 행사에 등기 등이 필요한 재산의 실제소유자와 명의자가 다른 경우에는 실제소유자가 명의자에게 증여한 것으로 보아 증여세가 부과된다. 다만, 조세회피의 목적 없이 타인의 명의로 재산의 등기 등을 한 경우에는 그러하지 아니하다[상속세 및 증여세법(이하 "상증세법"이라고 약칭한다) 제45조의2 제1항]. 즉, 재산의 명의신탁이 있는 경우 이를 증여로 '의제'하여 과세하되, 명의신탁에 조세회피의 목적이 없는 경우에는 증여의제에서 제외하도록 되어 있다.

대법원은 위 상증세법상 명의신탁 증여의제 규정을 적용하기 위한 요건으로서 '조세회피의 목적'을 판단함에 있어서, "(명의신탁 증여의제 규정의) 입법 취지는 명의신탁제도를 이용한 조세회피행위를 효과적으로 방지하여 조세정의를 실현한다는 취지에서 실질과세 원칙에 대한 예외를 인정한 데에 있으므로…(중략)…명의신탁의 목적에 조세회피 목적이 포함되어 있지 않은 경우에만 위 조항 단서를 적용하여 증여의제로 의율할 수 없는 것이므로 다른 주된 목적과 아울러 조세회피의 의도도 있었다고 인정되면 조세회피목적이 없다고 할 수 없다"고 판시하여 명의신탁이 조세회피 목적이 아닌 다른 주된 목적에 의한 것이라도 조세회피 목적도 있었다면 증여세 과세대상이 된다는 것이다(대법원 2009. 4. 9. 선고 2007두19331 판결 등).

그러나 위 대법원 판결은 (i) 상증세법상 명의신탁 증여의제 규정의 취지가 조세회피를 방지하기 위한 것이므로, (ii) 조세회피 목적이 포함되어 있지 않아야만 명의신탁으로 인한 증여세를 부과할 수 없으며, (iii) 따라서 주된 목적이 다른 데에 있더라도 조세회피 의도가 아울러 있다면 증여세 과세요건은 충족된다는 취지에 불과하다. 즉, 위 대법원 판례의 법리는 단지 세법상 증여세 부과 여부가 문제되는 사안에서 그 소극적 과세요건인 '조세회피 목적이 포함되어 있는지 여부'를 판단하기 위한 것이다.

반면, 앞서 본 바와 같이, (i) 조세포탈죄는 '조세탈루의 결과'가 발생하였다고 하여 이를 모두 처벌대상으로 삼고 있는 것이 아니라, '사기 기타 부정한 행위'로 '세수감소의 결과'를 발생시킨 경우에야 비로소 성립하는 점, (ii) 따라서 단순히 조세탈루의 결과에 대한 인식(내지 부수적 의도)이 있다는 점만으로는 조세포탈죄에서 요구되는 '사기 기타 부정한 행위'(내지 그 주관적 요소인 '적극적 은닉의도')가 있다고 볼 수는 없는 점, (iii) 특히 법인세나 소득세와 같은 신고납세 방식의 조세의 경우는 납세자의 주된 의도나 동기가 조세포탈에 있지 않음에도 적어도 신고 시에는 조세탈루의 결과를 인식하면서 과소신고가 이루어질 수밖에 없는데 이러한 경우까지 '적극적 은닉의도'가 있다고 보아 '사기 기타 부정한 행위'를 인정한다면,

조세탈루의 결과가 발생한 대부분의 경우에 가산세를 포함한 세금의 부과에서 더 나아가 조세포탈죄로 형사처벌까지 될 수 있는 불합리한 결과에 이르게 되는 점 등에 비추어 보면, 상증세법상 명의신탁 증여의제 규정의 과세요건과 관련한 대법원 판례의 법리가 조세포탈죄의 성립 여부가 문제되는 경우에까지 동일하게 적용되기는 어렵다고 생각된다.

특히, 앞서 본 바와 같이, 진로발효 사건(대법원 2017. 4. 13. 선고 2015두44158 판결)과 N사 사건(대법원 2018. 4. 12. 선고 2016도1403 판결)에 있어서 명의신탁 증여세 부과요건으로서의 조세회피 목적이 없다고 볼 수 없다는 점은 납세자 역시 다투지 아니하였음에도 [부당무신고가산세의 적법 여부가 문제된 진로발효사건의 경우 납세자가 애초부터 명의신탁 증여세 본세 및 일반무신고가산세 부분을 다투지 아니하였고, N사 사건의 경우 납세자가 명의신탁 주식에 대한 세금(증여세)을 자진하여 납부하였다], 대법원은 이와는 별도로 납세자의 주된 의도나 동기가 계열분리 및 기업공개(진로발효 사건의 경우)나 경영권 확보·유지(N사 사건의 경우)에 있었다는 이유로 조세포탈의 목적에서 비롯된 부정한 적극적인 행위가 존재하지 않는다고 판단하였다.

이러한 점만 보더라도 명의신탁 증여세 부과요건으로서 '조세회피목적'과 조세포탈죄에서 '적극적 은닉의도'는 그 판단기준이 서로 명확히 구분되는 것임을 알 수 있다.

VI. 결론

'조세포탈의 목적 내지 의도'는 조세범 처벌법에서 조세포탈죄의 구성요건으로 명문으로 규정되어 있는 개념이 아니지만, 오래 전부터 판례는 부정행위를 판단함에 있어 조세를 포탈하려는 적극적 은닉의도에 의한 것인지를 중요한 판단기준으로 삼아 왔다. 다만, 적극적 은닉의도의 구체적인 의미 및 판단요소, 조세포탈죄 성립에 있어서의 역할 및 체계적 지위에 대해서는 아직 구체적인 논의가 이루어지고 있지 아니한바, 향후 활발한 논의가 전개되기를 기대해 본다.

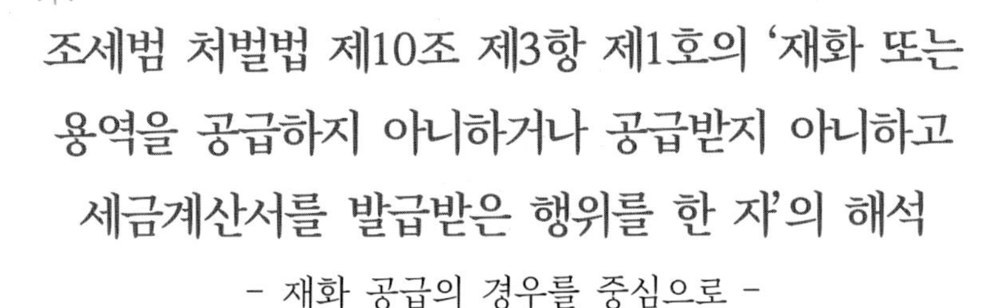

조세범 처벌법 제10조 제3항 제1호의 '재화 또는 용역을 공급하지 아니하거나 공급받지 아니하고 세금계산서를 발급받은 행위를 한 자'의 해석

- 재화 공급의 경우를 중심으로 -

박 재 영 변호사

Ⅰ. 서론

조세범 처벌법 제10조 제3항 제1호는 '재화 또는 용역을 공급하지 아니하거나 공급받지 아니하고 부가가치세법에 따른 세금계산서를 발급하거나 발급받은 행위를 한 자'를 처벌하도록 규정하고 있다.

실무에서 위 조항의 위반 여부가 문제되는 사례가 매우 빈발함에도, 실제로 개별 사례를 접하여 보면 그 유형이 매우 다양하고 복잡할 뿐만 아니라 각 유형에 공통적으로 적용될 수 있는 판단기준이 확립되어 있지 않아, 위 조항 위반 여부를 판단하는 것이 단순하지 않은 경우가 많다. 조세범 처벌법 위반죄는 과세관청의 고발이 없으면 검사가 공소를 제기할 수 없으므로(조세범 처벌법 제21조), 과세관청의 판단에 따라 처벌 여부가 좌우될 수 있다는 점을 고려하면, 유형별로 명확한 판단기준의 정립이 더욱 필요하다.

특히, 대법원이, 최근 신탁재산의 처분에 관한 부가가치세 납세의무자에 관하여, 신탁재산의 처분으로 발생한 이익과 비용이 최종적으로 귀속되는 위탁자 또는 수익자가 납세의무자라고 보았던 종래 대법원 판례를 변경하고, 거래상대방과 직접적인 법률관계를 형성한 수탁자가 납세의무자라고 판시한 전원합의체 판결(대법원 2017. 5. 18. 선고 2012두22485 전원합의체 판결)을 선고함으로써, 세금계산서를 발급하고 부가가치세를 납부하여야 할 주체는 '계약상·법률상 거래당사자'와 일치하여야 한다는 점을 분명히 하였으므로, 위 조항 위반 여부를 판단함에 있어서도 위 대법원 전원합의체 판결이 설시한 법리가 적용되어야 할 것이다.

아래에서는 조세범 처벌법 제10조 제3항 제1호의 해석과 관련하여, 위 조항의 입법연혁 및 취지에 관하여 먼저 간단히 살펴보고(II), '재화를 공급하지 아니하거나 공급받지 아니하고'의 해석에 관하여 검토한 후(III), 허위 세금계산서 수수의 유형 및 판례에 관하여 분석하는(IV) 순서로 논의하여 보고자 한다.

Ⅱ. 조세범 처벌법 제10조 제3항 제1호의 입법연혁 및 취지

1994. 12. 22. 법률 제4812호로 개정되기 전의 구 조세범처벌법 제11조의2는 제1항에서 '부가가치세법의 규정에 의하여 세금계산서를 작성하여 교부하여야 할 자가 세금계산서를 교부하지 아니하거나 허위기재하는 행위'를 처벌하는 규정을 두고 있었고, '재화 또는 용역을 공급하거나 공급받지 아니하고 세금계산서를 교부하거나 교부받는 행위'를 처벌하는 규정을 두고 있지는 않았다. 대법원이 재화 등을 공급하지 아니한 자는 세금계산서 작성·교부의무를 부담하지 않으므로 구 조세범 처벌법 제11조의2 제1항이 규정한 '부가가치세법의 규정에 의하여 세금계산서를 작성하여 교부하여야 할 자'에 해

당하지 않으므로 위 조항 위반죄로 처벌할 수 없다고 판시함에 따라 (대법원 1989. 2. 28. 선고 88도2337 판결, 대법원 1994. 6. 28. 선고 92도2417 판결 등), 실물거래 없이 세금계산서를 수수하는 이른바 자료상을 처벌할 수 있는 처벌근거가 존재하지 아니하는 문제가 있어 왔다. 이에 따라 1994. 12. 22. 법률 제4812호로 조세범처벌법을 개정하면서 현행 조세범 처벌법 제10조 제3항과 동일한 내용의 제11조의2 제4항을 신설하여 '재화 또는 용역을 공급하거나 공급받지 아니하고 세금계산서를 교부하거나 교부받는 행위'에 대한 처벌규정을 마련하였다.[1)]

입법 자료에 따르면, 구 조세범처벌법 제11조의2 제4항의 입법취지는 '세금계산서 수수질서의 정상화를 도모하기 위하여 실물거래 없이 세금계산서를 수수하는 행위(이른바 자료상)에 대한 처벌근거를 마련함에 있다'고 설명되고 있다.[2)]

Ⅲ. '재화를 공급하지 아니하거나 공급받지 아니하고'의 해석

1. 부가가치세 납세의무 및 세금계산서 발급의무와의 관계

앞서 본 바와 같이 조세범 처벌법 제10조 제3항 제1호는 '재화를 공급하지 아니하거나 공급받지 아니하고' 부가가치세법에 따른 세금계산서를 발급하거나 발급받은 행위를 한 자를 처벌하도록 규정

---

1) 이동신, "조세범처벌법 제11조의2 제4항 소정의 '재화 또는 용역을 공급함이 없이 세금계산서를 교부하거나 교부받는 경우'의 의의와 그 범위", 『대법원판례해설』, 제45호(법원도서관, 2003), 639면

2) 정부, 1994. 9. 30.자 『조세범처벌법중개정법률안』, 1면

하고 있다. 부가가치세법 제3조 제1호 및 제2조 제3호는 사업상 독립적으로 '재화를 공급하는 자'를 부가가치세 납세의무자 중 하나로 규정하고 있고, 제32조 제1항은 사업자가 '재화를 공급하는 경우' 세금계산서를 발급하여야 한다고 규정하고 있다.

이들 규정에 따르면, 조세범 처벌법 제10조 제3항 제1호의 '재화를 공급하지 아니하고 세금계산서를 발급한 자'에 해당하기 위해서는 '재화를 공급하지 아니하여 부가가치세 납세의무 및 세금계산서 발급의무가 없는 자'이어야 한다. 결국, 조세범 처벌법 제10조 제3항 제1호 위반에 해당하는지 여부는 해당 거래에서 부가가치세 납세의무를 누가 부담하는지를 판단함에 있어 적용되는 판단기준과 동일한 판단기준에 따라 결정된다. 그러므로 부가가치세 납세의무 또는 세금계산서 발급의무와 관련하여 '재회의 공급'의 판단기준에 관하여 설시한 대법원 판례의 법리는 조세범 처벌법 제10조 제3항 제1호 위반 여부(허위 세금계산서 발급 여부)를 판단함에 있어서도 그대로 적용될 수 있다. 이하에서는 이러한 점을 반영하여 '재화의 공급'의 해석에 관하여 검토해보고자 한다.

2. '재화의 공급'의 의미

가. 서설

부가가치세법 제9조는 부가가치세 과세대상 거래인 재화의 공급을 "계약상 또는 법률상의 모든 원인에 따라 재화를 인도하거나 양도하는 것"으로 규정하고 있다.

여기서 재화의 공급으로서의 '인도 또는 양도'는 재화를 사용·소비할 수 있도록 소유권을 이전하는 행위를 전제로 하므로, 재화를 공급하는 자는 계약상 또는 법률상의 원인에 의하여 그 재화를 사용·소비할 수 있는 권한을 이전하는 행위를 한 자를 의미한다(대법원 2017. 5. 18. 선고 2012두22485 전원합의체 판결).

재화를 공급하였다고 인정되기 위해서는 ① '재화'로서 실물이 존재하여야 하고, ② '계약상 또는 법률상 원인'으로서 계약상의 합의가 존재하여야 하며, ③ '인도 또는 양도'가 있어야 한다. 이하에서는 각 요소별로 조금 더 구체적으로 살펴보기로 한다.

나. 실물의 존재

'재화'로서 실물 자체가 존재하지 않는다면, 가공거래이므로 재화의 공급에 해당할 여지가 없다.

다. 계약상 합의

대법원은 재화나 용역을 공급하기로 하는 계약을 체결하는 등 실물거래가 있다는 것은 당사자 사이에 재화나 용역을 공급하기로 하는 구속력 합의가 있음을 의미하는 것으로서, 부가가치세법상 세금계산서에 기재할 사항 중의 하나로 규정하고 있는 공급가액, 공급품목, 단가, 수량 등에 관하여도 합의가 있어야 한다고 판시한 바 있다(대법원 2012. 11. 15. 선고 2010도11382판결).

이와 관련하여, 대법원은 납세의무자는 경제활동을 할 때에 동일한 경제적 목적을 달성하기 위하여 여러 가지의 법률관계 중의 하나를 선택할 수 있으므로 가장행위에 해당한다고 볼 특별한 사정이 없는 이상 유효하다고 보아야 하고(대법원 2011. 4. 28. 선고 2010두3961 판결), 과세관청으로서는 특별한 사정이 없는 한 당사자들이 선택한 법률관계를 존중하여야 한다는 입장이다(대법원 2017. 12. 22. 선고 2017두57516 판결 등). 나아가 거래당사자가 선택한 법적인 형식에도 불구하고 민법상 거래당사자가 아닌 배후의 자를 실질귀속자로 보아 세금계산서 발급의무 및 부가가치세 납세의무를 인정하기 위해서는 형식 또는 명의와 실질 사이에 괴리가 있어야 하고, 그러한 형식과 실질의 괴리가 조세회피의 목적에서 비롯된 것이라는 예외적 사정이 존재하여야만 한다(대법원 2012. 4. 26. 선고 2010두11948 판결 등).

라. 인도

재화의 인도는 현실의 인도(민법 제188조 제1항), 간이인도(민법 제188조 제2항), 점유개정(민법 제189조), 목적물반환청구권의 양도(민법 제190조)의 형태로 이루어질 수 있고, 이 중 가장 일반적인 것은 현실의 인도이다.

한편, '갑-을-병'의 법률관계에서 갑이 을과의 매매계약의 이행으로 을의 지시에 따라 병에게 물품을 교부한 경우(이른바 '단축급부' 또는 '지시취득'), '갑-을' 사이 및 '을-병' 사이에는 각각 민법 제188조 제1항에 따른 '현실의 인도'가 있었던 것으로 인정된다는 것이 민법 학계의 합치된 의견이다.[3] 대법원도 "계약의 한쪽 당사자가 상대방의 지시 등으로 급부과정을 단축하여 상대방과 또 다른 계약관계를 맺고 있는 제3자에게 직접 급부를 하는 경우(이른바 삼각관계에서 급부가 이루어진 경우), 그 급부로써 급부를 한 계약당사자가 상대방에게 급부를 한 것일 뿐만 아니라 그 상대방이 제3자에게 급부를 한 것이다."라고 판시하여 같은 입장이다(대법원 2018. 7. 12. 선고 2018다204992 판결 등). 이와 같이 학설과 판례는 일치하여, 물품공급거래가 여러 단계로 순차로 이루어지는 경우에 최초 매도인이 최종 매수인에게 곧바로 물품을 배송하더라도, 그 중간에 있는

---

3) 황남석, "실물거래 없는 세금계산서 수수로 인한 조세범 처벌법 위반죄의 성부", 『사법』, 제37호(사법발전재단, 2016), 411~412면

유통업체들도 각각 그 이전 단계 업체로부터 물품을 인도를 받고 그 다음 단계 업체로 물품을 인도한 것으로 보고 있다.

마. '실질적인 거래일 것' 내지는 '명목상 거래가 아닐 것'이 요건이 되는지 여부

앞서 본 바와 같이 납세의무자가 선택한 법률관계를 존중하여 그에 따라 세금계산서의 수수 주체를 판단하여야 하고, 이와 달리 당사자들이 선택한 법률관계의 효력을 부정하여 관련 세금계산서를 허위로 보기 위해서는, (i) 사법상 계약의 효력이 인정되지 않는 가장행위이거나, (ii) 조세회피 목적이 존재하여 실질과세원칙을 적용하는 경우이어야 한다는 것이 대법원 판례의 확고한 입장이다. 따라서 '재화의 공급'에 해당하기 위해 '실질적인 거래일 것' 내지는 '명목상 거래가 아닐 것'이라는 요건이 추가로 요구된다고 볼 수는 없다고 할 것이다.

그런데 대법원 2003. 1. 10. 선고 2002도4520 판결은 "계약상 원인에 의하여 재화를 인도 또는 양도하거나 역무를 제공하는 자 등 '재화 또는 용역을 공급하거나 또는 공급받는 자'에 해당하여 그 공급하는 사업자로부터 세금계산서를 교부받고, 공급받는 사업자에게 세금계산서를 교부하며, 나아가 부가가치세를 납부하여야 하는 자는, 공급하는 사업자 또는 공급받는 사업자와 명목상의 법률관계를 형성하고 있는 자가 아니라, 공급하는 사업자로부터 실제로 재화 또는 용역을 공급받거나, 공급받는 자에게 실제로 재화 또는 용역을 공급하는 거래행위를 한 자라고 보아야 한다."고 판시하였는바, 위 대법원 판례의 취지가 '실질적인 거래일 것' 내지는 '명목상 거래가 아닐 것'이라는 요건이 추가적으로 필요하다는 것인지에 관한 의문이 있을 수 있다.

위 2002도4520 판례는 갑 회사가 을 회사에게 컴퓨터 및 그 부품을 공급함에 있어, 컴퓨터 도소매업체를 경영하는 병이 갑 회사로부터 이를 공급받아 다시 을 회사에게 공급하는 것처럼 명의를 대여하고 일정한 이익을 얻으면서 매출세금계산서를 수수한 사안에 관한 것으로, 갑 회사가 병을 통해 을 회사와 거래하였다는 것은 명목일 뿐이고, 갑 회사가 병의 명의를 빌려 을 회사 거래한 것으로 보지 않을 수 없는 이상 병은 재화를 공급하지 않고 세금계산서를 발행한 자로서 조세범 처벌법 제10조 제3항에 따라 처벌된다고 판시하였다. 그런데 위 판례 사안의 사실관계를 구체적으로 보면, ① 병은 갑 회사나 을 회사와 매매계약을 체결한 바도 없고, ② 매매대금 수금도 병이 아닌 갑이 책임지고 하기로 하고, 갑 회사의 직원이 병의 직원과 동행하여 을 회사로부터 어음을 수령한 후 이를 할부금융회사에서 할인하여 갑 회사에 현금으로 입금하는 방식으로 이루어져 '을 회사→병', '병→갑 회사' 간에 대금지급이 이루어졌다고 볼 수 없었던 사안이다. 즉, 위 판례는 세금계산서를 수수한 당사자 간에 매매계약 체결, 물품 인도, 대금 지급 등이 실제로 이루어지지 않아서 재화를 공급하기로 하는 유효한 법률관계가 존재하지 않는다는 이유로 세금계산서를 허위로 본 것이지, 유효한 법률관계가 존재함에도 '실질적인 거래일 것'이라는 요건을 갖추지 못하였다는 이유로 그 법률관계의 효력을 부인한 사안은 아니라고 파악하는 것이 타당하다.

결국 위와 같은 사안에서는 법률행위의 해석방법에 의하여 거래당사자를 확정하고, 거래당사자 간이 아닌 자 간에는 가장행위(통정허위표시)로서 무효 내지는 의사표시의 부존재로 법률행위가 불성립하는 것으로 보는 것이 타당하다고 생각된다.[4)]

---

4) 황남석, 전게 논문, 408~409면도 같은 취지이다.

Ⅳ. 허위 세금계산서 수수의 유형 및 판례

1. 허위 세금계산서 수수가 인정되는 유형 및 관련 판례[5)]

가. 실물 공급이 전혀 없는 경우

을이 재화를 공급받은 적이 전혀 없는데 갑으로부터 세금계산서를 교부받은 경우이다. 갑은 을에게 재화를 공급하지 아니하고 세금계산서를 교부하였으므로 허위 세금계산서 발급에 해당하고, 을은 갑으로부터 재화를 공급받지 아니하고 세금계산서를 교부받았으므로 허위 세금계산서 수취에 해당한다. 허위 세금계산서 수수가 인정되는 전형적인 경우이다.

나. 실제 공급자가 있는데도 공급받은 자가 공급자의 의사와 관계없이 제3자로부터 세금계산서를 교부받은 경우

갑이 을에게 재화를 공급하였는데 을이 갑과 관련이 없는 병으로부터 세금계산서를 교부받은 경우이다. 재화를 공급하지 아니하고 세금계산서를 교부한 병은 허위 세금계산서 교부에 해당하고, 을은 병으로부터 재화를 공급받지 아니하고 세금계산서를 발급받았으므로 허위 세금계산서 수취에 해당한다(대법원 2008. 7. 24. 선고 2008도1715 판결, 대법원 2009. 10. 29. 선고 2009도8069 판결 등).

판례는 일관되게 재화 또는 용역을 공급하거나 공급받지 아니하고 세금계산서를 발급하거나 발급받는 행위에는 재화나 용역을 공급받은 자가 그 재화나 용역을 실제로 공급한 자가 아닌 다른 사람

5) 한승, "재화를 공급한 자가 타인의 사업자등록을 이용하여 그 명의로 세금계산서를 작성·교부한 경우의 형사책임", 『자유와 책임 그리고 동행: 안대희 대법관 재임기념』, 사법발전재단, 502~512면; 안대희·조일영·윤대진, 『조세형사법』, 최신개정판(평안, 2015), 171~176면

이 작성한 세금계산서를 교부받은 경우도 포함된다고 판시하고 있으므로(대법원 2014. 7. 10. 선고 2013도10554 판결, 대법원 2010. 1. 28. 선고 2007도10502 판결), 병이 을에게 재화를 공급하지 아니한 이상 갑이 을에게 재화를 공급하였다는 사정은 을과 병에게 허위 세금계산서 수수가 성립한다는 점에 영향을 미치지 않는다.

다. 실제 재화를 공급한 자가 타인명의의 세금계산서를 구입하여 재화를 공급받은 자에게 전달한 경우

갑이 을에게 재화를 공급하였는데, 갑이 병으로부터 세금계산서를 구입하여 을에게 전달한 경우이다. 을은 병으로부터 재화를 공급받지 아니하고 세금계산서를 교부받았으므로 허위 세금계산서 수취에 해당한다(대법원 2010. 1. 28. 선고 2007도10502 판결, 대법원 2006. 11. 16. 선고 2006도4549 판결 등). 병은 을에게 재화를 공급하지 아니하고 세금계산서를 발급하였으므로, 허위 세금계산서 발급에 해당한다.

이 때 갑은 을에게 전달행위를 함으로써 병의 허위 세금계산서 발급행위에 가담하였으므로 공동정범이 될 수 있다(대법원 1995. 3. 10. 선고 94도3373 판결).

라. 재화를 공급한 자가 사업명의자의 위임으로 그 사업자등록을 이용하여 세금계산서를 발급한 경우

갑이 을에게 재화를 공급하였는데, 갑이 병의 위임 하에 병의 사업자등록을 이용하여 세금계산서를 발급하여 교부한 경우이다. 이 경우 사업명의자인 병이 허위 세금계산서 발급행위의 책임을 지고, 갑은 가담 정도에 따라 공동정범이나 방조범이 될 수 있다(대법원 2012. 5. 10. 선고 2010도13433 판결).

2. 허위 세금계산서 수수가 인정되지 않는 유형 및 관련 판례

가. 단축급부 사안의 경우

갑, 을, 병이 순차로 재화를 공급하기로 하되, 다만 물품은 갑이 을을 거치지 않고 병에게로 배송하기로 한 경우이다. 앞서 본 바와 같이 단축급부에 따른 인도의 경우 민법 제188조 제1항에 따른 현실의 인도가 있었던 것으로 인정되므로, '갑 - 을', '을 - 병' 간에 순차로 재화를 공급하기로 하는 계약상 합의가 존재한다면 이들 간에 순차로 재화의 인도가 인정될 수 있다는 점에는 의문이 없다.

따라서 이러한 경우 주로 문제되는 것은 '갑 - 을', '을 - 병' 간에 순차로 재화를 공급하기로 하는 계약상 합의가 존재하는지 여부이다. 앞서 본 바와 같이 납세의무자가 선택한 법률관계를 존중하여 그에 따라 세금계산서의 수수 주체를 판단하여야 하는 것이 원칙이므로, 당사자들이 단축급부 방식으로 순차로 재화를 공급하는 형태의 법률관계를 선택하였다면, 특별한 사정이 없는 한 그 효력을 부정할 수는 없다. 이와 달리 당사자들이 선택한 법률관계의 효력을 부정하여 관련 세금계산서를 허위로 보기 위해서는, 앞서 본 바와 같이 (i) 사법상 계약의 효력이 인정되지 않는 가장행위이거나, (ii) 조세회피 목적이 존재하여 실질과세원칙을 적용하는 경우이어야 한다.

판례는 단축급부 방식으로 물품을 인도한 여러 사안에서 거래당사자가 선택한 법률관계를 존중하여 이들이 수수한 세금계산서가 적법하다고 보았다.

갑 회사가 거래처로부터 식자재 등을 직접 공급받는 거래 형식을 취하다가 거래처의 지급보증 요구에 의해 을 회사가 갑 회사와 위 거래처 사이에 끼어들어 거래하게 된 사안에서, 원심은 을 회사가 수수한 세금계산서는 허위 세금계산서가 아니라고 판단하였고(인천지방법원 2017. 11. 3. 선고 2017노769 판결), 대법원은 위 원심판결을 그대로 인정하였다(대법원 2018. 2. 13. 선고 2017도18890 판결). 위 사안에서는 물품의 배송이 단축급부 방식으로 거래처에서 바로 갑 회사로 이루어졌을 뿐만 아니라, 발주도 갑 회사가 을 회사를 거치지 않고 거래처에 직접 하는 방식으로 이루어졌음에도, 원심은 '3자 거래에 있어 중간거래자를 거치지 않고 최종매수자에게 물류(발주 및 실제 납품 등)가 바로 이루어지는 경우가 이례적이라고는 볼 수 없어 그러한 사정만으로는 을 회사를 당사자로 한 각 거래를 가공거래라고 볼 수 없다'고 판단하였다.

피고인이 갑 회사와 을 회사를 실질적으로 운영하면서, 을 회사로 하여금 자재 공급업체로부터 자재를 매입하여 갑 회사에게 공급하도록 한 사안에서, 원심은 을 회사가 독립된 경제주체로서 스스로 거래 주체가 되어 활동하였고 별도의 계좌로 매매대금을 지급받았다는 점 등을 이유로, 갑 회사가 을 회사로부터 수취한 세금계산서는 허위 세금계산서가 아니라고 판단하였고(서울고등법원 2017. 8. 9. 선고 2017노504 판결), 대법원은 위 원심판결을 그대로 인정하였다(대법원 2017. 11. 23. 선고 2017도13213 판결). 위 사안에서 원래 갑 회사는 공급업체로부터 직접 원자재를 구매하고 있었는데 피고인이 자신이 운영하는 을 회사를 통해 공급받는 방식으로 변경하였던 것이고, 피고인이 이와 같이 거래방식을 변경한 이유는 원자재를 공급받는 가격을 기존보다 훨씬 높게 부풀림으로써 매매대금 중 일부를 자신이 착복하기 위해서였음이 밝혀졌다. 그럼에도 대법원은 그 과정에서 조세탈루가 있었다거나 세금계산서 상호검증 기능을 어렵게 하는 질서교란 행위가 없었던 이상 거래당사자가 선택한 법률관계를 존중하여 계약상 거래당사자가 수수한 세금계산서가 적법하다고 보았던 것이다.

나. 재화를 공급한 자가 사업명의자의 위임 없이 그를 공급하는 자로 기재한 세금계산서를 교부한 경우[6)]

갑이 을에게 재화를 공급하였는데, 갑이 병의 위임 없이 그 사업자등록을 이용하여 세금계산서를 발급하여 을에게 교부한 경우이다. 대법원은 이러한 경우 갑을 사문서위조죄로 처벌할 수 있을지는 별론으로 하고 허위 세금계산서 발급으로 처벌할 수는 없다고 판단하였다(대법원 2014. 11. 27. 선고 2014도1700 판결). 갑은 실제로 재화를 공급한 자이므로 독자적으로 허위 세금계산서 발급죄가 성립하지 않고, 병의 허위 세금계산서 발급죄가 성립하지 않는 이상 갑이 그 공동정범이 된다고 할 수도 없다.

다. 공급자가 제3자 명의로 사업자등록을 한 경우[7)]

공급자인 갑이 병의 위임 하에 병 명의로 사업자등록을 하고 을에게 재화를 공급한 경우이다. 대법원은 재화를 공급하는 사람이 실제로는 자신이 직접 사업체를 운영하여 사업자등록을 하면서 형식적으로 그 명의만을 제3자로 한 경우에는, 그 명의자인 제3자가 아니라 실제로 재화를 공급하는 거래행위를 한 사람을 세금계산서를 발급하고 부가가치세를 납부하여야 할 주체로 보아야 하므로, 실제로 재화를 공급한 이상 허위 세금계산서 발급에는 해당하지 않는다고 판시하였다(대법원 2015. 2. 26. 선고 2014도14990 판결). 따라서 그 상대방도 허위 세금계산서 수취에 해당하지 않는다.

---

6) 한승, 전게 논문, 512~513면; 안대희, 전게서, 174~175면
7) 한승, 전게 논문, 512면; 안대희, 전게서, 175~176면

Ⅴ. 결론

이상 재화 공급의 경우를 중심으로, 조세범 처벌법 제10조 제3항의 '재화 또는 용역을 공급하지 아니하거나 공급받지 아니하고 세금계산서를 발급받은 행위를 한 자'의 해석에 관하여 살펴 보았다. 실물이 실제 존재한 이상, 재화를 공급하였는지는 기본적으로 법률행위 해석 차원의 문제이고, 이 때 '당사자가 선택한 법률관계가 존중되어야 한다'는 사법 및 세법상의 원칙이 엄격하게 지켜져야 할 것이다.

| 조세그룹 주요구성원 및 저자 소개 |

한위수 변호사 T.3404-0541 E.weesoo.han@bkl.co.kr

사법시험 21회(1979), 사법연수원 12기(1982)
서울대학교 법과대학 졸업(1980), 서울대학교 대학원 졸업(법학석사)(1983),
미국 University of Pennsylvania Law School 졸업(LL.M., 1990)
서울행정법원 부장판사(2001-2002), 헌법재판소 연구부장(2002-2004)
대구고등법원 부장판사(2004-2005), 서울고등법원 부장판사(2005-2008)
관세청 고문변호사(2011-현재), 국세청 조세법률고문(2012-2014)

송우철 변호사 T.3404-0182 E.wucheol.song@bkl.co.kr

사법시험 26회(1984), 사법연수원 16기(1987)
서울대학교 법과대학 졸업(1985), 미국 Berkeley University 연수(1995-1996)
미국 국립 주법원센터(NCSC) 특정주제연수(2002)
서울지방법원 의정부지원 부장판사(2002-2005)
서울동부지방법원 부장판사(2005-2007), 법원행정처 윤리감사관(2006-2008)
서울중앙지방법원 부장판사(2007-2009), 대전고등법원 부장판사(2009-2010)
대법원 선임재판연구관(2010-2011), 대법원 수석재판연구관(2011-2013)
서울고등법원 부장판사 겸 서울행정법원 수석부장판사(2013)

조일영 변호사 T.3404-0545 E.ilyoung.cho.@bkl.co.kr

사법시험 31회(1989), 사법연수원 21기(1992)
고려대학교 법과대학 졸업(1987), 미국 Fordham Law School 연수(Visiting Scholar)(2010)
서울고등법원 판사(2003-2005)
대법원 재판연구관(조세전담부)(2005-2007)
대법원 재판연구관(조세전담부 조장, 부장판사)(2007-2009)
인천지방법원 부장판사(2009-2011), 서울행정법원 부장판사(조세전담부)(2011-2013)
중앙행정심판위원회 비상임위원(2014. 5.-현재)
서울특별시 지적재조사위원회 위원(2015. 3.-현재)
서울지방국세청 공적심사위원회 위원(2015. 9.-현재)
서울특별시행정심판위원회 비상임위원(2016. 8.-현재)
법제처 법령해석심의위원회 위원(2017. 5.-현재)

유철형 변호사 T.3404-0154 E.cheolhyung.yu@bkl.co.kr

사법시험 33회(1991), 사법연수원 23기(1994)
서울대학교 법과대학 졸업(1989), 서울대학교 법과대학원 졸업(석사, 세법전공)(1992)
미국 California Western School of Law M.C.L.(2003)
서울지방변호사회 조세연수원 교수(2008-2017)
국세청 국세공무원교육원 외부교수(2013-현재)
기획재정부 고문변호사(2014-현재)
기획재정부 세제실 국세예규심사위원회 위원(2013-2016)
기획재정부 세제실 세제발전심의위원회 위원(2019-현재)
행정안전부 고문변호사(2016-현재)
행정안전부 지방세예규심사위원회 위원(2017-현재)
서울지방변호사회 부회장(2017-2019)
(사)한국조세연구포럼 학회장(2019-2020)
대한변호사협회 부협회장(2019-현재)

강석규 변호사 T.3404-0653 E.seogkyoo.kang@bkl.co.kr

사법시험 35회(1993), 사법연수원 25기(1996)
제19회 공인회계사 시험 합격(1987)
서울대학교 국제경제학과 졸업(1985), 서울대학교 대학원 경영학과 졸업
(경영학 석사)(1988)
삼일회계법인 (1985-1990)
부산고등법원 판사(2006-2008)
대법원 재판연구관(조세팀장)(2009-2013)
부산지방법원 부장판사(2013-2014), 인천지방법원 부장판사(2014-2016)
한국공인회계사회 국세연구위원회 위원(2015-현재)
서울행정법원 제5부(조세) 부장판사(2016-2018)
한국공인회계사회 회계법연구위원회 위원(2017-현재)

김승호 변호사 T.3404-0659 E.seoungho.kim@bkl.co.kr

사법시험 38회(1996), 사법연수원 28기(1999)
서울대학교 법과대학 졸업(1994), 미국 Indiana University Law School(M.C.L.)(2008)
역삼세무서 납세자보호위원회 위원(2010-2011)
대한변호사협회 세제위원회 위원(2010-현재), 중부지방국세청 고문변호사(2011-2014)
(사)한국세법학회 이사(2015-현재), 한국조세연구포럼 연구이사 2015-현재)

심규찬 변호사 T.3404-0679 E.gyuchan.shim@bkl.co.kr

사법시험 40회(1998), 사법연수원 30기(2001)
서울대학교 법과대학 졸업(1996)
미국 William and Mary Law School Visitiong Scholar(2009)
서울시립대학교 세무전문대학원 석사 졸업(2014)
해군법무관(2001-2004)
대구지방법원 판사(2004-2007), 수원지방법원 판사(2007-2011)
서울중앙지방법원 판사(2011-2013), 서울동부지방법원 판사(2013-2014)
대법원 재판연구관(형사팀)(2014-2015), 대법원 재판연구관(조세팀)(2015-2016)
대법원 재판연구관(조세팀장)(2016-2018)
대구지방법원 김천지원 부장판사(2018-2019)

주성준 변호사 T.3404-6517 E.seongjun.joo@bkl.co.kr

사법시험 44회(2002), 사법연수원 34기(2005)
고려대학교 법과대학 졸업(2001), 세무사 등록(2016. 8.)
서대문세무서 국세심사위원(2010-2012)
인천세관 고문변호사(2011-2015. 7.)
수원세관 관세심사위원(2012-2014), 인천세관 원산지심사위원(2013-2017. 7.)
한국관광공사 자문변호사(2017-현재)

정순찬 변호사 T.3404-6554 E.soonchan.jung@bkl.co.kr

사법시험 45회(2003), 사법연수원 35기(2006)
고려대학교 법학과 졸업(1998), 경희대학교 경영대학원 세무관리학과 졸업(2010),
서울시립대학교 세무전문대학원 박사과정 수료(2016)
한영회계법인 세무본부 이사(2006-2016), 한국지방세연구원 자문위원(2018.1.-현재)

조무연 변호사 T .3404-0459 E.mooyoun.cho.@bkl.co.kr

사법시험 46회(2004), 사법연수원 36기(2007)
서울대학교 경제학부 졸업(2001)
미국 University of Southern California Law School(LL.M., 2016)
서초세무서 국세심사위원회 위원(2009-2011. 6.)

장성두 변호사 T. 3404-6585 E.sungdoo.jang@bkl.co.kr

사법시험 46회(2004), 사법연수원 36기(2007)
서울대학교 법과대학 졸업(2002)
미국 University of Southern California, Gould School of Law 수료(LL.M., 2016)
해군 법무관(2007. 4.-2010. 3.)
미국 New York주 변호사(2019)

박재영 변호사 T.3404-7548 E.jaeyoung.park@bkl.co.kr

사법시험 47회(2005), 사법연수원 37기(2008)
서울대학교 법과대학 졸업(2006)
미국 University of Southern California Law School(LL.M.)(2018)
미국 New York주 변호사 시험 합격(2018)
공군 법무관(2008-2011)

강성대 변호사 T.3404-0961 E.seongdae.kang@bkl.co.kr

사법시험 49회(2007), 사법연수원 39기(2010)
서울대학교 법학과 졸업(2008)
미국 공인회계사(AICPA) 시험 합격(2012)
육군 법무관(2010)

백새봄 변호사 T.3404-6970 E.saebom.baik@bkl.co.kr

제5회 변호사시험 합격(2016)
고려대학교 경제학과 졸업(2011)
고려대학교 법학전문대학원 5기 졸업(2016)

장승연 외국변호사 T.3404-7589 E.maria.chang@bkl.co.kr

캐나다 University of Toronto (Bachelor of Science)(1998-2002)
미국 Cleveland Marshall College of Law, Ohio (J.D.)(2003-2006)
International Tax Foreign Counsel, Samil Pricewaterhousecoopers, Seoul Korea (2006. 12.-2009. 9.)

김동현 회계사 T.3404-0572 E.donghyun.kim@bkl.co.kr

제25회 공인회계사 시험 합격(1990)
연세대학교 경영학과 졸업(1989), 서울대학교 대학원 경영학과 졸업(1991)
미국 The George Washington University School of Business(MA과정)(2004-2005)
이스트스프링 자산운용㈜ 사외이사(2007-2017. 3.),
한국발명진흥회 특허기술평가 전문위원(2008-2010)
한국건설생활환경시험연구원 사외이사(2010-2013)
기획재정부 세제발전심의위원회 위원(2016. 4.-현재)
사단법인 한국납세자연합회 자문위원(2016. 9.-현재)

김태균 회계사 T.3404-0574 E.taekyoon.kim@bkl.co.kr

제29회 공인회계사시험 합격(1994)
서울대학교 경영학과 졸업(1990), 서울대학교 대학원 경영학과 졸업(1995),
미국 San Diego State University 연수(2005-2006)
안진회계법인(1994-1999)
중부지방국세청 과세전적부심사위원회 및 이의신청심의위원회 위원(2007-2009)
국세청 국제조세법규정비개선위원회 위원(2008-2010)
서울지방국세청 국세심사위원회 위원(2009. 8.-2011)

채승완 회계사 T.3404-0577 E.seungwan.chae@bkl.co.kr

제35회 공인회계사 시험 합격(2000), 미국 California주 공인회계사 시험 합격(2010)
연세대학교 응용통계학과 졸업(2000)
미국 University of Illinois at Urbana-Champaign (Master of Science in Taxation, 2010)
삼일회계법인 국제조세본부(2000-2005. 2.)
쥴릭파마코리아㈜ 비상임감사(2004-2009), 한국금융조세 정기세미나 위원(2010-2014)
과학기술인공제회 자금운용위원회 외부위원(PEF부문)(2014. 3.-현재)
퍼시픽자산운용 사외이사(2016-현재), 이스트스프링자산운용 사외이사(2017-현재)

유세열 회계사 T.3404-0576 E.seyeal.you@bkl.co.kr

제34회 공인회계사 시험 합격(1999), 서울대학교 수학과 졸업(2000)
외교통상부 한미 FTA 전문가 자문위원(2006)
무역위원회 FTA 무역구제분야 협상 자문단(2012)
삼경회계법인 공인회계사(2013-2014), 동서회계법인 공인회계사(2014-2016)

양성현 회계사 T.3404-0586 E.sunghyun.yang@bkl.co.kr

제33회 공인회계사시험 합격(1998)
서울대학교 경영학과 졸업(1999)
미국 University of California, San Diego 연수(2014-2015)
국방부 조달본부 해군 경리장교(1999-2002)
삼일회계법인(2003. 5.-2009. 10.)

조학래 회계사 T.3404-0580 E.hakrae.cho@bkl.co.kr

제39회 공인회계사시험 합격(2004)
고려대학교 경영학과 졸업(2005)
미국 University of California, San Diego 연수(2012-2013)
Deloitte 안진회계법인(2004. 10.-2006. 7.)
한국발명진흥회 특허기술평가 전문위원(2008-현재)

이은홍 회계사 T. 3404-0575 E.eunhong.lee@bkl.co.kr

제42회 공인회계사 시험 합격(2007)
한양대학교 경영학부 졸업(2007)
삼일회계법인 Assurance 2본부(2007. 10.-2011. 5.)
삼일회계법인 Tax 3본부(2011. 6.-2014. 1.)

최찬오 세무사 T.3404-7578 E.chano.choi@bkl.co.kr

제37회 행정고시 재경직 합격(1993), 세무사 자격취득(2010)
서울대 산업공학과 졸업(1993), 서울대 행정대학원 석사졸업(1995), KDI 국제정책대학원 석사졸업(MPP)(2008), 미국 Michigan State of University(MSU) 석사졸업(2008)
국세청 개인납세국 부가가치세과 부가5계(2001)
국세청 기획관리관실 기획예산담당관실 기획2계(2003)
대구지방국세청 영덕세무서장(2006), 서울지방국세청 조사1국 조사3과장(2009)
국세청 기획조정관실 기획재정담당관(2009)

곽영국 세무사 T.3404-7595 E.youngkug.kwag@bkl.co.kr

제 47회 세무사 시험 합격(2010)
국립세무대학 내국세학과 졸업(1988), 한국방송통신대학교 경영학과 졸업(1994)
중부세무서 총무과(1993-1995), 서대문세무서 부가가치세과(1998)
종로세무서 조사1과(1998-2000), 서울지방국세청 조사4국 1과(2000-2010)
국세청 조사국(2010-2011)

김혁주 세무사 T.3404-0578 E.hyeokju.kim@bkl.co.kr

제 42회 세무사 시험 합격(2005)
국립세무대학 내국세학과 졸업(1990)
북광주세무서, 안양세무서, 동안양세무서, 동작세무서(1990-1997)
서울지방국세청 조사1국,조사2국,조사3국(1997-2002)
강남세무서 재산세과(2002-2003)
서울지방국세청 조사2국, 국제거래조사국(2003-2006)
남대문세무서, 의정부세무서, 도봉세무서(2006-2009)
서울지방국세청 국제거래조사국(2009-2010)

김용수 세무사 T.3404-7573 E.yongsoo.kim@bkl.co.kr

제38회 세무사 시험 합격(2001)
국립세무대학 내국세학과 졸업(1999), 한국방송대학교 법학과 졸업(2001),
서울시립대학교 세무대학원 졸업(2003)
University of California, San Diego (Business & Accounting) 연수(2013-2014)
국세청(서울지방국세청 국제거래조사국 등) 근무(1999-2008)
서울지방국세청 이전가격검토위원(2003-2004)
대검찰청 중앙수사부 파견 근무(2006), 국제회의협상전문가 과정 수료(2007)

황재훈 세무사 T.3404-7579 E.jehun.hwang@bkl.co.kr

제47회 세무사 시험 합격(2010)
국립세무대학 내국세학과 졸업(1996), 한국방송대학교 경영학과 졸업(2001)
고려대학교 정책대학원 세정학과 졸업(2005)
University of California, San Diego 연수(2015-2016)
서울지방국세청 조사4국 1과(2006-2007)
삼성세무서 조사과(2007)
국세청 조사국 세원정보과(2007-2009)
서울지방국세청 조사4국 조사관리과7계(2009-2011)

박영성 세무사 T.3404-0584 E.youngsung.park@bkl.co.kr

제50회 세무사 시험 합격(2013)
국립세무대학 내국세학과 졸업(1996), 한국방송대학교 경영학과 졸업(2002)
동대문세무서 총무과, 세원관리3과(1999-2000)
서울지방국세청 세원관리국(2000-2002)
서울지방국세청 조사1국(2002-2005), 강남세무서 조사1과(2005-2007)
국세청 재산세국 재산세과, 부동산거래관리과(2007-2011)
서초세무서 재산세2과(2011-2013), 국세청 고객만족센터 인터넷상담3팀(2013)

김규석 **전문위원** T.3404-0579 E.kyuseog.kim@bkl.co.kr

국립세무대학 관세과 졸업(1983)
관세청 평가환급과(1996), 재무부 금융정보분석원(2000)
서울세관 심사총괄과(2002), 관세청 인사관리담당관실(2007)
서울세관 외환조사과장(2010)
관세사 자격취득(2012)

임대승 **전문위원** T.3404-7572 E.daeseung.im@bkl.co.kr

국립세무대학 6회 졸업(1988)
서울세관 수입과/조사과(1989-1992)
관세청 자료관리관실 파견(1992-1996)
인천공항세관 수입과(1999-2003), 인천세관 외환조사과(2004-2005)
관세청 정보협력국 정보관리과(2005-2008)
인천세관 심사국 심사관실(2008-2010)
관세사 자격취득(2011)

최광백 **전문위원/세무사** T.3404-7567 E.kwangback.choi@bkl.co.kr

세무사 자격 취득(2015)
고려대학교 정책대학원 세정학과 졸업(2015)
강서세무서 법인계, 국세청 법인세과(2001-2005)
국세심판원 행정실(2005-2010), 조세심판원 상임심판관실(2010-2013)
기획재정부 세제실 조세분석과, 부가가치세제과, 재산세제과(2013-2014)
조세심판원 상임심판관실(2014-2016)

오대식 **고문** T.3404-0305 E.daeshick.oh@bkl.co.kr

제21회 행정고시 합격(1977)
서울대학교 문리대 졸업(1977)
미국 University of Southern California(USC) Institute for Tax Administration(ITA)(1984),
미국 Georgetown University 객원연구원(조세분야연구)(2002)
국세청 국제조세 2과장(1995), 강남세무서장(1997), 국세청 기획예산담당관(2000)
국세청 총무과장(2001), 서울지방국세청 조사3국장(2003), 서울지방국세청 조사1국장(2004)
국세청 조사국장(2006. 8.-2007. 4.), 서울지방국세청장(2007. 4.-2008. 3.),
세무법인 제일티앤엠 대표이사(2016. 4.-2019. 12.)

손병조 고문 T.3404-7514 E.byungjo.sohn@bkl.co.kr

제23회 행정고시 합격(1979)
영남대학교 경제학과 졸업(1980), 미국 U.S Customs Academy 수료(1986),
고려대학교 경제학 석사과정 졸업(2004), 한남대학교 경영학 박사학위 취득(2007)
대통령비서실 행정관(1992-1994)
서울본부세관 감시국장(1996), 부산본부세관 조사국장(2001),
관세청 통관지원국장(2003-2004), 관세청 정책홍보관리관(2005-2007)
관세청 차장(2008-2010)
고려대학교 대학원 법학과 겸임교수(2012-2013)

조홍희 고문 T.3404-0313 E.honghee.cho@bkl.co.kr

제24회 행정고등고시 합격(1980)
성균관대학교 무역학과 졸업(1981)
영국 University of Bath 사회과학대학원 석사과정 졸업(1988)
영국 University of Bath 사회과학대학원 박사과정 1년 수료(1989)
국세청 법인세과장(2003), 국세청 혁신기획관(2004)
주미뉴욕총영사관 파견국장(세무관)(2005)
서울지방국세청 조사4국장(2008), 국세청 징세법무국장(2009),
서울지방국세청장(2010)

이전환 고문 T.3404-7518 E.jeonhwan.lee@bkl.co.kr

제27회 행정고시 합격(1983)
서울대학교 경제학과 졸업(1984)
미국 University of Washington 대학원 졸업(경영학 석사)(1993)
국세청 국제조세국 사무관(1993-1994), 재정경제부 세제실 사무관, 서기관(1994-1999)
국세청 법인납세국 국장(2009-2010), 국세청 징세법무국 국장(2010-2011)
국세청 개인납세국장(2012-2013), 부산지방국세청 청장(2011-2012)
국세청 차장(2013-2014)

김희남 고문 T.3404-7576 E.heuinam.kim@bkl.co.kr

세무사 자격 취득(2010)
광주 제일고등학교 졸업(1975)
서울지방국세청 조사1국(1985), 중부지방국세청 국제조세과(1986)
국세청 법인세과 법인세법 예규 담당(1997)
국세청 원천세과 원천제세 세원관리기획(2001)
국세공무원교육원 교수(2005)
국세청 법규과 소득세법, 법인세법 예규 총괄담당(2007)

| 조세법의 쟁점 Ⅰ Ⅱ Ⅲ 차례 |

조세법의 쟁점 Ⅰ

조세법의 쟁점 II

조세법의 쟁점 Ⅲ

조세법의 쟁점 IV

초판 인쇄 | 2020년 3월 17일
초판 발행 | 2020년 3월 25일

지 은 이 법무법인(유한) 태평양 조세그룹

발 행 인 한정희
발 행 처 경인문화사
편 집 김지선 유지혜 박지현 한주연
마 케 팅 전병관 하재일 유인순
출판번호 406-1973-000003호
주 소 파주시 회동길 445-1 경인빌딩 B동 4층
전 화 031-955-9300 팩 스 031-955-9310
홈페이지 www.kyunginp.co.kr
이 메 일 kyungin@kyunginp.co.kr

ISBN 978-89-499-4880-5 93360
값 25,000원